o diário de Anne Frank

Título original: *The Diary of a Young Girl*
O diário de Anne Frank
1ª edição: Abril 2024
Direitos reservados desta edição: CDG Edições e Publicações
O conteúdo desta obra é de total responsabilidade do autor
e não reflete necessariamente a opinião da editora.

Autora:
Anne Frank

Tradução:
Caio Pereira

Preparação de texto:
Fernando Guerriero Antunes

Revisão:
Gabriel Silva
Gabrielle Carvalho
Lays Sabonaro

Projeto gráfico:
Jéssica Wendy

Capa:
Dimitry Uziel

DADOS INTERNACIONAIS DE CATALOGAÇÃO NA PUBLICAÇÃO (CIP)

Frank, Anne, 1929-1945
    O diário de Anne Frank / Anne Frank ; tradução de Caio Pereira. — Porto Alegre : Citadel, 2023.
    352 p.

ISBN: 978-65-5047-265-8

Título original : Anne Frank: The Diary of a Young Girl

1. Frank, Anne, 1929-1945 2. Crianças judias no holocausto - Narrativas pessoais 3. Holocausto judeu I. Título II. Pereira, Caio

23-5485   CDD 940.53492

Angélica Ilacqua - Bibliotecária - CRB-8/7057

Produção editorial e distribuição:

contato@citadel.com.br
www.citadel.com.br

o diário de Anne Frank

Tradução
Caio Pereira

TEMPORALIS

2024

DOMINGO, 14 DE JUNHO DE 1942

Vou começar pelo momento em que ganhei você, quando o vi na mesa, em meio aos meus outros presentes de aniversário. (Eu estava junto quando você foi comprado, mas isso não conta.)

Na sexta-feira, 12 de junho, acordei às seis da manhã, o que não é de se surpreender, visto que era meu aniversário. Mas não me permitem me levantar a essa hora, por isso tive de controlar a curiosidade até as quinze para as sete. Quando não pude mais esperar, fui à sala de jantar, onde Moortje (o gato) me recebeu, roçando-se nas minhas pernas.

Pouco após as sete, fui ver papai e mamãe, e então me dirigi à sala de estar para abrir meus presentes. Você foi a primeira coisa que vi, talvez um dos melhores presentes; depois, um buquê de rosas, umas peônias e uma planta num vaso. De papai e mamãe, ganhei uma blusa azul, um jogo, uma garrafa de suco de uva – que, na minha opinião, lembra um pouco vinho (afinal, vinho é feito de uva) –, um quebra-cabeça, uma jarra de creme de leite fresco, 2,50 florins e um cartão de presente que vale dois livros. Ganhei também outro livro, *Camera Obscura* (mas Margot já tem um desse, por isso troquei o meu por outra coisa), uma bandeja de *cookies* caseiros (que eu mesma fiz, é claro, visto que me tornei uma verdadeira *expert* em fazer *cookies*), um monte de doces e uma torta de morango da mamãe. E uma carta da vovó, bem na hora, mas isso foi só coincidência.

Depois Hanneli veio me buscar, e fomos para a escola. Durante o intervalo, distribuí *cookies* para meus professores e colegas, e logo era hora de voltar ao trabalho.

SEGUNDA-FEIRA, 15 DE JUNHO DE 1942

Minha festa de aniversário foi no domingo à tarde. O filme do Rin Tin Tin foi o maior sucesso entre os meus colegas de sala.

Nós nos divertimos muito. Havia muitas meninas e meninos. Mamãe sempre quer saber com quem vou me casar. Apesar de ela ter uma vaga ideia de que seja Peter Wessel, um dia consegui, sem corar ou piscar uma pálpebra, tirar essa ideia da cabeça dela.

Durante anos, Lies Goosens e Sanne Houtman foram minhas melhores amigas. Desde então, conheci Jopie de Waal no Liceu Israelita. Estamos juntas e agora ela é minha melhor amiga. Lies é mais próxima de outra garota, e Sanne vai para uma escola diferente, onde fez novos amigos.

SÁBADO, 20 DE JUNHO DE 1942

Escrever num diário é uma experiência muito estranha para alguém como eu. Não somente por eu nunca ter escrito nada antes, mas também porque me parece que, mais tarde, nem eu nem ninguém terá interesse nas reflexões de uma menina de treze anos. Ah, não importa. Sinto vontade de escrever, e tenho necessidade maior ainda de tirar todo tipo de coisa do meu peito.

"O papel tem mais paciência do que as pessoas." Pensei nesse ditado num daqueles dias em que estava me sentindo um pouco deprimida, sentada, com o queixo apoiado nas mãos, entediada e apática, refletindo se devia ficar em casa ou sair. Por fim, permaneci no mesmo lugar, emburrada. Sim, o papel tem mais paciência e, visto que não planejo deixar que ninguém mais leia este caderno de capa dura referido como "diário" – a não ser que, algum dia, eu arranje um amigo de verdade –, ele provavelmente não fará a menor diferença.

Agora, retomo o ponto que me instigou a escrever um diário: eu não tenho amigos.

Deixe-me explicar melhor, já que ninguém acreditará que uma menina de treze anos está completamente sozinha no mundo. E não estou. Tenho pais amáveis e uma irmã de dezesseis anos, e há cerca de trinta pessoas que posso chamar de amigos. Tenho um monte de admiradores que não conseguem tirar os olhos suplicantes de mim e que, às vezes, precisam recorrer ao uso de um espelhinho de bolso quebrado para tentar captar um relance da minha imagem na sala de aula. Tenho família, tias adoráveis e um belo lar. Não, na superfície parece que tenho tudo, exceto um verdadeiro amigo. Quando estou com amigos, só o que penso é em me divertir. Não consigo falar sobre nada, além de coisas comuns do dia a dia. Parece que não conseguimos ficar mais íntimos, e esse é o problema. Talvez seja culpa minha não confiarmos uns nos outros. Em todo caso, é assim que as coisas são, e infelizmente não parece que vão mudar. Foi por isso que comecei o diário.

Para incrementar a imagem desse amigo tão esperado na minha imaginação, não vou escrever com pressa os fatos neste diário, do jeito que a maioria das pessoas faz, mas quero que o diário seja meu amigo, o qual vou chamar de Kitty.

Visto que ninguém entenderia uma palavra sequer das minhas histórias que confiarei a Kitty se eu mergulhasse do nada, é melhor fornecer um breve esboço da minha vida, por mais que eu não goste de fazer isso.

Meu pai, o pai mais adorável que já vi, foi casar-se com a minha mãe somente aos 36 anos, e ela tinha 25. Minha irmã, Margot, nasceu em Frankfurt am Main, na Alemanha, em 1926. Eu nasci em 12 de junho de 1929. Morei em Frankfurt até os quatro anos. Porque somos judeus, meu pai imigrou para a Holanda em 1933, quando se tornou diretor da Opekta holandesa, que fabrica produtos utilizados para fazer geleia.

Nossa vida era cheia de ansiedade, visto que nossos parentes, na Alemanha, sofriam com as leis antissemitas de Hitler. Após os massacres de 1938, meus dois tios (irmãos da minha mãe) fugiram da Alemanha e encontraram refúgio na América do Norte. Minha avó velhinha – na época, com 73 anos – veio morar conosco.

Depois de maio de 1940, os bons momentos eram poucos e espaçados: primeiro veio a guerra, depois a capitulação, e então a chegada dos alemães, que foi quando começaram os problemas para os judeus. Tivemos nossa liberdade severamente restringida por uma série de decretos antissemitas: os judeus deviam usar uma estrela amarela; os judeus deviam entregar suas bicicletas; os judeus estavam proibidos de pegar bondes; os judeus estavam proibidos de andar de carro, mesmo o próprio veículo; os judeus deviam fazer compras entre as três e as cinco da tarde; os judeus deviam frequentar somente barbeiros e salões de beleza cujos donos eram judeus; os judeus estavam proibidos de ficar na rua entre as oito da noite e as seis da manhã; os judeus estavam proibidos de frequentar teatros, cinemas ou qualquer outro tipo de entretenimento; os judeus estavam proibidos de usar piscinas, quadras de tênis, campos de hóquei ou quaisquer outros campos esportivos; os judeus estavam proibidos de praticar remo; os judeus estavam proibidos de participar de quaisquer atividades atléticas em público; os judeus estavam proibidos de sentar em seus jardins ou nos dos amigos após as oito da noite; os judeus estavam proibidos de visitar cristãos na casa destes; os judeus deviam frequentar escolas israelitas etc. Não podia fazer isso, não podia fazer aquilo, mas a vida seguia em frente. Jacque sempre me dizia: "Não ouso fazer mais nada, pois tenho medo de que não seja permitido".

Vovó faleceu em janeiro de 1942. Ninguém sabe quanto eu penso nela e ainda a amo.

Em 1934 fui estudar no Jardim de Infância Montessori e fiquei por lá. No final do ano letivo – eu estava no 6B – tive que me despedir da Sra K. Foi muito triste. Em 1941 fui, com minha irmã Margot, para o Liceu Israelita, ela para o quarto ano e eu para o primeiro.

Até agora está tudo bem com nós quatro, e aqui chego nos dias atuais.

Para distingui-los dos outros, todos os judeus foram forçados pelos alemães a usar, bem visível, uma estrela amarela de seis pontas.

SÁBADO, 20 DE JUNHO DE 1942

Querida Kitty! Deixe-me começar agora mesmo; está calmo e tranquilo. Papai e mamãe saíram, e Margot foi jogar pingue-pongue com outros jovens na casa da amiga dela, a Trees.

Eu também tenho jogado muito pingue-pongue ultimamente. Tanto que eu e mais quatro meninas formamos um clube, o "Ursa Menor Menos Duas". Um nome bem bobinho, mas é baseado num erro. Queríamos dar a ele um nome especial; e, porque éramos cinco, tivemos a ideia da Ursa Menor, pois pensamos que consistia em cinco estrelas, mas acabou que estávamos erradas. Ela tem sete, como a Ursa Maior, o que explica o "Menos Duas". Ilse Wagner tem um conjunto de pingue-pongue, e os Wagner nos deixam jogar em sua sala de jantar, que é grande, sempre que queremos. Como as cinco jogadoras de pingue-pongue gostam de sorvete, principalmente no verão, e já que dá calor jogar pingue-pongue, nossas partidas costumam terminar com uma visita à sorveteria mais próxima que permite a entrada de judeus: Oasis ou Delphi. Faz tempo que paramos de procurar nossas bolsas ou dinheiro – a maior parte do tempo está tão agitado na Oasis que conseguimos fazer uns rapazes generosos que conhecemos ou um admirador nos oferecerem mais sorvete do que poderíamos comer numa semana inteira.

Você deve estar um pouco surpresa de me ver comentar sobre admiradores com a pouca idade que tenho. Infelizmente, ou não, como pode ser o caso, esse vício parece espalhar-se pela nossa escola. Assim que um garoto pergunta se pode me acompanhar até minha casa, de bicicleta, e começamos a conversar, quase todas as vezes é certeza de ele se apaixonar na mesma hora, sem tirar os olhos de mim nem por um segundo. O ardor dele acaba por esfriar, em especial porque eu ignoro seus olhares apaixonados e sigo pedalando o meu caminho com alegria. Se começa a piorar, a ponto de ele divagar sobre "pedir a permissão do pai", dou uma guinada leve na bicicleta, minha mochila cai, e o rapaz se sente obrigado a saltar de sua bicicleta e me entregar a mochila, tempo em que já passei a conversa para outro assunto. Esse é o tipo mais inocente. Claro que há aqueles que mandam beijos ou tentam pegar no braço, mas esses estão, sem dúvida, batendo à porta errada. Eu salto da bicicleta e me recuso a continuar desfrutando de sua companhia ou faço como se estivesse ofendida, dizendo, em termos muito claros, que vão para casa sem mim. Prontinho. Acabamos de firmar a base para a nossa amizade. Até amanhã.

Com amor, Anne

DOMINGO, 21 DE JUNHO DE 1942

Cara Kitty, toda a nossa turma está borrando as calças. O motivo, claro, é a próxima reunião, na qual os professores decidirão quem será promovido para a próxima série e quem será retido.

Metade da sala está fazendo apostas. G.Z. e eu nos rachamos de rir dos dois meninos atrás de nós, C.N. e Jacques Kocernoot, que puseram todas as suas economias das férias na aposta. Desde a manhã até a noite, é: "Você vai passar"; "Não, não vou"; "Sim, vai passar", "Não, não vou". Nem mesmo os olhares suplicantes de G. nem meus acessos de raiva conseguem acalmá-los. Se você quer saber, há tantos burrinhos que cerca de um quarto da sala devia ser retida, mas os professores são as criaturas mais imprevisíveis da Terra. Quem sabe, desta vez, eles serão imprevisíveis para a direção certa, para variar. Não fico tão preocupada com as minhas amigas, nem comigo.

Vamos passar. A única matéria de que não tenho tanta certeza é Matemática. Enfim, tudo que podemos fazer é esperar. Até lá, ficamos dizendo umas às outras para não desanimar.

Eu me dou muito bem com todos os meus professores. São nove ao todo: sete homens e duas mulheres. O Sr. Keesing, o velho caturra que dá aula de Matemática, foi o que ficou bravo comigo pelo maior tempo porque eu falava muito. Após várias advertências, ele me deu tarefa de casa a mais. Uma redação sobre o seguinte assunto: "Uma tagarela". Uma tagarela... que é que se pode escrever sobre esse tema? Resolvi que me preocuparia com isso depois. Escrevi de qualquer jeito a tarefa no meu caderno, enfiei-a na mochila e tentei ficar quieta.

Naquela noite, depois que terminei o restante da tarefa de casa, a anotação sobre a redação chamou minha atenção. Comecei a pensar no assunto enquanto mordiscava a ponta da minha caneta-tinteiro. Qualquer um podia divagar e deixar espaços grandes entre as palavras, mas o truque era inventar argumentos convincentes para provar a necessidade de falar. Pensei e pensei, e de repente tive uma ideia. Escrevi as três páginas que o Sr. Keesing tinha me pedido e fiquei satisfeita. Argumentei que falar é um traço da mulher e que eu daria o meu melhor para mantê-lo sob controle, mas que jamais seria capaz de me livrar desse hábito, visto que minha mãe falava tanto quanto eu, se não mais, e que não há muito que fazer com traços herdados.

O Sr. Keesing deu boas risadas com meus argumentos, mas, quando desatei a conversar ao longo de toda a aula seguinte, ele me passou uma segunda redação. Dessa vez, era para dissertar sobre "Uma tagarela incorrigível". Eu a entreguei, e o Sr. Keesing não teve nada de que reclamar durante duas aulas inteiras. Entretanto, na terceira aula, finalmente não suportou mais. "Anne Frank, como punição por ficar conversando durante a aula, escreva uma redação intitulada 'Quá, quá, quá, disse a Srta. Tagarela'".

A sala toda caiu na gargalhada. Tive que rir também, embora tivesse quase exaurido minha criatividade no tocante ao tema das tagarelas. Era hora de inventar outra coisa, algo original. Minha amiga Sanne, que é boa de poesia, ofereceu-se para me ajudar a escrever uma redação do começo ao fim em versos. Pulei de alegria. Keesing estava tentando fazer piada de mim com esse tema ridículo, mas eu daria um jeito para que a piada fosse com ele. Terminei meu poema, e ficou lindo! Era sobre uma mamãe pata e um papai cisne com três patinhos que foram mortos às mordidas pelo pai porque grasnavam demais. Por sorte, Keesing levou a piada do jeito certo. Leu o poema para a sala, acrescentando seus comentários, e para muitas outras salas também. Desde então, permitem-me falar, e não me passaram tarefa de casa a mais. Pelo contrário, Keesing vive fazendo piada ultimamente.

Com amor, Anne

QUARTA-FEIRA, 24 DE JUNHO DE 1942

Querida Kitty, está tão abafado. Todos estão esbaforidos, e neste calor eu tenho que andar para todo lugar. Só agora percebo quão agradável é o bonde, mas nós, judeus, estamos proibidos de desfrutar desse luxo; nossos dois pés têm de nos bastar. Ontem, na hora do almoço, tive consulta no dentista, na Jan Luykenstraat.

É bem longe da nossa escola, em Stadstimmertuinen. Nessa tarde, eu quase peguei no sono, na minha carteira. Felizmente – e de modo automático –, as pessoas lhe oferecem coisas para beber. A assistente do dentista é muito gentil.

O único meio de transporte que nos resta é a balsa. O condutor de Josef Israelkade nos levou para a outra margem quando lhe pedimos. Não é culpa dos holandeses que nós, judeus, estejamos passando por tamanha dificuldade.

Eu queria não ter de ir à escola. Minha bicicleta foi roubada nas férias da Páscoa, e papai deu a bicicleta da mamãe a uns amigos cristãos, para que a guardassem. Que bom que as férias de verão estão quase aí; mais uma semana e acaba o nosso tormento.

Algo inesperado aconteceu ontem de manhã. Eu passava pelas bicicletas quando ouvi chamarem meu nome. Virei, e lá estava o menino legal que eu conhecera na noite anterior, na casa da minha amiga Wilma. Ele é primo de segundo grau da Wilma. Eu achava que a Wilma era legal, e ela é, mas só sabe falar de meninos, e isso acaba ficando chato. Ele veio até mim, meio tímido, e se apresentou como Hello Silberberg. Fiquei um pouco surpresa, sem saber direito o que ele queria, mas não demorou para eu descobrir. Ele me perguntou se eu lhe permitiria acompanhar-me à escola. "Se você estiver indo para essa direção, vou com você", eu disse. E então fomos andando juntos. Hello tem dezesseis anos e é bom em contar todo tipo de história divertida.

Ele estava me esperando de novo, hoje de manhã, e imagino que sempre estará daqui em diante.

Anne

QUARTA-FEIRA, 1º DE JULHO DE 1942

Querida Kitty, até hoje, acredita que eu não arranjei tempo para escrever? Estive com amigas o tempo todo na quinta, tivemos companhia na sexta, e foi assim até hoje.

Hello e eu nos conhecemos ainda mais neste fim de semana. Ele me contou muito sobre sua vida: vem de Gelsenkirchen e está morando com os avós; os pais estão na Bélgica, mas não tem como ele chegar lá. Hello tinha uma namorada chamada Ursula, a quem conheço também; ela é um doce e um tédio de pessoa. Desde que me conheceu, Hello percebeu que quase pegava no sono ao lado de Ursula. Então, eu sou algo como um tônico revigorante. Ninguém nunca sabe no que pode ser bom!

Jacque passou a noite de sábado aqui. Domingo à tarde ela foi para a casa da Hanneli, e eu fiquei num tédio só.

Hello devia vir nessa noite, mas ligou por volta das seis. Eu atendi ao telefone, e ele disse:

"Aqui quem fala é Helmuth Silberberg. Posso falar com a Anne, por favor?".

"Oh, Hello. Aqui é a Anne."

"Ah, oi, Anne. Como está?"

"Bem, obrigada."

"Só queria pedir desculpas; não posso ir hoje. Mas queria conversar com você. Tudo bem se eu passar para pegá-la dentro de uns dez minutos?"

"Sim, tudo bem. Tchau!"

"Tá bem, logo estarei aí. Tchau!"

Desliguei, troquei de roupa rapidamente e arrumei o cabelo. Estava tão nervosa que me debrucei na janela para esperar por ele. Por fim,

Hello apareceu. Milagre dos milagres, não desci correndo as escadas; fiquei esperando, quietinha, até que ele tocasse a campainha. Abri a porta e ele foi direto ao ponto:

"Anne, minha avó acha que você é nova demais para que namoremos firme. Ela disse que eu devia ir à casa dos Lowenbach, mas é provável que você já saiba que não estou mais saindo com a Ursula."

"Não, eu não sabia. O que aconteceu? Vocês brigaram?"

"Não, nada disso. Eu disse à Ursula que nós não servimos um para o outro, e que era melhor não nos vermos mais, mas que ela é bem-vinda na minha casa, e que espero ser bem-vindo na dela. Na verdade, achei que Ursula estava saindo com outro garoto, e a tratei como se ela estivesse. Mas não era verdade. E daí meu tio disse que eu devia pedir desculpas a ela, mas claro que eu não queria, e foi por isso que rompemos. Mas esse foi só um dos motivos. Agora, minha avó quer que eu fique com a Ursula, e não com você, mas não concordo, e não vou fazer isso. Às vezes, os idosos têm umas ideias muito antiquadas, e não é como se eu tivesse que concordar com eles. Preciso dos meus avós, mas em certo sentido eles precisam de mim também. Daqui em diante, estarei livre nas noites de quarta. Sabe, meus avós me fizeram me matricular numa aula de escultura em madeira, mas na verdade vou num clube organizado pelos sionistas. Meus avós não querem que eu vá, porque são antissionistas. Não sou sionista fanático, mas isso me interessa. Enfim, ultimamente foi tão bagunçado que estou pensando em parar. Então, na quarta que vem será a minha última reunião. Isso significa que posso ver você na quarta à noite, no sábado à tarde e à noite, no domingo à tarde e talvez até mais."

"Mas se seus avós não querem, você não devia fazer isso escondido deles."

"Vale tudo no amor e na guerra."

Nesse mesmo momento, passamos pela livraria Blankevoort, e lá estavam Peter Schiff com dois outros meninos; foi a primeira vez que ele me disse oi em muito tempo, e me fez sentir muito bem.

Segunda à noite, Hello veio conhecer papai e mamãe. Eu tinha comprado um bolo e uns doces, e tomamos chá com cookies, e tudo mais, mas nós dois não queríamos ficar presos às cadeiras. Então saímos para caminhar, e ele só me trouxe à minha casa às oito e dez. Papai ficou furioso. Disse que foi muito errado da minha parte não voltar para casa na hora. Eu tive que prometer que estaria em casa às dez para as oito, dali em diante. E tinha sido convidada para ir à casa de Hello no sábado.

Wilma me disse que, certa noite, Hello estava na casa dela, e ela lhe perguntou: "De quem você gosta mais, Ursula ou Anne?".

Ele disse: "Não é da sua conta".

Porém, quando estava de saída (eles não tinham conversado mais a noite toda), Hello confessou: "Ah, eu gosto mais da Anne, mas não conte a ninguém. Tchau!". E vrumm... saiu pela porta.

Em tudo que diz ou faz, eu vejo que Hello está gostando de mim, e tem sido bom, para variar. Margot diria que Hello é eminentemente adequado. Eu também acho, mas ele é mais do que isso. Mamãe também é só elogios: "Um menino bonito, gentil e educado". Fico contente por ele ser tão popular com todo mundo. Exceto com as minhas amigas. Ele as considera infantis demais, e tem razão nisso. Jacque ainda me provoca por causa dele, mas não estou apaixonada. Não muito. Tudo bem, para mim, ter amizade com garotos. Ninguém liga.

Com amor, Anne

DOMINGO, 5 DE JULHO DE 1942

Querida Kitty, a cerimônia de formatura no Teatro Israelita na sexta foi como o esperado. Meu boletim não estava nada mal. Reprovei em uma matéria, tirei um cinco em álgebra e, de resto, foram todos setes, exceto por dois seis e dois oitos.

Meus pais estão contentes, mas não são como os outros pais; eles nunca se preocupam com o boletim, bom ou ruim. Contanto que eu esteja com saúde e contente e não lhes responda muito, eles ficam satisfeitos. Se essas três coisas estiverem bem, tudo mais seguirá o próprio curso.

Eu sou o exato oposto. Não quero ser uma aluna fraca. Fui aceita no Liceu Israelita sob condições. Era para eu ter ficado na sétima série na escola montessoriana, mas, quando ordenaram que as crianças judias fossem para escolas judaicas, o Sr. Elte finalmente concordou, após muita persuasão, a aceitar Lies Goslar e eu. Lies também passou este ano, embora tenha que repetir a prova de Geometria.

Minha irmã, Margot, também recebeu o boletim. Brilhante, como sempre. Se tivéssemos algo como um *cum laude*, ela teria passado com honrarias. Margot é muito inteligente.

Papai tem passado bastante tempo em casa ultimamente. Não há nada para ele fazer no escritório; deve ser terrível sentir que você não é necessário. O Sr. Kleiman tomou conta da Opekta, e o Sr. Kugler, da Gies & Co., a empresa que trabalha com temperos e os substitutos destes, estabelecida em 1941.

Alguns dias atrás, enquanto passeávamos dando voltas na pracinha do bairro, papai começou a falar sobre se esconder. Disse que seria muito difícil, para nós, viver separados do resto do mundo. Perguntei-lhe por que estava trazendo esse assunto.

"Bem, Anne", ele respondeu, "você sabe que faz mais de um ano que estamos trazendo roupas, comida e móveis para outras pessoas. Não queremos que os nossos bens sejam tomados pelos alemães. E não queremos cair nas garras deles. Então, partiremos por conta própria; não vamos esperar até sermos arrastados."

"Mas quando, pai?" Ele falava tão sério que fiquei assustada.

"Não se preocupe. Cuidaremos de tudo; apenas aproveite sua vida tranquila o quanto puder."

E foi isso. Oh, que essas palavras sombrias não se tornem realidade por muito, muito tempo.

A campainha está tocando. Hello chegou; hora de parar.

Com amor, Anne

QUARTA-FEIRA, 8 DE JULHO DE 1942

Querida Kitty, parece que se passaram anos desde a manhã de domingo. Aconteceu tanta coisa que é como se o mundo inteiro tivesse virado de cabeça para baixo.

Mas, como você pode ver, Kitty, ainda estou viva, e é isso que importa, como diz o papai. Estou viva, e estou bem, mas não me pergunte onde nem como. Você não deve estar entendendo uma palavra sequer do que estou dizendo hoje, então começarei contando o que aconteceu na tarde de domingo.

Às três da tarde (Hello tinha ido embora, mas era para ele voltar mais tarde), a campainha tocou. Eu não ouvi, pois estava lá fora, na varanda, lendo preguiçosa, tomando sol. Um pouquinho depois, Margot apareceu à porta da cozinha, e parecia muito agitada. "Papai recebeu uma convocação da SS", ela sussurrou. "Mamãe foi ver o Sr. Van Daan". (O Sr. Van Daan é sócio do papai nos negócios e um bom amigo.)

Fiquei perplexa. Uma convocação: todo mundo sabe o que isso significa. Imagens de campos de concentração e celas solitárias passaram pela minha cabeça. Como poderíamos permitir que o papai tivesse um destino desses? "Claro que ele não vai", Margot declarou, enquanto esperávamos pela mamãe na sala de estar. "Mamãe foi ver o Sr. Van Daan para perguntar se podemos nos mudar para o esconderijo amanhã. Os Van Daan vão conosco. Seremos sete, ao todo." Silêncio. Não conseguíamos falar nada. Pensar no papai indo visitar alguém no hospital israelita, sem a menor a ideia do que estava acontecendo, a longa espera pela mamãe, o calor, o suspense – tudo isso nos reduzia ao silêncio.

De repente, a campainha tocou mais uma vez. "É o Hello", eu disse.

"Não abra a porta!", exclamou Margot, para me impedir. Mas não foi necessário, pois ouvimos a mamãe e o Sr. Van Daan lá embaixo, falando com Hello, e então os dois entraram e fecharam a porta. Toda vez que a campainha tocava, Margot ou eu tínhamos que descer na ponta dos pés para ver se era o papai, e não deixamos mais ninguém entrar. Pediram que eu e Margot saíssemos da sala, pois o Sr. Van Daan queria conversar a sós com a mamãe.

Quando Margot e eu nos sentamos no nosso quarto, ela me disse que a convocação não era para o papai, mas para ela. Com esse segundo choque, comecei a chorar. Margot tem dezesseis anos – pelo visto, querem mandar embora meninas da idade dela sozinhas. Mas felizmente ela não vai: a mamãe já deixou isso bem claro, e devia ser a isso que o papai se referia quando falou comigo sobre irmos para o esconderijo. Esconderijo... Onde poderíamos nos esconder? Na cidade? No campo? Numa casa? Numa cabana? Quando, onde, como...? Estas eram perguntas que eu não podia fazer, mas mesmo assim elas ficavam passando pela minha mente.

Margot e eu começamos a juntar nossos bens mais importantes dentro de uma mochila escolar. A primeira coisa que enfiei ali foi este diário, e depois bobes de cabelo, lenços, livros da escola, um pente e umas cartas antigas. Preocupada com a ideia de nos escondermos, guardei as coisas mais malucas na mochila, mas não estou nem aí. As lembranças significam mais para mim do que os vestidos.

Papai finalmente chegou em casa em torno das cinco horas, e ligamos para o Sr. Kleiman para perguntar se ele poderia vir à noite. O Sr. Van Daan foi embora, para buscar Miep. Miep chegou e prometeu voltar depois, à noite, e levou consigo uma mala cheia de sapatos, vestidos, jaquetas, roupa de baixo e meias. Depois disso, ficou tudo quieto no nosso apartamento; ninguém teve vontade de comer. Ainda fazia calor, e era tudo muito esquisito.

Tínhamos alugado o quarto maior do andar de cima para um tal Sr. Goldschmidt, um homem divorciado de uns trinta e poucos anos que, pelo visto, não tinha nada para fazer nessa noite, já que, apesar de todas as nossas deixas polidas, ficou conosco até as dez.

Miep e Jan chegaram às onze. Miep, que trabalha na empresa do papai desde 1933, tornou-se uma amiga querida, bem como seu marido, Jan. Mais uma vez, sapatos, meias, livros e roupa de baixo desapareceram no interior da bolsa de Miep e dos bolsos profundos de Jan. Às onze e meia, eles desapareceram também.

Eu estava exausta, e, ainda que soubesse que essa seria a minha última noite na minha cama, adormeci na hora, só acordando quando a mamãe me chamou, às cinco e meia da manhã do dia seguinte. Felizmente, não fazia tanto calor quanto no domingo; uma chuva morna caiu ao longo do dia todo. Nós quatro estávamos embrulhados em tantas camadas de roupa que parecíamos sair rumo a uma noite numa geladeira, e tudo isso apenas para podermos levar mais roupas conosco. Nenhum judeu, na nossa situação, ousaria sair de casa com uma mala cheia de roupas. Eu vestia duas camisetas, três pares de calcinhas, um vestido, e por cima disso uma saia, uma jaqueta, uma capa de chuva, dois pares de meias, sapatos pesados, uma boina, uma echarpe e muito mais. Eu já estava sufocada antes mesmo de sairmos de casa, mas ninguém se preocupou em perguntar-me como eu me sentia.

Margot preencheu sua mochila com livros escolares, foi pegar a bicicleta e, com Miep à frente, pôs-se a pedalar rumo ao desconhecido. Quero dizer, era assim que eu pensava, visto que ainda não sabia onde ficava o nosso esconderijo.

Às sete e meia, nós também fechamos a porta ao sair; Moortje, minha gata, foi a única criatura viva da qual me despedi. Segundo um bilhete que deixamos para o Sr. Goldschmidt, ela deveria ser levada para os vizinhos, que lhe dariam um bom lar.

As camas desarrumadas, as coisas do café da manhã sobre a mesa, a carne para a gata na cozinha – tudo isso criava a impressão de que tínhamos partido às pressas. Mas as impressões não nos interessavam. Só queríamos sair dali, ir embora e chegar ao nosso destino em segurança. Nada mais importava.

Mais amanhã.

Com amor, Anne

QUINTA-FEIRA, 9 DE JULHO DE 1942

Querida Kitty, então lá estávamos, papai, mamãe e eu, andando sob chuva, cada um com uma mochila e uma sacola cheias até a boca com a maior variedade de itens.

As pessoas a caminho do trabalho, tão cedo, pela manhã, olhavam-nos com simpatia; dava para ver, pela expressão delas, que sentiam por não poder nos oferecer algum tipo de transporte; a conspícua estrela amarela falava por si só.

Somente quando começamos a descer a rua papai e mamãe revelaram, aos pouquinhos, qual era o plano. Por meses, removemos o máximo possível de nossos móveis e equipamentos do apartamento. Concordamos em entrar no esconderijo no dia 16 de julho. Por causa da convocação de Margot, o plano teve que ser antecipado em dez dias – e, como resultado, teríamos que nos contentar com cômodos menos ordenados.

O esconderijo ficava no edifício do escritório do papai. É um pouco difícil de entender, para quem é de fora, então vou explicar. Não havia muita gente trabalhando no escritório do papai, apenas o Sr. Kugler, o Sr. Kleiman, Miep e uma secretária de 23 anos chamada Bep Voskuijl, e todos haviam sido informados da nossa chegada. O Sr. Voskuijl, pai de Bep, trabalha no depósito, junto com dois assistentes, e nenhum deles soube de nada.

Aqui vai uma descrição do edifício. Um grande depósito no térreo é usado como área de trabalho e de estoque, e é dividido em muitos setores diferentes, como o estoque e a sala de moagem, onde são moídos substitutos de canela, cravo e pimenta.

Ao lado das portas do depósito há outra porta, uma entrada a mais para o escritório. Logo após a porta do escritório vem uma segunda porta, e, além dela, uma escadaria. No topo da escadaria há mais uma porta, com um painel de vidro no qual a palavra "Escritório" aparece escrita em letras pretas. Esse é o escritório maior, da frente – muito grande, muito claro e muito cheio. Bep, Miep e o Sr. Kleiman trabalham ali durante o dia. Após passar por uma alcova que contém um cofre, um armário e um grande gabinete de suprimentos, você chega ao pequeno, escuro e abafado escritório dos fundos. Este costumava ser partilhado pelo Sr. Kugler e o Sr. Van Daan, mas agora o Sr. Kugler é seu único ocupante. É possível chegar ao escritório do Sr. Kugler pelo corredor, mas isso deve ser feito por uma porta de vidro que pode ser aberta de dentro, mas não tão facilmente por fora. Se você sai do escritório do Sr. Kugler e segue pelo longo e estreito corredor, passando pelo silo de carvão, e sobe quatro degraus, chega ao escritório particular, a estrela de todo o edifício. Móveis elegantes de mogno, piso de linóleo coberto com tapetes, um rádio, uma lâmpada arrojada, tudo de primeira linha. Em seguida, vem uma cozinha espaçosa com água aquecida e duas bocas de fogão, e ao lado dela há um banheiro. Esse é o segundo andar.

Uma escada de madeira leva do corredor, no andar inferior, para o terceiro andar. No topo da escada, há um patamar, com portas de cada lado. A porta da esquerda leva você à área de estoque de condimentos e ao sótão da porção frontal da casa. Um lance de escadas em caracol muito íngreme, tipicamente holandesa, também vai da parte frontal da casa para mais uma porta que dá para a rua.

A porta à direita do patamar leva ao "Anexo Secreto", nos fundos da casa. Ninguém jamais suspeitaria que havia tantos cômodos por trás daquela simplória porta cinza. Existe apenas um degrauzinho em frente à porta, e você já entra. Logo à sua frente, uma escadaria íngreme. À esquerda, um corredor estreito leva a um cômodo que serve como sala de estar e quarto para a família dos Frank. Em seguida vem um cômodo menor, quarto das moças da família. À direita da escadaria, há um lavabo sem janela, com uma ligação. A porta do canto leva ao vaso sanitário, e outra para o quarto que é meu e de Margot. Se você subir a escadaria e abrir a porta, no topo, ficará surpreso ao ver um cômodo amplo, claro e espaçoso numa antiga casa como essa, à beira do canal.

Ele contém um fogão (graças ao fato de que servia como laboratório para o Sr. Kugler) e uma pia.

Ali será a cozinha e o quarto do Sr. e da Sra. Van Daan, bem como sala de estar geral, sala de jantar e escritório para todos nós. Um pequeno cômodo adjacente será o quarto de Peter van Daan. Depois, assim como na porção frontal do edifício, há um sótão. Então é isso. Acabo de lhes apresentar todo o nosso adorado Anexo!

Com amor, Anne

SEXTA-FEIRA, 10 DE JULHO DE 1942

Querida Kitty, devo tê-la amolado com minha longa descrição da nossa casa, mas ainda acho que você deveria saber aonde fui parar; como cheguei aqui é algo que você descobrirá com as minhas próximas cartas.

Mas, primeiro, deixe-me continuar a minha história, pois, como você sabe, ainda não terminei. Depois que chegamos ao número 263 da Prinsengracht, Miep nos levou rapidamente pelo longo corredor e pela escada de madeira até o segundo andar, e depois ao Anexo. Ela fechou a porta, deixando-nos sozinhos ali. Margot tinha chegado muito antes, de bicicleta, e nos esperava.

Nossa sala de estar e todos os outros cômodos estavam tão cheios de coisas cujas palavras não consigo encontrar para descrever. Todas as caixas de papelão enviadas ao escritório nos últimos meses estavam empilhadas no chão e nas camas. O quarto menor encontrava-se lotado, do piso ao teto, de roupas de cama. Se quiséssemos dormir em camas bem arrumadas naquela noite, teríamos de nos apressar e arrumar a bagunça. Margot e a mamãe não conseguiam mover um músculo que fosse. As duas deitaram-se em seus colchões descobertos, cansadas, deprimidas, e sei lá mais o quê. Mas eu e o papai, os dois faxineiros da família, começamos a arrumar na mesma hora.

O dia todo, desempacotamos caixas, enchemos armários, martelamos pregos e endireitamos a bagunça, até que nos largamos, exaustos, em nossas camas limpas, à noite. Não fizemos uma refeição quente sequer o dia inteiro, mas não nos importávamos; Margot e a mamãe estavam cansadas e tensas demais para comer, e papai e eu estávamos muito ocupados.

Na manhã de terça, retomamos de onde tínhamos parado na noite anterior. Bep e Miep foram comprar comida com os cupons de provisões, papai foi trabalhar nas telas para as janelas, esfregamos o piso da cozinha, e nos mantivemos ocupados, mais uma vez, do amanhecer ao pôr do sol. Até a quarta, não tive nem chance de pensar na enorme mudança que ocorrera em minha vida. E então, pela primeira vez, desde a nossa chegada ao Anexo Secreto, arranjei tempo para contar-lhe sobre isso, e para pensar no que me tinha acontecido e no que estava ainda por acontecer.

Com amor, Anne

SÁBADO, II DE JULHO DE 1942

Querida Kitty, papai, mamãe e Margot ainda não se acostumaram ao soar do relógio da Westertoren, que nos informa o horário a cada quarto de hora.

Eu não! Gostei desde o início; o som é tão confortante, principalmente à noite. Sem dúvida, você quer saber o que eu penso de estarmos escondidos. Bem, tudo que posso dizer é que ainda não sei direito. Acho que nunca me sentirei em casa neste lugar, mas isso não quer dizer que eu o odeie. É mais como passar férias numa pensão esquisita. É um jeito meio estranho de pensar na vida no esconderijo, mas é assim que estão as coisas. O Anexo é um lugar ideal para a gente se esconder. Pode até ser úmido e torto, mas é provável que não exista esconderijo mais confortável em toda a cidade de Amsterdã. Não, em toda a Holanda.

Até agora, nosso quarto, com suas paredes brancas, estava muito vazio. Graças ao papai – que trouxe, de antemão, toda a minha coleção de cartões-postais e fotos de estrelas de cinema – e a um pincel e um pote de cola, pude cobrir a parede com fotos. Ficou muito mais alegre. Quando os Van Daan chegarem, poderemos construir armários e outras coisas com a madeira que está empilhada no sótão.

Mamãe e Margot melhoraram um pouco. Ontem, a mamãe se sentiu bem o bastante para fazer sopa de ervilha pela primeira vez, mas ficou lá embaixo conversando e acabou se esquecendo dela. A ervilha ficou preta de tão queimada, e não houve esfregar que pudesse tirá-la da panela.

Ontem à noite, nós quatro descemos para o escritório privado e ouvimos a rádio inglesa. Fiquei com tanto medo de que alguém pudesse escutar que implorei ao papai que me levasse de volta lá para cima. A mamãe entendeu a minha ansiedade e foi comigo. Temos muito medo de que os vizinhos possam nos ouvir ou nos ver. Começamos imediatamente, no primeiro dia, a costurar cortinas. Na verdade, mal se pode chamá-las disso, visto que não passam de farrapos de tecido, muito variados em formato, qualidade e estampa, que papai e eu costuramos, tudo torto, com dedos inabilidosos. Essas obras de arte foram pregadas nas janelas, onde ficarão até que possamos deixar o esconderijo.

O edifício ao lado do nosso é uma sede da Keg Company, uma firma de Zaandam, e à esquerda há uma oficina de móveis. Embora o pessoal que trabalhe lá não esteja no recinto à noite, qualquer som que fazemos pode viajar pelas paredes. Proibimos Margot de tossir à noite, apesar de seu resfriado forte, e estamos lhe dando doses robustas de codeína.

Mal posso esperar pela chegada dos Van Daan, que está marcada para terça-feira. Será muito mais divertido, e também não tão quieto. Sabe, é o silêncio que me deixa tão nervosa ao entardecer e à noite, e eu daria tudo para que um dos nossos empregados dormisse aqui.

Não posso dizer o quão opressivo é nunca poder sair de casa, e também tenho muito medo de sermos descobertos e fuzilados. Essa não é exatamente uma perspectiva agradável. Devemos sussurrar e agir com cautela durante o dia, caso contrário as pessoas no armazém poderão nos ouvir.

Tem alguém me chamando.

Com amor, Anne

SEXTA-FEIRA, 14 DE AGOSTO DE 1942

Querida Kitty, abandonei você por um mês inteiro, mas aconteceu tão pouca coisa que não consigo pensar num item que valha a pena relatar todo santo dia.

Os Van Daan chegaram em 13 de julho. Achávamos que eles viriam no dia 14, mas, entre os dias 13 e 16, os alemães ficaram enviando convocações para todo lado, causando muita inquietação; então, eles decidiram que seria mais seguro partir um ou dois dias antes, para que não fosse tarde demais.

Peter van Daan chegou às nove e meia da manhã (enquanto ainda estávamos tomando café). Peter está quase com dezesseis anos; é um menino tímido, desengonçado, cuja companhia não fará muita diferença. O Sr. e a Sra. Van Daan chegaram meia hora depois.

Para a nossa surpresa, a Sra. Van Daan trazia uma caixa grande com um penico dentro. "Não me sinto em casa sem meu penico", ela exclamou, e foi o primeiro item a encontrar residência permanente debaixo do divã. Em vez de um penico, o Sr. Van D. trazia uma mesa retrátil sob o braço.

Desde o primeiro dia, fizemos as refeições juntos, e após três dias era como se nós sete tivéssemos nos tornado uma grande família. Naturalmente, os Van Daan tinham muito a contar da semana em que estivemos fora da civilização. Estávamos mais interessados no que havia acontecido ao nosso apartamento e ao Sr. Goldschmidt.

O Sr. Van Daan nos relatou tudo: "Segunda de manhã, às nove, o Sr. Goldschmidt ligou e perguntou se eu podia ir até lá. Fui no mesmo instante, e encontrei um homem muito perturbado. Ele me mostrou um recado que a família Frank deixara para trás. Como fora instruído, ele planeja levar a gata aos vizinhos, e eu concordei que era uma boa ideia. Ele receava que a casa seria vasculhada, então passamos por todos os cômodos, ajeitando algo aqui e ali, e tiramos as coisas do café da manhã da mesa. De repente, vi um caderninho na mesa da Sra. Frank, com um endereço de Maastricht escrito. Mesmo sabendo que a Sra. Frank o deixara de propósito, fingi estar surpreso e horrorizado, e implorei ao Sr. Goldschmidt que queimasse aquele pedaço de papel incriminador. Jurei de pés juntos que não sabia nada do seu desaparecimento, mas o recado me deu uma ideia. 'Sr. Goldschmidt', eu disse, 'acho que sei a que se refere esse endereço. Uns seis meses atrás, um oficial de alto escalão veio ao escritório. Parece que ele e o Sr. Frank cresceram juntos. Ele prometeu ajudar o Sr. Frank se algum dia fosse necessário. Se bem me lembro, ele estava alocado em Maastricht. Acho que o oficial cumpriu a promessa e está planejando, de algum modo, ajudá-los a atravessar para a Bélgica e depois para a Suíça. Não há problema nenhum em contar a algum amigo da família que vier perguntar deles. Claro que você não precisa mencionar a parte de Maastricht.' E, depois disso, fui embora. Essa é a história que disseram à maioria dos seus amigos, porque eu a ouvi depois, de várias outras pessoas".

Achamos extremamente engraçado, mas rimos ainda mais alto quando o Sr. Van Daan nos contou que certas pessoas imaginam as coisas mais vívidas. Por exemplo, uma família que mora no nosso quarteirão alega ter visto nós quatro andando de bicicleta de manhã cedo, e outra mulher tinha certeza absoluta de que havíamos sido enfiados em algum tipo de veículo militar no meio da noite.

Com amor, Anne

SEXTA-FEIRA, 21 DE AGOSTO DE 1942

Querida Kitty, agora, nosso Anexo Secreto ficou secreto mesmo. Como muitas casas estão sendo vasculhadas em busca de bicicletas escondidas, o Sr. Kugler achou melhor construir uma estante em frente à entrada do nosso esconderijo.

Ela vira para fora, pelas dobradiças, e abre como uma porta. O Sr. Voskuijl cuidou da carpintaria. (O Sr. Voskuijl foi informado de que estamos, nós sete, escondidos, e tem sido muito solícito.)

Agora, sempre que queremos descer, temos que agachar e depois pular. Depois dos três primeiros dias, todos nós ficamos com um galo na testa de bater a cabeça no batente baixo. Então Peter o protegeu, pregando uma toalha cheia de raspas de madeira à moldura. Vamos ver se ajuda!

Não estou fazendo muita tarefa de casa. Dei férias a mim mesma até setembro. O papai quer começar a me dar aulas nessa época, mas temos que comprar todos os livros primeiro.

Houve pouca mudança em nossa vida aqui. Peter lavou o cabelo hoje, mas isso não tem nada de especial. O Sr. Van Daan e eu vivemos nos desentendendo. Mamãe sempre me trata como a um bebê, algo que não suporto. Para os demais, as coisas estão melhorando. Acho que o Peter não melhorou nem um pouco. Ele é um menino desagradável que fica deitado na cama o dia inteiro, e só levanta para fazer um pouco de carpintaria e logo volta para sua soneca. Que paspalho!

Está um dia lindo lá fora, gostoso e quente, e, apesar de tudo, aproveitamos ao máximo o tempo descansando na cama retrátil do sótão.

Com amor, Anne

QUARTA-FEIRA, 2 DE SETEMBRO DE 1942

Querida Kitty, o Sr. e a Sra. Van Daan tiveram uma briga terrível. Nunca vi nada igual, já que o papai e a mamãe nem sonham em gritar um com o outro daquele jeito. A discussão ocorreu por causa de uma coisa tão trivial que não parecia valer a pena desperdiçar uma palavra sequer naquilo. Bem, cada um, cada um.

Claro que é muito difícil para o Peter, que acaba sendo envolvido, mas ninguém leva o Peter a sério mais, pois é hipersensível e preguiçoso. Ontem, ele estava para lá de preocupado porque a cor de sua língua se tornara azulada, em vez de rosada. Esse raro fenômeno desapareceu tão rapidamente quanto apareceu. Hoje, ele ficou zanzando com um cachecol pesado, porque está com torcicolo. Sua Majestade andou reclamando de lumbago também. Dores no coração, rins e pulmões também são esperadas. Ele é um hipocondríaco absoluto! (Essa é a palavra, não é?)

Mamãe e a Sra. Van Daan não estão se dando muito bem. Há motivos de sobra para essa tensão. Para dar um pequeno exemplo, a Sra. Van D. removeu todos exceto três dos lençóis dela do nosso armário de roupa de cama compartilhado. Ela está supondo que os da mamãe podem ser usados pelas duas famílias. Ela terá uma surpresa desagradável quando descobrir que a mamãe anda aplicando o mesmo conceito.

Ademais, a Sra. Van D. está irritada porque estamos usando a louça dela, em vez da nossa. Ela continua tentando descobrir o que fizemos com os nossos pratos; eles estão muitos mais perto do que ela pensa, empacotados em caixas de papelão no sótão, atrás de um monte de material de propaganda da Opekta. Enquanto estivermos no esconderijo, os pratos permanecerão fora do alcance dela. Como eu vivo tendo acidentes, acho melhor assim! Ontem, quebrei um dos potinhos de sopa da Sra. Van D.

"Oh", ela exclamou, irritada. "Não dá para ter mais cuidado? Esse era o último."

O Sr. Van Daan está todo doce comigo esses dias. Que isso dure muito. Mamãe me deu outro sermão horrível esta manhã, não posso suportá-los. Nossas ideias são completamente opostas. Papai é um querido, embora às vezes ele possa ficar com raiva comigo por cinco minutos no final.

Semana passada, houve uma breve interrupção na nossa rotina monótona. Isso foi obra do Peter – e de um livro sobre mulheres. Devo explicar que Margot e Peter têm permissão para ler quase todos os livros que o Sr. Kleiman nos empresta. Mas os adultos preferiram ficar com esse livro só para eles. Isso atiçou a curiosidade de Peter no mesmo instante. Que fruto proibido o livro continha? Ele o pegou de fininho quando sua mãe estava lá embaixo, conversando, e foi com o item furtado para o sótão. Por dois dias, ficou tudo bem. A Sra. Van Daan sabia o que ele estava aprontando, mas ficou calada, até que o Sr. Van Daan descobriu. Ele teve um acesso, tomou o livro do menino e supôs que esse seria o fim da história. Entretanto, ele não teve o cuidado de levar a sério a curiosidade do filho. Peter, nem um pouco abalado pela reação ligeira do pai, começou a pensar em maneiras de ler o restante desse livro interessante ao extremo.

Nesse meio-tempo, a Sra. Van D. pediu a opinião da mamãe. Mamãe achava que esse livro, em especial, não era adequado para Margot, mas não via problema em permitir que ela lesse a maioria dos demais livros.

"Sabe, Sra. Van Daan", disse a mamãe, "há uma grande diferença entre Margot e Peter. Para começar, Margot é menina, e as meninas são sempre mais maduras que os meninos. Segundo, ela já leu muitos livros sérios e não fica procurando aqueles que já não são mais proibidos. Terceiro, Margot é muito mais sensível e avançada intelectualmente, resultado de seus quatro anos numa escola excelente."

A Sra. Van Daan concordou com ela, mas achava que era incorreto, por questão de princípio, deixar jovens ler livros escritos para adultos.

Entrementes, Peter tinha pensado num momento adequado, em que ninguém estaria interessado nem nele nem no livro. Às sete e meia da noite, quando a família toda estava ouvindo rádio no escritório privado, ele pegou seu tesouro e meteu-se no sótão de novo. Devia ter voltado às oito e meia, mas estava tão absorto no livro que perdeu a noção do tempo, e desceu as escadas quando o pai entrou na sala. A cena que se seguiu não foi nenhuma surpresa: após um tapa, um safanão e um cabo de guerra, o livro estava sobre a mesa, e Peter, no sótão.

Era assim que estavam as coisas quando chegou a hora de a família comer. Peter ficou lá em cima. Ninguém lhe deu nem tempo para refletir; ele teria de ir para a cama sem jantar. Continuamos comendo, conversando com alegria, quando de repente ouvimos um assovio penetrante. Largamos os talheres e olhamos uns para os outros, o choque no rosto pálido de cada um era visível.

E então escutamos a voz de Peter vindo da chaminé: "Não vou descer!".

O Sr. Van Daan ficou de pé num salto, derrubando o guardanapo no chão, e gritou, com o rosto vermelho de raiva: "Já chega!".

Papai, com medo do que poderia acontecer, agarrou-o pelo braço, e os dois homens foram para o sótão. Após muito se debater e chutar, Peter foi parar no quarto, de porta trancada, e nós continuamos a comer.

A Sra. Van Daan pretendia reservar um pedaço de pão para o filho querido, mas o Sr. Van D. não quis saber: "Se ele não pedir desculpas neste minuto, terá de dormir no sótão".

Nós protestamos que ficar sem jantar era punição suficiente. E se Peter pegasse um resfriado? Não poderíamos chamar um médico.

Peter não pediu desculpas, e retornou para o sótão.

O Sr. Van Daan resolveu deixar as coisas como estavam, porém notou, na manhã seguinte, que a cama de Peter estava desarrumada. Às sete, Peter retornou ao sótão, mas foi persuadido a descer quando meu pai lhe disse umas palavras amigáveis. Após três dias de olhares duros e um silêncio teimoso, tudo tinha voltado ao normal.

Com amor, Anne

SEGUNDA-FEIRA, 21 DE SETEMBRO DE 1942

Querida Kitty, hoje eu lhe contarei as notícias gerais daqui do Anexo.

A Sra. Van Daan está insuportável. Sou censurada o tempo todo por conversar sem parar quando estou lá em cima. Eu simplesmente deixo escapar as palavras! A madame tem, agora, um truque novo na manga: tenta esquivar-se de lavar as panelas. Se tem um pouco de comida sobrando no fundo da panela, ela deixa estragar, em vez de transferir para uma travessa de vidro. Depois, à tarde, quando sobra para Margot lavar todas as panelas, madame exclama: "Oh, coitada da Margot, quanta coisa para fazer!".

Papai e eu estamos trabalhando, agora, na nossa árvore genealógica, e ele vai me falando um pouco de cada pessoa ao longo do processo. Comecei a estudar. Estou me dedicando bastante ao francês, enfiando cinco verbos irregulares na cabeça a cada dia. Mas já esqueci muito do que aprendi na escola.

Peter começou a encarar o inglês, mas com grande relutância. Alguns livros escolares acabaram de chegar, e eu trouxe um estoque grande de cadernos, lápis, borrachas e selos de casa. Pim (esse é o apelido que demos para o papai) quer que eu o ajude com as lições de holandês. Estou disposta a ensinar-lhe em troca de sua ajuda com o francês e outras matérias. Mas ele comete os erros mais inacreditáveis!

Às vezes, ouço as transmissões de rádio de Londres. Príncipe Bernhard anunciou recentemente que a princesa Juliana está esperando um bebê para janeiro, o que eu acho maravilhoso. Ninguém aqui entende por que me interesso tanto pela Família Real.

Uns dias atrás, virei o tema da discussão, e todos nós concluímos que sou uma ignorante. Como resultado, mergulhei nos estudos no dia seguinte, visto que tenho pouca intenção de continuar na mesma série quando chegar aos catorze ou quinze anos. O fato de que quase não me permitem ler nada também foi discutido. No momento, a mamãe está lendo *Gentlemen, Wives and Servants* [Cavalheiros, esposas e criados], e claro que não me permitem ler também (embora a Margot esteja lendo!). Primeiro, tenho que ficar mais desenvolvida intelectualmente, como minha irmã genial. Depois discutimos minha ignorância em filosofia, psicologia e fisiologia (no mesmo instante, fui pesquisar essas palavras enormes no dicionário!). É verdade, não sei nada desses assuntos. Mas quem sabe serei mais inteligente no ano que vem!

Cheguei à chocante conclusão de que tenho apenas um vestido de manga comprida e três cardigãs para usar no inverno. Papai me deu permissão para tricotar uma blusa de lã branca; a lã não é lá muito bonita, mas será quentinha, e é isso que conta. Algumas das nossas roupas ficaram com amigos, mas é uma pena não podermos pegá-las enquanto a guerra não acabar. Se é que estarão lá, claro.

Eu tinha acabado de escrever algo sobre a Sra. Van Daan quando ela entrou no quarto. Com o susto, corri para fechar o diário.

"Ah, Anne, não posso dar nem uma olhadinha?"

"Não, Sra. Van Daan."

"Só a última página, então?"

"Não, nem a última página, Sra. Van Daan."

Claro que quase morri, visto que a última página continha uma descrição muito pouco lisonjeira dela. Há coisas acontecendo todos os dias, mas estou cansada demais e com preguiça demais para escrever tudo.

Com amor, Anne

SEXTA-FEIRA, 25 DE SETEMBRO DE 1942

Querida Kitty, algumas noites, vou conversar um pouco com os Van Daan. Comemos "*cookies* de mariposa" (*cookies* de melado que foram guardados num armário à prova de mariposa) e nos divertimos. Recentemente, a conversa foi sobre o Peter. Eu disse que ele sempre me dá um tapinha na bochecha, algo de que não gosto. Eles me perguntaram, num jeito de falar típico de adulto, se eu não podia aprender a amar o Peter como a um irmão, pois ele me ama como a uma irmã. "Oh, não!", eu disse, mas estava mesmo pensando em: *Eca, não!* Imagine só! Acrescentei que o Peter é meio sisudo, talvez por ser tímido. Meninos que não estão acostumados a ficar perto de meninas são assim mesmo.

Devo dizer que o Comitê do Anexo (o setor dos homens) é muito criativo. Escute só o esquema que eles inventaram para mandar uma mensagem para o Sr. Broks, um amigo representante de vendas da Opekta Co. que escondeu, na surdina, algumas das nossas coisas para nós! Eles vão escrever uma carta para um dono de loja do sul da Zelândia que é, indiretamente, um dos clientes da Opekta, e pedir-lhe que preencha um formulário e mande de volta no envelope fechado autoendereçado. Papai escreverá o endereço no próprio envelope. Quando a carta voltar da Zelândia, o formulário poderá ser removido, e uma mensagem escrita à mão, confirmando que o papai está vivo, será inserida no envelope. Desse jeito, o Sr. Broks conseguirá ler a carta sem suspeitar que se trata de um esquema. Eles escolheram a província da Zelândia porque fica perto da Bélgica (é fácil contrabandear uma carta pela fronteira) e por ninguém poder viajar até lá sem permissão especial. Um comerciante comum feito o Sr. Broks jamais receberia permissão.

Com amor, Anne

DOMINGO, 27 DE SETEMBRO DE 1942

Querida Kitty, hoje, a mamãe e eu tivemos uma "discussão", como se diz, mas a parte irritante é que eu caí no choro.

Também não me dou muito bem com a Margot. Embora a nossa família nunca tenha o mesmo tipo de surto que eles têm no andar de cima, acho tudo muito desagradável. As personalidades da Margot e da mamãe são tão estranhas para mim. Entendo melhor as minhas amigas do que a minha mãe. Não é uma pena?

Pela milésima vez, a Sra. Van Daan está emburrada. Ela é muito mal-humorada e vem retirando cada vez mais pertences seus para trancafiá-los. É uma pena que a mamãe não retribua cada "truque do desaparecimento" dos Van Daan com um "truque do desaparecimento" dos Frank.

Algumas pessoas, como os Van Daan, parecem apreciar muito não apenas criar os próprios filhos, mas também ajudar os outros a criar os deles. Margot não precisa disso, visto que é naturalmente boa, gentil e esperta, a perfeição em pessoa, mas pelo visto eu sou travessa o bastante por nós duas. Mais de uma vez, o ar foi preenchido pelas censuras dos Van Daan e minhas respostas insolentes. Papai e mamãe sempre me defendem de modo feroz. Sem eles, eu não poderia entrar na disputa com minha compostura de sempre. Eles vivem me dizendo que devo falar menos, cuidar da minha vida e ser mais modesta, mas parece que estou fadada ao fracasso. Se o papai não fosse tão paciente, eu teria desistido, há muito tempo, da esperança de algum dia responder às expectativas bastante moderadas dos meus pais.

Se pego uma porção pequena de um legume que odeio e como batata, no lugar, os Van Daan ficam indignados com o fato de eu ser mimada, principalmente a Sra. Van Daan, que diz: "Anda, Anne, coma mais legumes".

"Não, obrigada", eu respondo. "A batata já é mais que suficiente."

"O legume faz bem para a saúde; sua mãe também acha. Coma um pouco mais", ela insiste, até que o papai intervém e defende meu direito de recusar um prato de que não gosto.

Então a Sra. Van D. perde as estribeiras: "Você devia ver como é na nossa casa, onde as crianças são criadas do que jeito que devem ser. Não acho adequada essa criação. Anne é terrivelmente mimada. Eu jamais permitira isso. Se Anne fosse minha filha…".

É sempre assim que as tiradas dela começam e terminam: "Se Anne fosse minha filha…". Que bom que não sou!

Mas, voltando ao tema de criar filhos, ontem ficaram todos em silêncio depois que a Sra. Van D. terminou seu pequeno discurso. Papai, então, respondeu: "Acho que a Anne está sendo criada muito bem. Pelo menos, ela aprendeu a não responder a esses seus sermões intermináveis. Quanto aos legumes, tudo que tenho a dizer é 'olha só quem está falando'".

Ficou claro que a Sra. Van D. foi derrotada. "Olha só quem está falando" refere-se, claro, à própria madame, visto que ela não tolera feijão nem nenhum tipo de repolho à noite, porque lhe dão "gases". Mas eu poderia dizer o mesmo. Que burra, não acha? Em todo caso, vamos torcer para que ela pare de falar de mim.

É tão engraçado ver quão rápido a Sra. Van Daan fica vermelha. Eu não fico, e isso a aborrece demais, em segredo.

Com amor, Anne

SEGUNDA-FEIRA, 28 DE SETEMBRO DE 1942

Querida Kitty, tive de parar, ontem, embora estivesse longe de terminar. Estou morrendo de vontade de lhe contar sobre mais um dos nossos conflitos, mas, antes, gostaria de dizer isto: acho estranho que os adultos discutem tão facilmente e tantas vezes, e sobre questões tão bobas.

Até hoje, sempre pensei que ficar se bicando era algo que apenas as crianças faziam, e que paravam quando cresciam. Muitas vezes, é claro, há motivo para uma briga de verdade, mas as farpas trocadas que ocorrem por aqui são pura implicância. Eu deveria ter me acostumado com o fato de que essas querelas são ocorrências diárias, porém não me acostumei, e nunca me acostumarei, enquanto eu for o assunto de quase todas as discussões. (Eles se referem a isso como "discussões", em vez de "querelas", mas os alemães não sabem a diferença!) Eles criticam tudo, e tudo mesmo, em mim: meu comportamento, minha personalidade, meus modos; cada pedacinho meu, da cabeça aos pés e de volta à cabeça, é tema de fofoca e debate. Palavras duras e berros são sempre lançados para cima de mim, embora eu definitivamente não esteja acostumada com isso. Segundo a autoridade local, devo sorrir e suportar. Mas não consigo! Não tenho a menor intenção de tolerar os insultos deles sem fazer nada. Mostrarei que Anne Frank não nasceu ontem. Eles vão se sentar e prestar atenção e ficar de bico calado quando eu os fizer ver que eles precisam cuidar dos próprios modos, em vez dos meus. Como ousam agir desse jeito? É simplesmente barbárico. Fiquei perplexa, várias vezes, com tamanha grosseria, e, acima de tudo… com tamanha estupidez (Sra. Van Daan). Mas assim que me acostumar com a ideia, e isso não deve demorar, eu lhes darei um gostinho do seu remédio, e eles mudarão de atitude! Eu sou mesmo tão mal-educada, cabeça-dura, teimosa, intrometida, burra, preguiçosa etc. como os Van Daan dizem que sou? Não, claro que não. Sei que tenho minhas falhas e deficiências, mas eles aumentam as coisas demais! Se ao menos você soubesse, Kitty, como fervilho de raiva quando eles me repreendem e zombam de mim. Não vai demorar até que eu exploda de raiva guardada.

Mas chega disso. Já a aborreci demais com as minhas contendas, e no entanto não resisto em acrescentar uma conversa muito interessante que tivemos no jantar.

Por algum motivo, fomos parar no assunto do acanhamento extremo de Pim. Sua modéstia é bem conhecida, algo que nem mesmo a pessoa mais estúpida sonharia em questionar. De repente, a Sra. Van Daan, que sente a necessidade de sempre se colocar em todas as conversas, comentou: "Sou muito modesta e reservada também, muito mais que o meu marido!".

Você já ouviu coisa mais ridícula que isso? Essa frase ilustra com clareza que ela não é aquilo que se pode chamar de modesta!

O Sr. Van Daan, que se sentiu obrigado a explicar o "muito mais que o meu marido", respondeu, tranquilo: "Não tenho a menor vontade de ser modesto e reservado. Na minha experiência, você vai muito mais para a frente sendo atrevido!". E, voltando-se para mim, acrescentou: "Não seja modesta e reservada, Anne. Isso não leva a nada".

Mamãe concordou com esse ponto de vista. Mas, como de costume, a Sra. Van Daan tinha de acrescentar suas bobeirinhas. Dessa vez, no entanto, em vez de dirigir-se a mim de modo direto, ela se voltou para os meus pais: "Vocês devem ter um ponto de vista muito estranho sobre a vida para dizer isso a Anne. As coisas eram diferentes quando eu era pequena. Embora não devam ter mudado tanto desde então, exceto na sua casa moderna!".

Isso foi um ataque direto aos métodos modernos de criação da mamãe, que ela já defendeu em muitas ocasiões. A Sra. Van Daan estava tão irritada que o rosto ficou vermelho-vivo. As pessoas que enrubescem com facilidade ficam ainda mais agitadas quando percebem que estão ficando vermelhas, e logo perdem para os oponentes.

Mamãe, nada enrubescida, agora queria pôr fim ao assunto o mais rápido possível, parou por um instante para refletir e respondeu: "Bem, Sra. Van Daan, eu concordo que é muito melhor a pessoa não ser modesta em demasia. Meu marido, Margot e Peter são modestos de modo excepcional. Seu marido, Anne e eu, embora não exatamente o oposto, não permitimos que sejamos tratados de qualquer jeito".

Sra. Van Daan: "Oh, mas, Sra. Frank, não entendo o que quer dizer! Para ser honesta, sou muito modesta e reservada. Como pode dizer que sou atrevida?".

Mamãe: "Eu não disse que você é atrevida, mas ninguém descreveria você como do tipo reservado".

Sra. Van D.: "Eu gostaria de saber de que jeito sou atrevida! Se eu não tomasse conta de mim mesma aqui, ninguém o faria, e logo eu passaria fome, mas isso não quer dizer que não sou modesta e reservada como o seu marido".

Mamãe não teve escolha senão rir dessa tentativa ridícula de defesa, o que irritou a Sra. Van Daan. Não exatamente nascida para o debate, ela continuou seu discurso magnífico numa mistura de alemão e holandês, até que ficou tão enrolada nas próprias palavras que por fim se levantou da cadeira, e estava prestes a sair da sala quando seu olhar recaiu sobre mim. Você devia ver a cara dela! Como se por sorte, no momento em que a Sra. Van D. virou-se, eu estava balançando a cabeça numa combinação de compaixão e ironia. Não estava fazendo isso de propósito, mas tinha acompanhado a tirada com tanta atenção que a minha reação foi involuntária. A Sra. Van D. virou-se para mim e me deu uma bronca daquelas: dura, alemã, malvada e vulgar, tal qual uma mulher de peixeiro gorda e vermelha de raiva. Foi uma alegria de ver. Se soubesse desenhar, eu queria esboçar como ela ficou. Achei-a tão cômica, aquela bobinha cabeça de vento! Aprendi uma coisa: só se conhece de fato alguém depois de uma briga. Somente então podemos julgar seu caráter verdadeiro!

Com amor, Anne

TERÇA-FEIRA, 29 DE SETEMBRO DE 1942

Querida Kitty, as coisas mais estranhas acontecem quando a gente está se escondendo! Tente imaginar isto.

Como não temos banheiro, nós nos lavamos numa tina, e porque só tem água quente no escritório (pelo que me refiro a todo o andar de baixo), nós sete nos revezamos aproveitando ao máximo essa grande oportunidade. Mas visto que nenhum de nós é igual, e são todos afligidos por graus variáveis de modéstia, cada membro da família escolheu um lugar diferente no qual se lavar. Peter toma banho na cozinha do escritório, mesmo tendo porta de vidro. Quando chega a hora de seu banho, ele passa por cada um de nós e anuncia que não devemos passar pela cozinha pela meia hora seguinte. Ele considera essa medida o suficiente. O Sr. Van D. toma banho no andar de cima, supondo que a segurança de seu quarto supera a dificuldade de ter que carregar a água quente por todos aqueles degraus. A Sra. Van D. ainda não tomou banho; está esperando para ver qual é o melhor lugar. Papai toma banho no escritório particular, e mamãe, na cozinha, atrás de uma tela, enquanto Margot e eu declaramos que o escritório frontal é o nosso banheiro. Como as cortinas são baixadas no sábado à tarde, temos que nos esfregar no escuro, enquanto a que não está se banhando olha pela janela, por uma fenda na cortina, e fica admirando as pessoas sempre tão interessantes.

Uma semana atrás, resolvi que não gostava desse local, e tenho procurado um cômodo mais confortável para tomar banho. Foi Peter que me deu a ideia de colocar a tina no espaçoso banheiro do escritório. Posso me sentar, acender a luz, trancar a porta, jogar água sem a ajuda de ninguém, e tudo sem o receio de ser vista. Usei meu adorável banheiro pela primeira vez no domingo e, por mais estranho que pareça, gostei mais dali do que de qualquer outro lugar.

O encanador estava trabalhando lá embaixo na quarta, movendo os canos e ralos do banheiro do escritório para o corredor, a fim de que não congelem durante o inverno, por causa do frio. A visita do encanador não foi nada agradável. Não somente não pudemos usar água durante o dia, como o banheiro foi também interditado. Vou contar como lidamos com esse problema; talvez você considere impróprio, da minha parte, mencionar, mas não sou tão pudica com relação a questões desse tipo. No dia de nossa chegada, papai e eu improvisamos um penico, sacrificando um jarro para esse propósito. Durante a visita do encanador, pusemos jarros em uso durante o dia para conter nossas necessidades. Quanto a mim, isso foi bem mais fácil do que ter de ficar sentada o dia todo sem dizer uma palavra. Você pode imaginar como isso foi difícil para a Srta. Quá Quá Quá. Em dias comuns, temos que falar sussurrando; não poder falar nada nem me mexer nem um pouco é dez vezes pior.

Após três dias sentada o tempo todo, eu estava com as costas duras e doloridas. A calistenia noturna ajudou.

Com amor, Anne

QUINTA-FEIRA, 1º DE OUTUBRO DE 1942

Querida Kitty, ontem levei um susto horrível. Às oito da noite, de repente tocou a campainha. Só consegui pensar que era alguém vindo nos pegar, você sabe quem. Mas me acalmei quando todos juraram que devia ter sido uma brincadeira ou o carteiro.

Os dias aqui são muito quietos. O Sr. Levinsohn, um farmacêutico e químico judeu, está trabalhando para o Sr. Kugler na cozinha. Como ele tem familiaridade com o edifício todo, vivemos com medo de que lhe dê na telha dar uma olhada no que costumava ser o laboratório. Estamos quietos feito filhotes de rato. Quem poderia imaginar, três meses atrás, que a espevitada Anne teria de ficar sentada quieta por horas a fio, e, pior ainda, que ela conseguiria fazer isso?

Dia 29 foi o aniversário da Sra. Van Daan. Embora não tenhamos feito grande comemoração, ela ganhou montes de flores, presentes simples e boa comida. Pelo visto, ganhar cravos vermelhos do esposo é uma tradição da família.

Deixe-me fazer uma pausa, por um momento, no tema da Sra. Van Daan, para dizer-lhe que as tentativas dela de flertar com o papai são uma fonte constante de irritação para mim. Ela lhe dá tapinhas na bochecha e na cabeça, ergue a saia e faz uns tais comentários espirituosos na tentativa de conseguir a atenção de Pim. Felizmente, ele não a acha nem bonita nem charmosa, então não responde aos flertes dela. Como você sabe, eu sou muito ciumenta, e não tolero o comportamento dela. Afinal, a mamãe não age assim com relação ao Sr. Van D., o que eu disse à Sra. Van D. bem na cara dela.

De vez em quando, Peter acaba sendo muito divertido. Ele e eu temos uma coisa em comum: gostamos de brincar de vestir roupas diferentes, o que faz todo mundo rir. Certa noite, fizemos nossa aparição,

Peter num dos vestidos justos da mãe, e eu no terno dele. Ele usava chapéu; eu, uma boina. Os adultos racharam de rir, e nós nos divertimos muito também.

Bep comprou saias novas para Margot e para mim na The Bijenkorf. O tecido é medonho, como o saco de estopa no qual vendem batata. Bem o tipo de coisa que as lojas de departamento não ousariam vender antigamente, e agora custam 24 florins (a da Margot) e 7,75 florins (a minha).

Temos uma novidade chegando: Bep comprou um curso de correspondência de estenografia para Margot, Peter e eu. Espere só; a esta altura, no ano que vem, escreveremos em estenografia perfeita. Em todo caso, aprender a escrever num código secreto, como esse, é muito interessante.

Tchau, tchau, Anne

SÁBADO, 3 DE OUTUBRO DE 1942

Querida Kitty, ontem, a mamãe e eu tivemos mais um desentendimento, e ela fez um escândalo daqueles. Contou ao papai todos os meus pecados e começou a chorar, o que me fez chorar também, e eu já estava com uma dor de cabeça terrível. Finalmente, eu disse ao papai que o amo mais do que amo a mamãe, ao que ele respondeu que era apenas uma fase que ia passar, mas acho que não. Não suporto a mamãe, e tenho que me forçar para não ralhar com ela o tempo todo e para ficar calma, quando, na verdade, tenho vontade de dar-lhe um tapa na cara. Não sei por que comecei a desgostar tanto dela. Papai diz que, se a mamãe não estiver se sentindo bem, ou tiver uma dor de cabeça, eu deveria me oferecer para ajudá-la, mas não vou fazer isso, porque não a amo, e não gosto de fazer isso.

Estou trabalhando duro no meu francês e agora estou lendo *La Belle Nivernaise*.

Anne Frank

SEXTA-FEIRA, 9 DE OUTUBRO DE 1942

Querida Kitty, hoje não tenho nada além de novidades tristes e deprimentes para relatar. Nossos muitos amigos e conhecidos judeus estão sendo levados aos rebanhos.

A Gestapo os está tratando com muita grosseria, transportando-os em carros de boi até Westerbork, o grande campo de Drenthe, aonde estão mandando todos os judeus. Miep nos contou de alguém que conseguiu escapar de lá. Deve ser terrível em Westerbork. As pessoas não têm nada para comer, muito menos para beber, visto que a água fica disponível apenas uma hora por dia, e há apenas um vaso sanitário e uma pia para muitos milhares de pessoas. Homens e mulheres dormem no mesmo cômodo, e as mulheres e as crianças têm a cabeça raspada. Escapar é quase impossível; muitas pessoas têm cara de judeu, e são marcadas pela cabeça tosada.

Se está ruim assim na Holanda, como deve ser naqueles locais distantes e não civilizados aos quais os alemães estão enviando os judeus? Supomos que a maioria está sendo assassinada. A rádio inglesa diz que estão sendo mortos a gás. Talvez seja o jeito mais rápido de morrer.

Estou péssima. Os relatos de Miep desses horrores são tão comoventes, e Miep também está muito abalada. Outro dia, por exemplo, a Gestapo depositou uma judia idosa aleijada à porta de Miep, enquanto estavam à procura de um carro. A idosa ficou aterrorizada com os holofotes de busca e os disparos de armas dos aviões ingleses, lá no alto. Entretanto, Miep não ousou deixá-la entrar. Ninguém deixaria. Os alemães são muito generosos quando se trata de punição.

Bep também está muito deprimida. Seu namorado será enviado à Alemanha. Toda vez que os aviões passam, ela teme que vão largar toda a carga de bombas deles em cima da cabeça de Bertus. Piadas como "Oh, não se preocupe, não tem como caírem todas em cima dele" ou "Uma bomba já basta" são muito inadequadas nessa situação. Bertus não é o único que será forçado a trabalhar na Alemanha. Trens lotados de jovens rapazes partem todos os dias. Alguns deles tentam sair de fininho do trem quando para numa estação pequena, mas poucos conseguem escapar sem serem notados e encontrar um lugar para se esconder.

Mas esse não é o fim das minhas lamentações. Você já ouviu falar do termo "reféns"? É a última punição para os sabotadores. É a coisa mais horrível de imaginar. Cidadãos importantes – pessoas inocentes – são levados prisioneiros para aguardar a execução. Se a Gestapo não consegue encontrar o sabotador, eles simplesmente pegam cinco reféns e os alinham contra a parede. Lemos o anúncio da morte deles no jornal, onde são referidos como "acidentes fatais".

Que belos espécimes da humanidade, esses alemães, e pensar que sou um deles! Não, não é verdade; Hitler tirou nossa nacionalidade muito tempo atrás. E, além do mais, não há inimigos maiores na Terra do que os alemães e os judeus.

Com amor, Anne

QUARTA-FEIRA, 16 DE OUTUBRO DE 1942

Querida Kitty, estou terrivelmente ocupada. Ontem, comecei a traduzir um capítulo de *La Belle Nivernaise* e a escrever palavras do vocabulário. Depois trabalhei num problema horrendo de matemática e traduzi três páginas da gramática francesa, além disso.

Hoje, gramática francesa e história. E me recuso a fazer a maldita da matemática todos os dias. O papai também acha um horror.

Sou quase melhor que ele em matemática, embora, na verdade, nenhum de nós seja muito bom, então sempre temos que pedir ajuda à Margot. Também estou trabalhando na estenografia, de que gosto. De nós três, fui eu que fiz mais progresso.

Li *The Assault*. É muito bom, mas não se compara a *Joop ter Heul*. Enfim, as mesmas palavras encontram-se nos dois livros, o que faz sentido, pois foram escritos pela mesma autora. Cissy van Marxveldt é uma escritora incrível. Sem dúvida deixarei que meus filhos leiam os livros dela também.

Mamãe, Margot e eu voltamos a ser melhores amigas. É bem melhor assim. Ontem à noite, Margot e eu estávamos deitadas lado a lado na minha cama. Estava incrivelmente apertado, mas era por isso que estava tão divertido. Ela perguntou se poderia ler meu diário de vez em quando.

"Umas partes", eu disse, e perguntei sobre o dela. Ela me deu permissão para ler o diário dela também.

A conversa voltou-se para o futuro, e perguntei o que ela queria ser quando crescesse. Mas ela não quis dizer, e fez todo um mistério. Entendi que tinha algo a ver com dar aula; claro que não tenho certeza absoluta, mas suspeito que é algo nesse sentido. Eu não deveria ser tão enxerida.

Hoje de manhã, deitei-me na cama do Peter, depois de tê-lo afugentado dela. Ele ficou furioso, mas eu não liguei. Talvez ele considere ser um pouco mais amigável comigo, de vez em quando. Afinal, eu lhe dei uma maçã ontem à noite.

Uma vez, perguntei à Margot se ela achava que eu sou feia. Ela disse que sou bonita e que tenho belos olhos. Um pouco vago, não acha?

Bem, até a próxima!

Anne Frank

TERÇA-FEIRA, 20 DE OUTUBRO DE 1942

Querida Kitty, minha mão ainda está tremendo, embora já faça duas horas desde que levamos o susto. Devo explicar que há cinco extintores de incêndio no edifício.

O pessoal do escritório fez a besteira de se esquecer de nos avisar que o carpinteiro, ou seja lá como se chama, viria preencher os extintores. Como resultado, não nos preocupamos em ficar quietos até que ouvimos ó barulho do martelar no patamar da escada (atrás da estante). No mesmo instante, eu supus que era o carpinteiro e fui avisar a Bep, que estava almoçando, de que ela não poderia voltar lá para baixo. Papai e eu nos posicionamos à porta, para podermos ouvir quando o homem tivesse partido. Após trabalhar por uns quinze minutos, ele pousou o martelo e outras ferramentas na estante (foi o que pensamos!) e bateu à nossa porta. Ficamos brancos de medo. Teria ele ouvido alguma coisa, afinal, e agora queria checar essa estante de aparência misteriosa? Parecia que sim, pois ficava batendo, puxando, empurrando e sacudindo o móvel.

Fiquei tão assustada que quase desmaiei com a possibilidade de esse estranho completo conseguir descobrir nosso maravilhoso esconderijo. Justo quando eu pensava que meus dias estavam contados, ouvimos a voz do Sr. Kleiman, que disse: "Abra, sou eu". Abrimos a porta no mesmo instante. O que tinha acontecido?

O gancho que trancava a estante tinha ficado emperrado, motivo pelo qual ninguém havia conseguido nos avisar sobre o carpinteiro. Depois que o homem partiu, o Sr. Kleiman veio buscar Bep, mas não conseguiu abrir a estante. Não tenho palavras para descrever como fiquei aliviada. Na minha imaginação, o homem que eu achava que estava tentando entrar no Anexo Secreto foi crescendo e crescendo, até que se tornou não somente um gigante, mas também o mais cruel fascista do mundo. Ufa. Deu tudo certo no final, pelo menos dessa vez.

Nós nos divertimos demais na segunda. Miep e Jan passaram a noite conosco. Margot e eu dormimos no quarto de papai e mamãe nessa noite, para que os Gies ficassem com as nossas camas. O menu fora requintado em honra deles, e a refeição foi deliciosa. As festividades foram brevemente interrompidas quando a luminária do papai causou um curto-circuito, e fomos de repente mergulhados na escuridão. O que fazer? Nós tínhamos fusíveis, mas a caixa de fusíveis ficava atrás de um armazém escuro, que fazia desta uma tarefa desagradável à noite. Mesmo assim, os homens se aventuraram, e dez minutos depois pudemos apagar as velas.

Acordei cedo hoje de manhã. Jan já estava vestido. Como tinha que sair às oito e meia, já estava lá em cima, tomando café da manhã às oito. Após um café da manhã agradável, Miep desceu. Chovia muito lá fora, e ela ficou contente por não ter de ir ao trabalho de bicicleta. Papai e eu arrumamos as camas, e depois eu aprendi cinco verbos irregulares do francês.

Semana que vem, é a vez de Bep passar a noite aqui.

Com amor, Anne

QUINTA-FEIRA, 29 DE OUTUBRO DE 1942

Minha querida Kitty, estou muito preocupada: papai está doente, cheio de manchas e com febre alta. Parece sarampo. Pense só, nem podemos chamar um médico! Mamãe está fazendo o papai suar, na esperança de que assim ele expulse a febre.

Hoje de manhã, Miep nos contou que a mobília foi removida do apartamento dos Van Daan, em Zuider-Amstellaan. Ainda não contamos à Sra. Van D. Ela anda tão *nervenmassig* [nervosa] ultimamente, e não estamos com vontade de ouvi-la resmungar e reclamar mais uma vez por causa de toda a porcelana linda e as cadeiras adoráveis que ela teve de deixar para trás. Tivemos que abandonar a maioria das nossas coisas boas também. Que adianta ficar resmungando por causa disso agora?

Ultimamente tenho permissão para ler mais livros para adultos. Agora estou lendo *Eva's Youth*, de Nico van Suchelen. Não consigo ver muita diferença entre ele e as histórias de amor das colegiais. É verdade que há trechos sobre mulheres se vendendo para homens desconhecidos em becos. Elas pedem um maço de dinheiro por isso. Eu morreria de vergonha se algo assim acontecesse comigo. Também diz que Eva tem menstruação mensal. Ah, estou com muita vontade de ter também; parece tão importante. Papai está tirando as peças de Goethe e Schiller da estante maior e planejando ler para mim todo dia, à noite. Começamos com *Don Carlos*. Encorajada pelo bom exemplo do papai, a mamãe passou seu livro de orações para mim. Li algumas orações em alemão, só por educação. Sem dúvida, são muito bonitas, mas não entendo quase nada. Por que ela está me fazendo agir assim tão religiosa e devota?

Amanhã vamos acender o fogão pela primeira vez. A chaminé não é varrida há séculos, então com certeza a sala ficará cheia de fumaça. Vamos torcer para que dissipe!

Com amor, Anne

SÁBADO, 7 DE NOVEMBRO DE 1942

Querida Kitty, mamãe está com os nervos à flor da pele, e isso não acaba dando certo para mim. É apenas coincidência que papai e mamãe nunca repreendem a Margot e sempre me culpam por tudo?

Ontem à noite, por exemplo, Margot estava lendo um livro com lindas ilustrações; ela se levantou e o deixou para depois. Eu não estava fazendo nada, então o peguei e comecei a ver as figuras. Margot voltou, viu o livro "dela" nas minhas mãos, franziu o cenho e, irritada, exigiu-o de volta. Eu queria ver mais um pouco. Margot ficou ainda mais brava num segundo, e mamãe entrou no meio: "A Margot estava lendo esse livro; devolva para ela".

Papai entrou e, sem nem saber o que estava acontecendo, viu que Margot estava sendo maltratada e ralhou comigo: "Gostaria de ver o que você faria se fosse Margot mexendo num dos seus livros!".

Desisti na hora, larguei o livro e, de acordo com eles, saí da sala "irritada". Eu não estava nem irritada nem zangada, mas apenas triste.

Não foi certo o papai me julgar sem nem saber qual era o problema. Eu mesma teria entregado o livro a Margot, e bem antes, se o papai e a mamãe não tivessem intervido e tomado o lado de Margot às pressas, como se ela estivesse sendo terrivelmente injustiçada.

Claro que a mamãe ficou do lado da Margot; elas sempre ficam do lado uma da outra. Estou tão acostumada com isso que me tornei indiferente às reprimendas da mamãe e ao mau humor de Margot. Eu as amo, mas apenas porque são a mamãe e a Margot. Com o papai, é diferente. Quando o vejo sendo parcial com a Margot, aprovando toda atitude dela, elogiando, abraçando, sinto uma dor que me devora por dentro, pois sou louca por ele. Eu o tenho como modelo, e não há ninguém no mundo que eu amo mais. Ele não percebe que trata a Margot de um jeito diferente do que me trata: acontece que a Margot é a mais esperta, a mais bondosa, a mais bonita e a melhor. Mas eu tenho direito de ser levada a sério também. Sempre fui a palhaça e a travessa da família; sempre tive que pagar em dobro pelos meus pecados: uma vez com censuras, e depois mais outra, com a minha sensação de desespero. Não estou mais satisfeita com a afeição sem sentido ou as supostas conversas sérias. Eu anseio por algo do papai que ele é incapaz de dar. Não tenho ciúme da Margot; nunca tive. Não tenho inveja de sua inteligência e beleza. É só que eu gostaria de sentir que o papai de fato me ama, não porque sou sua filha, mas porque sou eu mesma, Anne.

Eu me apego ao papai porque meu ódio da mamãe está crescendo diariamente, e é só através dele que consigo reter o último grama de sentimento de família que me resta. Ele não entende que, às vezes, preciso descarregar o que sinto pela mamãe. Ele não quer falar sobre isso, e evita qualquer discussão envolvendo as falhas da mamãe. E a mamãe, com todos os seus defeitos, é mais difícil ainda de lidar. Não sei como devo agir. Não posso confrontá-la por ser descuidada, sarcástica e desalmada, entretanto não posso continuar levando a culpa por tudo.

Sou o oposto da mamãe, então claro que batemos de frente. Não quero julgá-la; não tenho esse direito. Estou apenas pensando nela como mãe. Ela não é uma mãe para mim – tenho que ser mãe para mim mesma. Soltei-me e estou me afastando deles. Estou seguindo meu curso, e veremos aonde isso me levará. Não tenho escolha, pois consigo imaginar como uma mãe e uma esposa deveriam ser e não vejo nada do tipo na mulher que esperam que eu chame de "mãe".

Eu digo a mim mesma vez após vez para relevar o mau exemplo da mamãe. Quero ver somente seus pontos positivos, e procurar, dentro de mim, o que está faltando nela. Mas não funciona, e a pior parte é que o papai e a mamãe não percebem as próprias inadequações e quanto eu os culpo por me deixar triste. Existem pais que conseguem fazer seus filhos felizes?

Às vezes, acho que Deus está tentando me testar, tanto agora quanto no futuro. Terei de me tornar uma pessoa boa por conta própria, sem ninguém para servir de modelo ou me aconselhar, mas isso me fará mais forte, no fim.

Quem mais, senão eu, vai ler estas cartas algum dia? Quem, além de mim, pode procurar por um pouco de conforto? Estou sempre precisando de consolo, sempre me sinto fraca, e quase o tempo todo não consigo alcançar as expectativas. Sei disso, e todo dia decido ser melhor.

Eles são inconsistentes no modo como me tratam. Um dia, dizem que Anne é uma menina sensata e que certamente sabe de tudo, e no seguinte que Anne é uma bobalhona que não sabe de nada e, entretanto, imagina que aprendeu tudo que precisa saber com os livros! Não sou mais o bebê, a queridinha mimada da qual eles podem rir de tudo que faz. Tenho minhas ideias, meus planos e ideais, mas ainda sou incapaz de articulá-los.

Ah, enfim. Vem tanta coisa à minha cabeça, à noite, quando estou sozinha, ou durante o dia, ao ser obrigada a tolerar pessoas que não suporto ou que invariavelmente interpretam errado as minhas intenções. É por isso que sempre acabo me voltando para o meu diário – começo aqui e termino aqui porque Kitty é sempre paciente. Prometo-lhe que, apesar de tudo, seguirei em frente, que encontrarei meu caminho e segurarei o choro. Eu só queria poder ver uns resultados ou, para variar, receber encorajamento de alguém que me ama.

Não me condene; pense em mim como uma pessoa que, às vezes, fica a ponto de explodir!

Com amor, Anne

SEGUNDA-FEIRA, 9 DE NOVEMBRO DE 1942

Querida Kitty, ontem foi aniversário do Peter, ele fez dezesseis. Fui lá para cima às oito, e Peter e eu ficamos vendo os presentes dele. Ele ganhou um jogo do Monopoly, uma lâmina de barbear e um isqueiro. Não que ele fume muito, nem um pouco; é apenas um objeto muito distinto.

A maior surpresa veio do Sr. Van Daan, que relatou, às treze, que os ingleses tinham pousado em Tunes, Argel, Casablanca e Orã.

"Esse é o começo do fim", todos ficaram dizendo, mas Churchill, o primeiro-ministro britânico, que devia ter ouvido a mesma coisa ser repetida na Inglaterra, declarou: "Isso não é o fim. Não é nem mesmo o começo do fim. Mas talvez seja o fim do começo". Você entende a diferença? Entretanto, há motivo para otimismo. Stalingrado, a cidade russa que está sob ataque há três meses, ainda não caiu nas mãos dos alemães.

No verdadeiro espírito do Anexo, devo contar-lhe sobre a comida. (Devo explicar que há verdadeiros glutões no andar de cima.)

O pão é entregue diariamente por um bom padeiro, um amigo do Sr. Kleiman. Claro que não temos tanto quanto tínhamos em casa, mas é o suficiente. Também compramos selos de racionamento no mercado negro. O preço vive subindo; já aumentou de 27 para 33 florins. E isso por meras folhas de papel impresso!

Para nos garantir uma fonte de nutrição que dê sustento, além das centenas de latas de comida que estocamos aqui, compramos cerca de 130 quilos de feijão. Não somente para nós, mas para o pessoal do escritório também. Penduramos os sacos de feijão em ganchos no corredor, logo após a nossa entrada secreta, mas algumas das costuras rasgaram com o peso. Então resolvemos passá-los para o sótão, e para Peter ficou a tarefa de carregar todo aquele peso. Ele conseguiu levar cinco dos seis sacos lá para cima intactos, e ocupava-se do último quando o saco rasgou, e uma enxurrada, ou melhor, uma tempestade de feijão voou pelos ares, escada abaixo. Como devia ter uns 20 quilos de feijão nesse saco, o acidente fez barulho o suficiente para acordar os mortos. Lá embaixo, todos tiveram certeza de que a casa estava caindo em cima de suas cabeças. Peter ficou aturdido, mas depois caiu na gargalhada quando me viu na base da escada, como uma ilha num mar marrom, com ondas de feijão batendo nos tornozelos. Começamos a catá-los no mesmo instante, mas o feijão é tão pequeno e escorregadio que rola para todo canto e buraco concebíveis. Agora, toda vez que subimos para o andar de cima, curvamo-nos e caçamos para podermos presentear a Sra. Van Daan com um punhado de feijão.

Quase esqueci de mencionar que o papai melhorou da doença.

Com amor, Anne

P.S.: A rádio acaba de anunciar que Alger caiu. Marrocos, Casablanca e Orã estão nas mãos dos ingleses há vários dias. Agora, estamos esperando Tunes.

TERÇA-FEIRA, 10 DE NOVEMBRO DE 1942

Querida Kitty, ótimas notícias! Estamos planejando trazer uma oitava pessoa para se esconder conosco!

Sim, isso mesmo. Sempre achamos que havia espaço e comida o suficiente para mais uma pessoa, mas tínhamos medo de colocar um fardo ainda maior sobre o Sr. Kugler e o Sr. Kleiman. No entanto, visto que os relatos das coisas horrendas que estão fazendo aos judeus vêm piorando a cada dia, o papai resolveu sondar esses dois cavalheiros, e eles acharam que era um plano excelente. "É igualmente perigoso, sejam sete, sejam oito", notaram eles, de modo acertado. Tendo isso sido definido, nós nos sentamos e pensamos em nosso círculo de amizades, tentando pensar numa pessoa que se misturaria bem com a nossa família estendida. Não foi difícil. Depois que o papai rejeitou todos os parentes dos Van Daan, escolhemos um dentista chamado Alfred Dussel. A esposa dele teve a sorte de estar fora do país quando a guerra estourou. Sabe-se que ele é quieto e refinado, e parecia, segundo nossa relação superficial com ele, ser gentil. Miep também o conhece, então ela poderá fazer os arranjos necessários. Se vier, o Sr. Dussel terá de dormir no meu quarto, em vez de Margot, que terá de se virar com a cama retrátil.*

Com amor, Anne

---

* Depois que Dussel chegou, Margot foi dormir no quarto dos pais.

QUINTA-FEIRA, 12 DE NOVEMBRO DE 1942

Querida Kitty, Miep nos contou que foi ver o Dr. Dussel. Ele lhe perguntou, no instante em que ela entrou na sala, se ela sabia de algum esconderijo, e ficou deveras contente quando Miep disse que tinha algo em mente.

Ela acrescentou que ele precisava "entrar no esconderijo assim que possível, preferivelmente no sábado, mas ele achava que seria muito improvável, visto que queria atualizar seus registros, fechar as contas e atender alguns pacientes". Miep transmitiu-nos a mensagem hoje de manhã. Achamos que não seria bom esperar tanto tempo. Todos esses preparativos demandam explicações para várias pessoas que achamos que devemos manter na ignorância. Miep foi perguntar ao Dr. Dussel se ele não conseguiria vir no sábado, então, mas ele disse que não, e agora está combinado de chegar na segunda.

Acho estranho ele não agarrar a nossa proposta. Se o pegarem na rua, seus registros e seus pacientes não poderão ajudar, então para que a demora? Se quer saber, acho bobagem do papai fazer a vontade dele.

Além disso, sem novidades.

Com amor, Anne

TERÇA-FEIRA, 17 DE NOVEMBRO DE 1942

Querida Kitty! O Sr. Dussel chegou. Tudo correu muito bem. Miep disse-lhe para estar em certo local em frente à agência dos correios às onze da manhã, que um homem o encontraria, e ele estava no local e no horário indicados.

O Sr. Kleiman foi até ele, anunciou que o homem que ele espera-va encontrar não pôde vir e pediu que fosse até o escritório falar com Miep. O Sr. Kleiman voltou ao escritório de bonde, enquanto o Sr. Dussel seguiu a pé.

Eram onze e vinte quando o Sr. Dussel bateu à porta do escritó-rio. Miep pediu-lhe que tirasse o casaco, para que não desse para ver a estrela amarela, e trouxe-o ao escritório privado, onde o Sr. Kleiman o manteve ocupado até que a faxineira fosse embora. Sob o pretexto de que o escritório privado seria usado para outra coisa, Miep levou o Sr. Dussel escada acima, abriu a estante e entrou, com o Sr. Dussel olhando tudo, admirado.

Entrementes, nós sete tínhamos nos sentado à mesa de jantar para aguardar o último componente da nossa família com café e conhaque. Miep levou-o, primeiro, ao quarto da família Frank. De imediato, ele reconheceu a nossa mobília, mas não fazia ideia de que estávamos no andar seguinte, bem em cima da cabeça dele. Quando Miep lhe contou isso, ele ficou tão aturdido que quase desmaiou. Felizmente ela não o deixou em suspense por mais tempo, trazendo-o para cima. O Sr. Dus-sel afundou-se numa cadeira e ficou olhando para nós em silêncio, es-tupefato, como se achasse que podia ler a verdade no rosto de cada um. Depois gaguejou: *"Aber…* mas você não estava na Bélgica? O oficial, o carro, eles não estavam vindo? Sua fuga não deu certo?".

Explicamos a coisa toda para ele, sobre como espalhamos – de modo deliberado – o rumor do oficial e do carro para tirar da trilha os alemães e qualquer outro que viesse à nossa procura. O Sr. Dussel ficou boquiaberto diante de tamanha genialidade, e não pôde fazer nada além de olhar ao redor, surpreso, explorando o restante de nosso adorável e superprático Anexo. Almoçamos juntos. Depois ele tirou uma soneca, juntou-se a nós para o chá, guardou alguns pertences que Miep pudera trazer ali previamente e começou a se sentir muito mais em casa. Em especial quando lhe entregamos as seguintes regras datilografadas do Anexo Secreto (uma produção dos Van Daan):

Prospecto e guia do Anexo Secreto

Uma instalação única para a acomodação temporária de judeus e outras pessoas despojadas

Aberto o ano todo: localizado numa área bonita, calma, arborizada, no coração de Amsterdã. Não possui residências nas redondezas. Pode-se chegar pelos bondes 13 e 17, e de carro e bicicleta. Para aqueles a quem tais transportes foram proibidos pelas autoridades alemãs, pode-se também chegar a pé.

Preço: gratuito.

Dieta: de pouca gordura.

Água corrente no banheiro (sem banheira, desculpe) e em diversas paredes internas e externas. Fogões a lenha aconchegantes para aquecimento.

Amplo espaço de estoque para uma variedade de itens. Dois cofres grandes e modernos.

Rádio particular com ligação direta com Londres, Nova York, Tel Aviv e muitas outras estações. Disponível para todos os residentes após as dezoito horas. Não é permitido ouvir transmissões proibidas, com certas exceções, p. ex., estações alemãs podem ser sintonizadas apenas para ouvir música clássica.

Horário de descanso: das vinte e duas horas às sete e meia; às dez e quinze aos domingos. Devido às circunstâncias, exige-se que os residentes observem o horário de descanso durante o dia quando instruídos para tanto pela Gerência. Para garantir a segurança de todos, o horário de descanso deve ser estritamente observado!!!

Atividades de tempo livre: nenhuma é permitida fora da casa, até que se estipule o contrário.

Uso de linguagem: é necessário falar baixo o tempo todo, e apenas o idioma de pessoas civilizadas; portanto, nada de alemão.

Aulas: um curso semanal por correspondência de estenografia. Cursos de inglês, francês, matemática e história são oferecidos a qualquer hora do dia ou da noite.

Departamento separado para o cuidado com pequenos animais de estimação (com exceção de vermes, para os quais são necessárias permissões especiais).

Horários das refeições:

Café da manhã: todos os dias, às nove horas, exceto feriados e domingos; aproximadamente às onze e meia aos domingos e feriados.

Almoço: uma refeição leve, das treze e quinze às treze e quarenta e cinco.

Jantar: talvez não seja uma refeição quente.

Os horários de refeições dependem das notícias.

Obrigações com relação ao corpo de suprimento: os residentes devem estar preparados para ajudar no trabalho do escritório a qualquer momento.

Banhos: a tina está disponível para todos os residentes após as nove horas aos domingos. Os residentes podem banhar-se no banheiro, na cozinha, no escritório privado ou no escritório frontal, como preferirem.

Álcool: somente para propósitos medicinais.

Fim.

Com amor, Anne

QUINTA-FEIRA, 19 DE NOVEMBRO DE 1942

Querida Kitty, bem como pensávamos, o Sr. Dussel é um homem muito bom. Claro que ele não se importou de partilhar o quarto comigo; para ser sincera, não estou exatamente contente de ter um estranho usando as minhas coisas, mas é preciso fazer certos sacrifícios por uma boa causa, e estou feliz por poder fazer esse, que é pouca coisa.

"Se pudermos salvar que seja um dos nossos amigos, o resto não importa", disse o papai, e ele tem toda a razão.

No primeiro dia que passou aqui, o Sr. Dussel me perguntou todo tipo de coisa – por exemplo, a que horas a faxineira vinha ao escritório, como nos organizamos para usar o lavabo e quando podíamos usar o vaso sanitário. Talvez você ache engraçado, mas essas coisas não são fáceis num esconderijo. Durante o dia, não podemos fazer barulho que possa ser ouvido no andar de baixo, e quando há mais alguém aqui, como a faxineira, temos que ter ainda mais cuidado. Expliquei tudo isso com paciência ao Sr. Dussel, mas fiquei surpresa ao ver quão lento ele é para captar tudo. Pergunta tudo duas vezes e mesmo assim não consegue lembrar o que lhe dizemos.

Talvez só esteja confuso com a mudança súbita e logo vai melhorar. Fora isso, ficará tudo bem.

O Sr. Dussel nos contou muito sobre o mundo lá de fora, do qual sentimos tanta falta. Trouxe notícias tristes. Inúmeros amigos e conhecidos foram levados para um destino horrendo. Noite após noite, veículos militares de cor verde e cinza cruzam as ruas. Batem à porta de todos, perguntando se algum judeu mora ali. Se sim, a família inteira é levada. Se não, passam para a porta seguinte. É impossível escapar das garras deles, a não ser que você se esconda. Eles costumam andar por aí com listas, batendo à porta das casas em que sabem que há uma grande pesca a ser feita. Com frequência, oferecem uma recompensa, um tanto por cabeça. É como a caçada de escravos dos tempos antigos. Não quero falar disso brandamente, pois é tudo trágico demais. À noite, quando está escuro, vejo longas filas de gente boa, inocente, acompanhada de crianças que choram, andando e andando, organizadas por um punhado de homens que as maltratam e nelas batem até que quase caem. Ninguém é poupado. Os doentes, os idosos, crianças, bebês e mulheres grávidas – todos são marchados para a morte.

Temos tanta sorte de estar aqui, longe do tumulto. Não precisaríamos nos preocupar nem por um momento com todo esse sofrimento, não fosse o fato de estarmos tão preocupados com nossos entes queridos, que não podemos mais ajudar. Sinto-me mal por dormir numa cama quentinha, enquanto em algum lugar lá fora meus queridos amigos estão tombando de exaustão ou sendo derrubados no chão.

Fico assustada quando penso em amigos próximos que estão, agora, à mercê dos monstros mais cruéis que já passaram pela Terra.

E tudo isso porque são judeus.

Com amor, Anne

SEXTA-FEIRA, 20 DE NOVEMBRO DE 1942

Querida Kitty, não sabemos muito bem como reagir. Até agora, pouca notícia dos judeus nos tinha alcançado aqui, e achamos melhor nos mantermos o mais contentes possível. Vez por outra, Miep mencionava o que havia acontecido a um amigo, e mamãe e a Sra. Van Daan começavam a chorar, então resolvemos que era melhor não dizer mais nada.

Mas bombardeamos o Sr. Dussel com perguntas, e as histórias que ele tinha para contar eram tão macabras e horrendas que não conseguimos tirá-las da cabeça. Assim que tivermos tempo para digerir as notícias, é provável que voltemos ao nosso jeito de sempre, de brincar e provocar os outros. Não nos fará bem, e nem aos que estão lá fora, continuarmos soturnos como estamos agora. E qual seria o sentido de transformar o Anexo Secreto num Anexo da Melancolia?

Qualquer coisa que eu esteja fazendo, não consigo evitar pensar nos que já se foram. Flagro-me rindo e lembro que é uma desgraça estar tão contente. Mas devo passar o dia todo chorando? Não, não posso fazer isso. Essa tristeza vai passar.

Junto dessa tristeza, há outra, mas de natureza mais pessoal, e não tem comparação com a tristeza de que acabo de contar-lhe. Entretanto, não posso deixar de contar-lhe que comecei a me sentir abandonada. Estou cercada por um grande vazio. Eu não costumava pensar muito nisso, já que a minha mente ocupava-se dos meus amigos e de me divertir. Agora penso em coisas tristes ou em mim mesma. Demorou um pouco, mas por fim percebi que o papai, por mais bondoso que seja, não pode tomar o lugar do meu mundo.

Mas por que eu incomodo você com toda essa tolice? Sou terrivelmente ingrata, Kitty, sei disso, porém, quando sou repreendida pela milésima vez e tenho todas essas outras preocupações nas quais pensar também, minha cabeça começa a girar!

Com amor, Anne

SÁBADO, 28 DE NOVEMBRO DE 1942

Querida Kitty, andamos usando energia demais e agora excedemos nossa cota. O resultado: economia excessiva e a possibilidade de termos a energia cortada. Nada de luz por catorze dias; que ideia agradável, não?

Mas quem sabe não vai durar por muito tempo! Fica escuro demais para ler após as quatro, ou quatro e meia, então passamos o tempo com todo tipo de atividade maluca: contar charadas, fazer calistenia no escuro, falar inglês ou francês, fazer resenha de livros – após um tempo, tudo fica chato. Ontem, descobri um novo passatempo: usar um bom par de binóculos para espiar nos quartos iluminados dos vizinhos. Durante o dia, nossas cortinas não podem ser abertas, nem um centímetro, mas não há problema quando está escuro.

Nunca me ocorrera que os vizinhos podiam ser tão interessantes. Os nossos são, pelo menos. Encontrei alguns jantando, uma família fazendo filmes caseiros e o dentista, do outro lado da rua, atendendo uma senhora assustada.

O Sr. Dussel, o homem que disseram que se dava muito bem com crianças e absolutamente as adorava, acabou revelando-se um disciplinador antiquado que prega longos e insuportáveis sermões sobre bons modos. Visto que tenho o prazer único (!) de compartilhar meu estreitíssimo quarto com Sua Excelência, e visto que em geral sou considerada a mais malcriada dos três jovens, tudo que posso fazer para não ter as mesmas repreensões e censuras arremessadas o tempo todo na minha cabeça é fingir que não ouço. Isso não seria tão ruim se o Sr. Dussel não fosse tão linguarudo e não tivesse escolhido a mamãe para ser a única a receber os relatórios dele. Se o Sr. Dussel acaba de me dar uma baita bronca, a mamãe me repassa a reprimenda toda de novo, e dessa vez com ainda mais severidade. E, quando tenho sorte, a Sra. Van D. chama a minha atenção cinco minutos depois e dita as leis também!

Sério, não é fácil ser a malcriada, centro das atenções de toda uma família de implicantes.

Na cama, à noite, enquanto pondero meus muitos pecados e defeitos exagerados, fico tão confusa pela pura quantidade de coisas que tenho de considerar que ou rio ou choro, dependendo do meu humor. Depois adormeço com a estranha sensação de querer ser diferente do que sou ou ser diferente do que quero ser, ou talvez de me comportar de modo contrário ao que sou ou quero ser.

Oh, querida, agora estou confundindo você também. Perdoe-me, mas não gosto de riscar as coisas – e, nestes tempos de escassez, jogar fora uma folha de papel é um tabu, claro. Então, só posso aconselhar você a não reler o trecho acima e não tentar chegar ao fundo da questão, pois você nunca encontrará a saída!

Com amor, Anne

SEGUNDA-FEIRA, 7 DE DEZEMBRO DE 1942

Querida Kitty, o Hanucá e o Dia de São Nicolau quase coincidiram este ano; foi apenas um dia de diferença.

Não fizemos muito alarde com o Hanucá, apenas trocamos uns presentinhos e acendemos as velas. Como temos pouco estoque de velas, nós as acendemos por apenas dez minutos, mas contanto que cantemos a canção, isso não importa. O Sr. Van Daan fez uma menorá de madeira, então isso também foi resolvido.

O Dia de São Nicolau, no sábado foi muito mais divertido. Durante o jantar, Bep e Miep ficaram tanto tempo cochichando com o papai que isso despertou a nossa curiosidade e suspeitamos de que eles estavam tramando algo. Dito e feito, às oito, todos descemos as escadas e cruzamos o corredor em escuridão total (fiquei toda arrepiada, e desejei estar a salvo no andar de cima!), até a alcova. Podíamos acender a luz, já que esse cômodo não tem janelas. Quando fizemos isso, papai abriu o gabinete maior.

"Oh, que maravilha!", todos nós exclamamos.

No canto havia um grande cesto decorado com papel colorido e uma máscara de Pedro Preto.

Corremos para levar o cesto conosco lá para cima. Dentro dele havia um presente para cada um, incluindo um verso apropriado. Como você conhece o tipo de poema que as pessoas escrevem umas para as outras no Dia de São Nicolau, não os copiarei aqui.

Ganhei uma boneca Kewpie, papai ganhou um bibliocanto, e assim por diante. Bem, foi uma boa ideia. E, como nós todos nunca tínhamos comemorado o dia de São Nicolau, esse foi um bom momento para começar.

Com amor, Anne

P.S.: Também demos presentes para todos do andar de baixo, umas coisas que restaram dos bons dias de antigamente.

Hoje, descobrimos que o cinzeiro do Sr. Van Daan, o porta-retratos do Sr. Dussel e o bibliocanto do papai foram feitos por ninguém mais, ninguém menos que o Sr. Voskuijl. Como alguém pode ter tanta habilidade com as mãos é um mistério para mim!

QUINTA-FEIRA, 10 DE DEZEMBRO DE 1942

Querida Kitty, o Sr. Van Daan trabalhava com carne, embutidos e condimentos. Ele foi contratado por seu conhecimento acerca de temperos, e, no entanto, para nossa grande alegria, são seus talentos com os embutidos que estão agora sendo muito úteis.

Encomendamos grande quantidade de carne (em segredo, claro) que planejávamos preservar, caso houvesse tempos difíceis em frente. O Sr. Van Daan resolveu fazer salsicha e linguiça. Diverti-me vendo-o passar a carne pelo moedor: uma, duas, três vezes. Depois, ele acrescentou os ingredientes restantes à carne moída e usou um cano comprido para forçar a mistura para dentro da tripa. Comemos a salsicha com chucrute no almoço, mas a linguiça, que seria enlatada, teve que secar primeiro, então penduramos tudo numa estaca suspensa no teto. Todos que entravam na sala caíam no riso quando viam as linguiças penduradas. Era um cenário muito cômico.

A cozinha ficou uma bagunça. O Sr. Van Daan, metido no avental da esposa, parecendo mais gordo do que nunca, não parava de trabalhar com a carne. Com as mãos sujas de sangue, o rosto vermelho e o avental manchado, ele parecia um açougueiro de verdade. A Sra. D tentava fazer tudo de uma vez só: aprender holandês com um livro, mexer a sopa, ficar de olho na carne, suspirar e resmungar por causa da costela quebrada. É isso que acontece quando senhoras mais velhas (!) fazem esses exercícios idiotas para se livrar de seu traseiro gordo! Dussel, com uma infecção na vista, estava sentado perto do fogão, fazendo compressa no olho com chá de camomila. Pim, sentado sob o único filete de sol que entrava pela janela, tinha que ficar movendo a cadeira daqui para lá a fim de se manter fora do caminho. O reumatismo devia estar incomodando, pois curvava-se um pouco e olhava para o Sr. Van Daan com uma expressão de agonia. Ele me fez me lembrar de um daqueles velhinhos inválidos que vemos no asilo. Peter brincava pela sala com Mouschi, a gata, enquanto a mamãe, Margot e eu descascávamos batata cozida. Se alguém fosse prestar atenção, nenhuma ali estava fazendo o trabalho direito, pois estávamos todas tão ocupadas em olhar para o Sr. Van Daan.

Dussel abriu o consultório odontológico. Só pela graça, descreverei a consulta com seu primeiro paciente.

Mamãe estava passando roupa, e a Sra. Van D., a primeira vítima, sentou-se numa cadeira no meio da sala. Dussel, abrindo a maleta com ar de importância, pediu um pouco de colônia, que poderia ser usada como desinfetante, e vaselina, que teria de servir como cera. Ele olhou dentro da boca da Sra. Van D. e encontrou dois dentes que a fizeram retrair-se de dor e emitir gemidos incoerentes toda vez que ele os tocava. Após longo exame (longo no que se referia à Sra. Van D., já que, na verdade, não levou mais do que dois minutos), Dussel começou a raspar uma cárie. Mas a Sra. Van D. não tinha a menor intenção de permitir. Ela brandiu os braços e as pernas até que Dussel finalmente largou a sonda, que... ficou presa no dente da Sra. Van D. Foi a gota d'água! A Sra. Van D. bateu os braços feito louca, em todas as direções, gemeu (quanto foi possível com um instrumento como aquele dentro da boca), tentou removê-lo, mas só conseguiu fincá-lo ainda mais. O Sr. Dussel observava a cena calmamente, as mãos nas cintura, enquanto o resto da plateia gargalhava. Claro que foi muita maldade nossa. Se tivesse sido eu, tenho certeza de que teria gritado mais alto ainda. Após muito debater-se, chutar, gritar e berrar, a Sra. Van D. por fim conseguiu arrancar fora o troço, e o Sr. Dussel prosseguiu com seu trabalho como se nada tivesse acontecido. Ele foi tão rápido que a Sra. Van D. não teve tempo de aprontar mais travessuras. Mas então ele teve mais ajuda do que algum dia tivera: não menos que dois assistentes; o Sr. Van D. e eu fizemos bem nosso trabalho. A cena toda lembrava uma daquelas pinturas da Idade Média intituladas "Um curandeiro ao trabalho". Entrementes, no entanto, a paciente foi se tornando impaciente, uma vez que tinha de ficar de olho na sopa "dela" e na comida "dela". Uma coisa era certa: demoraria muito até que a Sra. Van D. marcasse outra consulta com o dentista!

Com amor, Anne

DOMINGO, 13 DE DEZEMBRO DE 1942

Querida Kitty, estou sentada aqui, bastante confortável, no escritório frontal, espiando por uma fenda nas pesadas cortinas. Está escuro, mas há luz suficiente sob a qual escrever.

É muito estranho ver as pessoas passando. Parecem todas tão apressadas que quase tropeçam no próprio pé. Quem está de bicicleta vai tão rápido que nem sei dizer quem está conduzindo. Os moradores deste bairro não são tão atraentes a ponto de serem observados. As crianças, principalmente, vivem tão sujas que você não ia querer tocá-las nem com uma vara de três metros. Crianças faveladas de nariz escorrendo. Mal posso entender uma palavra sequer que dizem.

Ontem à tarde, quando Margot e eu tomávamos banho, eu comentei: "E se a gente pegasse uma vara de pescar e puxasse cada uma daquelas crianças, uma por uma, conforme fossem passando, metesse na banheira, lavasse e remendasse as roupas e…".

"E então amanhã elas estariam tão sujas e esfarrapadas quanto estavam antes", Margot respondeu.

Mas estou tagarelando. Há também outras coisas para ver, como carros, barcos e a chuva. Posso ouvir o bonde e as crianças, e estou me divertindo.

Nossos pensamentos estão sujeitos a poucas mudanças, tanto quanto nós mesmos. São como um carrossel, passam de judeus para comida, de comida para política. A propósito, por falar em judeus, vi dois ontem quando estava espiando pelas cortinas. Senti como se estivesse vendo uma das Sete Maravilhas do Mundo. Deu-me uma sensação tão engraçada, como se eu os tivesse denunciado às autoridades e, agora, espiasse seu infortúnio.

À nossa frente, há uma casa de barco. O capitão mora ali, com a esposa e os filhos. Tem um cãozinho que late bastante. Conhecemos o cãozinho apenas pelo latido e pelo rabinho, que podemos ver sempre que ele passa correndo pelo deque. Oh, que pena, acabou de começar a chover, e a maioria das pessoas está escondida debaixo do guarda-chuva. Só consigo ver capas de chuva, e vez por outra a nuca de uma cabeça coberta por um gorro. Na verdade, nem preciso olhar. A esta altura, posso reconhecer as mulheres num olhar: gordas demais de tanto comer batata, usando casaco vermelho ou verde e sapatos gastos, uma sacola de compras pendurada no braço, com rosto que não é nem sério nem bem-humorado, dependendo do humor do marido.

Com amor, Anne

DEZEMBRO

1942

O diário de Anne Frank

TERÇA-FEIRA, 22 DE DEZEMBRO DE 1942

Querida Kitty, o Anexo ficou encantado ao ouvir que receberemos mais cem gramas de manteiga no Natal. Segundo o jornal, todos receberão duzentos gramas, mas eles se referem às almas sortudas que obtêm seus selos de racionamento do governo, não judeus escondidos, como nós, que só podem comprar quatro, em vez de oito livros de selos no mercado negro.

Cada um de nós cozinhará alguma coisa com a manteiga. Hoje de manhã, fiz dois bolos e uma fornada de *cookies*. Está muito agitado lá em cima, e a mamãe me informou que não devo estudar nem ler enquanto todas as tarefas da casa não forem concluídas.

A Sra. Van Daan está deitada na cama, cuidando da costela machucada. Ela reclama o dia inteiro, requer o tempo todo que troquem as bandagens e está sempre descontente com tudo. Ficarei contente quando ela estiver de pé de novo e puder limpar a própria sujeira, pois, devo admitir, ela é incrivelmente trabalhadeira e limpa e, contanto que esteja em boa condição física e mental, é bem alegre.

Como se eu já não ouvisse "xiu, xiu" o bastante durante o dia porque estou sempre fazendo barulho "demais", meu querido colega de quarto teve a ideia de ficar dizendo "xiu, xiu" para mim a noite toda também. Segundo ele, eu não deveria nem me virar na cama. Recuso-me a dar atenção a ele, e, na próxima vez que me fizer um "xiu", farei "xiu" de volta.

Ele fica especialmente irritante aos domingos, quando acende a luz ao raiar do dia para se exercitar por dez minutos.

Para mim, o tormento parece durar horas, já que as cadeiras que uso para alongar minha cama são sempre chacoalhadas debaixo da minha cabeça sonolenta. Após concluir os exercícios de alongamento com uns gingados vigorosos dos braços, Sua Senhoria começa a se vestir. A roupa de baixo fica pendurada num gancho, então primeiro ele se arrasta para pegá-la e depois se arrasta de volta, passando pela minha cama. Mas a gravata fica em cima da mesa, então mais uma vez ele passa e vai batendo nas cadeiras.

Mas não devo gastar nem mais um pouco do meu tempo reclamando de velhos nojentos. Não adianta nada, afinal. Meus planos de vingança, como desparafusar a lâmpada, trancar a porta e esconder as roupas dele, tiveram de ser, infelizmente, abandonados em prol da paz.

Oh, estou ficando tão sensata! Temos que ser razoáveis com relação a tudo que fazemos aqui: estudar, ouvir, segurar a língua, ajudar os outros, ser gentil, fazer concessões e sei lá mais o quê! Receio que meu senso comum, cujo estoque já era pequeno logo no começo, será todo consumido rápido demais e eu já não terei mais nenhum quando a guerra acabar.

Com amor, Anne

QUARTA-FEIRA, 13 DE JANEIRO DE 1943

Querida Kitty, hoje de manhã, fui interrompida várias vezes, e como resultado não consegui terminar uma coisa que fosse que havia começado.

Coisas terríveis estão acontecendo lá fora. A qualquer hora da noite e do dia, pobres pessoas desamparadas estão sendo arrancadas de casa. Permitem-lhes levar uma mochila e um pouco de dinheiro, e mesmo assim têm essas posses roubadas no caminho. Famílias são rompidas; homens, mulheres e crianças são separados. As crianças chegam em casa, da escola, e descobrem que seus pais desapareceram. Mulheres retornam das compras e encontram a casa selada, sem sua família. Os cristãos da Holanda também estão vivendo com medo, pois seus filhos têm sido enviados à Alemanha. Todos estão assustados. Toda noite, centenas de aviões passam por cima da Holanda a caminho de cidades alemãs, para lançar suas bombas em solo alemão. A toda hora, centenas, talvez até milhares, de pessoas são mortas na Rússia e na África. Ninguém consegue ficar fora do conflito, o mundo inteiro está em guerra, e ainda que os Aliados estejam se saindo melhor, o fim não está à vista.

Quanto a nós, somos muito afortunados. Temos mais sorte do que milhões de pessoas. É calmo e seguro aqui, e estamos usando nosso dinheiro para comprar comida. Somos tão egoístas que falamos sobre "depois da guerra" e ficamos imaginando novas roupas e novos sapatos, quando, na verdade, deveríamos estar economizando cada centavo para ajudar os outros assim que a guerra acabar, para recuperar tudo que pudermos.

As crianças deste bairro correm por aí de camiseta fina e sapatos de madeira. Não têm casaco, boina, meias, e ninguém para ajudá-las.

Mordiscando uma cenoura para acalmar as pontadas de fome, vão de sua casa fria, caminhando por ruas frias, para uma sala de aula ainda mais fria. As coisas ficaram tão ruins na Holanda que hordas de crianças param os transeuntes nas ruas para implorar por um pedaço de pão.

Eu poderia passar horas contando a você o sofrimento que a guerra trouxe, mas isso só me deixaria ainda mais triste. Tudo que podemos fazer é esperar, o mais calmamente possível, para que ela acabe. Judeus e cristãos estão esperando, o mundo todo está esperando, e muitos estão esperando a morte.

Com amor, Anne

SÁBADO, 30 DE JANEIRO DE 1943

Querida Kitty, estou fervilhando de raiva, mas não posso mostrar. Gostaria de gritar, bater o pé, dar uma boa sacudida na mamãe, chorar e sei lá mais o quê!

Tudo por causa das palavras sórdidas, dos olhares de zombaria e das acusações que ela joga em mim dia após dia, que me fincam feito flechas de um arco muito teso, que são quase impossíveis de tirar do corpo. Gostaria de gritar com a mamãe, Margot e os Van Daan, Dussel e o papai também: "Deixem-me em paz, deixem-me ter pelo menos uma noite em que não choro até dormir, com os olhos ardendo e a cabeça latejando. Deixem-me ir embora, para longe de tudo, longe deste mundo!". Mas não posso fazer isso. Não posso deixar que vejam minhas dúvidas, ou as feridas que me causaram. Eu não toleraria sua simpatia ou seu escárnio bem-humorado. Isso apenas me faria querer gritar ainda mais.

Todos acham que sou exibida quando falo, ridícula quando me calo, insolente quando respondo, ardilosa quando tenho uma boa ideia, preguiçosa quando estou cansada, egoísta quando como uma colherada a mais do que deveria, burra, covarde, calculista etc. O dia todo não ouço nada além de que criança exasperadora eu sou, e embora eu dê risada e finja não ligar, eu ligo, sim. Gostaria de poder pedir a Deus que me desse outra personalidade, uma que não antagonizasse com todo mundo.

Mas isso é impossível. Estou presa ao caráter com que nasci, e entretanto tenho certeza de que não sou uma pessoa ruim. Faço o melhor para agradar a todos, mais do que suspeitariam – nem num milhão de anos. Quando estou aqui em cima, tento rir de tudo, porque não quero que vejam meus problemas.

Mais de uma vez, após uma série de reprimendas absurdas, ralhei com a mamãe: "Não ligo para o que você diz. Por que não lava as mãos com relação a mim? Eu sou um caso perdido". Claro que ela me mandou não responder e me ignorou por dois dias. Depois, de repente, tudo foi esquecido e ela me trata como a todos os outros.

É impossível, para mim, ser toda sorrisos num dia e venenosa no seguinte. Prefiro escolher o caminho do meio, que não é lá tão bom, e guardar meus pensamentos para mim. Quem sabe um dia eu trate os outros com o mesmo desprezo com que me tratam. Ah, se eu pudesse.

Com amor, Anne

SEXTA-FEIRA, 5 DE FEVEREIRO DE 1943

Querida Kitty, embora séculos tenham se passado desde que lhe escrevi sobre as contendas, ainda não houve mudança. No começo, o Sr. Dussel levava nossos conflitos logo esquecidos muito a sério, mas agora ficou acostumado com eles e não mais tenta mediar.

Margot e Peter não são exatamente o que se poderia chamar de "jovens"; são ambos tão quietos e entediantes. Perto deles, eu sempre me destaco, e sempre me dizem algo como: "Margot e Peter não agem desse jeito. Por que você não segue o exemplo da sua irmã?". Odeio isso.

Confesso que não tenho desejo nenhum de ser como a Margot. Ela tem muito pouca força de vontade, é passiva demais para o meu gosto; permite-se ser conduzida pelos outros e sempre recua sob pressão. Quero ter mais brio! Mas guardo ideias como essa para mim. Eles apenas dariam risada de mim se eu oferecesse isso em minha defesa.

Durante as refeições, a atmosfera é pura tensão. Felizmente, os estouros são, às vezes, contidos por causa do "pessoal que come sopa", funcionários do escritório que vêm tomar uma caneca de sopa na hora do almoço.

Esta tarde, o Sr. Van Daan mencionou novamente o fato de que Margot come tão pouco. "Acho que você faz isso para manter sua imagem", ele acrescentou em um tom de zombaria.

Mamãe, que sempre vem em defesa de Margot, disse, em voz alta: "Não aguento essa conversa boba de vocês nem mais um minuto".

A Sra. Van D. ficou vermelha feito uma beterraba. O Sr. Van D. ficou olhando para a frente, sem dizer nada.

Mesmo assim, estamos sempre rindo muito. Não faz muito tempo, a Sra. Van D. estava nos entretendo com uma ou outra maluquice. Falava sobre o passado, sobre quão bem se dava com o pai e como flertava com os rapazes. "E, sabe", ela continuou, "meu pai me dizia que, se um cavalheiro começasse a flertar, eu devia dizer: 'Lembre-se, senhor, de que eu sou uma dama', e o rapaz saberia do que eu estava falando". Todos nós rachamos de rir, como se ela tivesse contado uma piada boa.

Até o Peter, embora em geral seja quieto, ocasionalmente dá chance ao humor. Ele tem o azar de adorar palavras estrangeiras sem saber o que significam. Certa tarde, não podíamos usar o banheiro porque havia visitas no escritório. Sem poder esperar, ele foi ao banheiro, mas não deu a descarga. Para nos avisar do odor desagradável, pendurou uma placa na porta do banheiro que dizia: "RSVP – gás!". Claro que ele queria dizer "Perigo – gás!", mas achou "RSVP" mais elegante. Ele não fazia a menor ideia de que significa "por favor, responda".

Com amor, Anne

SÁBADO, 27 DE FEVEREIRO DE 1943

Querida Kitty, pim acredita que a invasão ocorrerá a qualquer momento. Churchill teve pneumonia, mas está melhorando aos poucos. Gandhi, o campeão da liberdade indiana, está numa de suas milésimas greves de fome.

A Sra. Van D. alega ser fatalista. Mas quem é que mais tem medo quando disparam as armas? Ninguém além de Petronella van Daan.

Jan trouxe consigo a carta episcopal que os bispos enviaram a seus paroquianos. Era linda e inspiradora. "Povo da Holanda, levantem-se e tomem uma atitude. Cada um de nós deve escolher suas armas para lutar pela liberdade do nosso país, nosso povo e nossa religião! Deem ajuda e apoio. Ajam agora!" Isso é o que pregam do púlpito. Fará alguma diferença? Com certeza, já é tarde demais para ajudar os outros judeus.

Adivinhe o que nos aconteceu agora? O dono do edifício vendeu-o sem informar o Sr. Kugler e o Sr. Kleiman. Certa manhã, o novo proprietário chegou com um arquiteto para dar uma olhada no lugar. Felizmente, o Sr. Kleiman estava no escritório. Ele mostrou aos cavalheiros tudo que havia para ver, com exceção do Anexo Secreto. Alegou que tinha esquecido a chave em casa, e o novo dono não perguntou mais nada. Espero que ele nunca volte querendo ver o Anexo. Nesse caso, estaremos em grandes apuros!

Papai esvaziou um arquivo de fichas e encheu com fichas catalográficas que têm um lado em branco. Este será nosso arquivo de leitura, no qual Margot e eu devemos anotar os livros que já lemos, o autor e a data. Comprei outro caderno para palavras novas.

Há uma nova divisão de manteiga e margarina. Cada pessoa deve receber sua porção em seu prato. A distribuição é muito injusta. Os Van Daan, que sempre fazem café da manhã para todo mundo, dão a si mesmos metade a mais do que dão para nós. Meus pais temem demais uma discussão para dizer alguma coisa, o que é uma pena, porque acho que pessoas como essas sempre deveriam receber um pouco do próprio remédio.

Com amor, Anne

QUARTA-FEIRA, 10 DE MARÇO DE 1943

Querida Kitty, tivemos um curto-circuito ontem à noite, e, além disso, as armas ficaram estourando até o amanhecer. Ainda não superei meu medo de aviões e disparos, e me esgueiro para a cama do papai quase toda noite, em busca de conforto.

Sei que parece infantilidade, mas quero ver só se acontecer com você! Algumas armas fazem tanto barulho que você não ouve a própria voz. A Sra. Beaverbrook, a fatalista, praticamente caiu no choro e disse, numa vozinha tímida: "Oh, que coisa horrível. As armas fazem tanto barulho!" – que é o mesmo que dizer "Estou com tanto medo".

Não parecia tão ruim à luz de velas como pareceu no escuro. Eu tremia, como se estivesse com febre, e implorei ao papai que tornasse a acender a vela. Ele foi indelével: não haveria luz. De repente, ouvimos diversos tiros de metralhadoras, os quais eram dez vezes piores do que os da artilharia antiaérea. Mamãe saltou da cama e, para grande incômodo de Pim, acendeu a vela. Sua resposta resoluta para o resmungar dele foi: "Afinal, Anne não é um ex-soldado!". E fim de papo!

Já lhe contei sobre algum dos outros medos da Sra. Van D.? Creio que não. Para mantê-la a par das últimas aventuras do Anexo Secreto, devo contar-lhe isto também. Certa noite, a Sra. Van D. pensou ter ouvido passos altos no sótão, e ficou com tanto medo de ladrão que acordou o marido. Nesse mesmo momento, os ladrões desapareceram, e o único som que o Sr. Van D. podia ouvir era o martelar assustado do coração de sua esposa fatalista. "Oh, Putti!", ela exclamou. (Putti é o apelido que a Sra. Van D. deu ao marido.) "Devem ter levado toda a salsicha e o feijão seco. E o Peter? Você acha que o Peter está a salvo, na cama?"

"Certeza que não levaram o Peter. Pare de ser tão boba e deixe-me voltar a dormir!"

Impossível. A Sra. Van D. estava assustada demais para dormir.

Algumas noites depois, toda a família Van Daan acordou com barulhos fantasmagóricos. Peter foi até o sótão com uma lanterna e – vapt-vupt – o que acha que ele viu fugindo? Todo um bando de ratos enormes!

Assim que descobrimos quem eram os ladrões, deixamos Mouschi dormir no sótão e nunca mais vimos nossos convidados indesejados… pelo menos não à noite.

Algumas noites atrás (eram sete e meia, e ainda claro), Peter foi até o sótão pegar uns jornais velhos. Ele teve de segurar com firmeza o alçapão para descer pela escada. Ele baixou a mão sem olhar e quase caiu da escada, com o choque e a dor. Sem perceber, tinha colocado a mão num rato enorme, que o mordeu no braço. Quando chegou perto de nós, branco feito papel e com os joelhos tremendo, o sangue tinha encharcado seu pijama. Não era de se admirar que estivesse tão abalado, já que fazer carinho num rato não é lá muito divertido, principalmente quando ele lhe arranca um naco do braço.

Com amor, Anne

SEXTA-FEIRA, 12 DE MARÇO DE 1943

Querida Kitty, permita-me apresentar-lhe Mama Frank, a defensora de crianças! Manteiga a mais para os jovens, os problemas que a juventude de hoje enfrenta – diga-me um tema, e a mamãe defende a geração mais jovem. Após uma ou outra escaramuça, ela sempre consegue o que quer.

Um dos jarros de língua em conserva está estragado. Um banquete para Mouschi e Boche.

Você ainda não conheceu Boche, apesar do fato de que ela já estava aqui antes mesmo de começarmos a nos esconder. É a gata do depósito e do escritório, que mantém os ratos longe do estoque.

É fácil explicar seu nome esquisito e político. Por um tempo, a firma Gies & Co. teve dois gatos: um no depósito e um no sótão. Seus caminhos se cruzaram vez por outra, o que invariavelmente resultava numa briga. A gata do depósito era sempre a agressora, enquanto o gato do sótão acaba sendo o vencedor, assim como na política. Então, a gata do depósito foi batizada de alemã, ou "Boche", e o gato do sótão, de inglês, ou "Tommy". Algum tempo depois disso se livraram do Tommy, mas Boche sempre está lá para nos divertir quando vamos ao andar de baixo.

Já comemos tanto feijão marrom e feijão branco que não posso nem os ver. Só de pensar neles já fico enjoada.

Nossa porção de pão do jantar foi cancelada.

Papai acabou de dizer que não está muito bem-humorado. Está com os olhos tão tristonhos, o pobrezinho!

Não consigo me separar do livro *A Knock at the Door* [Uma batida à porta], de Ina Bakker Boudier. Essa saga familiar é extremamente bem escrita, mas as partes que tratam de guerra, escritores e da emancipação das mulheres não são muito boas. Para ser honesta, esses assuntos não me interessam muito.

Bombardeios terríveis na Alemanha. O Sr. Van Daan está aborrecido. O motivo: a escassez de cigarros.

O debate sobre começar ou não a comer a comida enlatada terminou a nosso favor.

Não posso usar nenhum dos meus sapatos, exceto as botas de esqui, que não são muito práticas dentro da casa. Um par de sandálias de tiras de palha que foi comprado por 6,50 florins ficou gasto até a sola dentro de uma semana. Talvez Miep consiga surrupiar algo no mercado negro.

Está na hora de cortar o cabelo do papai. Pim jura que faço um trabalho tão bom que ele nunca mais irá num barbeiro depois que a guerra acabar. Se ao menos eu não cortasse a orelha dele tantas vezes!

Com amor, Anne

QUINTA-FEIRA, 18 DE MARÇO DE 1943

Minha querida Kitty, a Turquia entrou na guerra. Muito empolgada. Aguardando ansiosa as notícias pelo rádio.

SEXTA-FEIRA, 19 DE MARÇO DE 1943

Querida Kitty, em menos de uma hora, a alegria deu lugar à decepção. A Turquia ainda não entrou na guerra. Era apenas um ministro de gabinete falando sobre a Turquia abrir mão de sua neutralidade em algum momento, em breve.

O vendedor de jornais na Dam Square gritava "A Turquia está do lado da Inglaterra!", e estavam tirando-lhe os jornais das mãos. Foi assim que ouvimos esse rumor encorajador.

Notas de mil florins estão sendo declaradas inválidas. Isso será um golpe para os mercadores do mercado negro e outros como estes, mas ainda mais para as pessoas escondidas e todos os demais que têm dinheiro, porém que não se pode levar em conta. Para entregar uma nota de mil florins, você tem que poder afirmar como a obteve e oferecer provas. Elas ainda podem ser usadas para pagar impostos, mas só até a semana que vem.

Dussel recebeu uma broca de dentista antiga, operada pelo pé. Isso significa que é provável eu ter de fazer um exame completo muito em breve.

O Führer tem conversado com soldados feridos. Ouvimos no rádio, e foi patético. As perguntas e as respostas eram algo mais ou menos assim:

"Meu nome é Heinrich Scheppel."

"Onde você foi ferido?"

"Perto de Stalingrado."

"Que tipo de ferimento é?"

"Os dois pés com necrose e uma fratura no braço esquerdo."

Esse é um relato exato do espetáculo de marionetes hediondo que foi ao ar no rádio. Os feridos pareciam ter orgulho dos ferimentos –

quanto mais, melhor. Um deles estava tão emocionado com a ideia de dar a mão (suponho que ele ainda tinha uma) ao Führer que mal podia dizer uma palavra sequer.

Com amor, Anne

QUINTA-FEIRA, 25 DE MARÇO DE 1943

Querida Kitty, mamãe, papai, Margot e eu estávamos sentados juntos ontem à noite quando Peter subitamente entrou e cochichou no ouvido do papai. Peguei as palavras "um barril tombou no depósito" e "alguém fuçando na porta".

Margot também ouviu, mas tentou me acalmar, já que fiquei branca feito cal e muito nervosa. Nós três esperamos, enquanto o papai e o Peter foram lá para baixo. Um ou dois minutos depois a Sra. Van Daan apareceu, de onde estivera, ouvindo o rádio, e nos disse que Pim lhe pedira que desligasse o rádio e subisse de fininho. Mas você sabe o que acontece quando tentamos não fazer barulho – os velhos degraus rangeram ainda mais alto. Cinco minutos depois, Peter e Pim, de rosto pálido, apareceram de novo para relatar o que viram.

Os dois tinham se posicionado debaixo da escada para aguardar. Não aconteceu nada. Então, muito de repente, ouviram umas batidas, como se duas portas tivessem sido fechadas à força dentro da casa. Pim subiu as escadas, enquanto Peter foi avisar Dussel, que finalmente se apresentou no andar de cima, embora não sem fazer uma bagunça e muito barulho. Então todos nós fomos, de fininho, com nossas meias nos pés, até os Van Daan, no andar seguinte. O Sr. Van D. estava com um resfriado forte e já tinha ido para a cama, então nos reunimos em torno dele e discutimos nossas suspeitas aos sussurros. Toda vez que o Sr. Van D. tossia alto, a Sra. Van D. e eu quase tínhamos um ataque de nervos. Ele continuou tossindo até que alguém teve a brilhante ideia de dar-lhe codeína. A tosse cedeu de imediato.

Mais uma vez, esperamos e esperamos, mas não ouvimos nada. Por fim, chegamos à conclusão de que os ladrões tinham dado no pé quando ouviram passos num edifício que até então estivera quieto. O problema agora era que as cadeiras do escritório particular estavam agrupadas em volta do rádio, que estava sintonizado na Inglaterra. Se os ladrões tivessem forçado a porta, e os guardas do ataque aéreo notassem e chamassem a polícia, poderia haver repercussões muito sérias. Então o Sr. Van Daan levantou-se, vestiu o casaco e as calças, pôs o chapéu e acompanhou com cuidado meu pai escada abaixo, com Peter (armado com um martelo pesado, por precaução) logo atrás. As mulheres (incluindo Margot e eu) ficaram esperando, no suspense, até que os homens voltaram, cinco minutos depois, e relataram que não havia sinal de atividade nenhuma no edifício. Concordamos em não abrir nenhuma torneira nem dar a descarga; mas, já que a barriga de todos ficou revirando de tanta tensão, você pode imaginar o fedor que ficou depois que cada um teve sua vez no banheiro.

Incidentes como esses são sempre acompanhados por outros desastres, e esse não foi exceção. Número um: os sinos da Westertoren pararam de badalar, e eu sempre os achara tão confortantes. Número dois: o Sr. Voskuijl saiu mais cedo ontem à noite, e não tínhamos certeza se ele dera a chave a Bep e ela esquecera de trancar a porta.

Mas isso pouco importava agora. A noite tinha acabado de começar, e ainda não sabíamos ao certo o que esperar. Fomos um pouco tranquilizados pelo fato de que, entre as oito e quinze – quando o ladrão entrou no edifício e pôs nossas vidas em perigo – e as dez e meia, não ouvimos som algum. Quanto mais pensávamos nisso, menos provável parecia que um ladrão forçaria a porta tão cedo, à noite, quando ainda havia pessoas na rua. Além disso, ocorreu-nos que o gerente do depósito na Keg Company, ao lado, poderia ainda estar no trabalho. Com a empolgação e as paredes finas, é fácil confundir os sons. Além disso, a imaginação nos prega peças nos momentos de perigo.

Então fomos para a cama, embora não para dormir. Papai, mamãe e o Sr. Dussel passaram boa parte da noite acordados, e não estou exagerando quando digo que mal preguei os olhos. Hoje de manhã, os homens desceram para ver se a porta de fora ainda estava trancada, mas estava tudo bem!

Claro que demos a toda a equipe do escritório um relato detalhado do incidente, que não foi nada agradável. É muito mais fácil rir desse tipo de coisa depois que aconteceu, e Bep foi a única que nos levou a sério.

Com amor, Anne

SÁBADO, 27 DE MARÇO DE 1943

Querida Kitty, terminamos nosso curso de estenografia e estamos agora trabalhando para melhorar na velocidade.

Como somos espertos! Deixe-me contar-lhe mais sobre meus "mata-tempos" (é como chamo meus cursos, porque tudo que fazemos é tentar fazer os dias passarem o mais rápido possível para chegarmos ainda mais perto do fim de nossa estada aqui). Adoro mitologia, principalmente os deuses gregos e romanos. Todos aqui pensam que meu interesse é apenas um gosto passageiro, já que nunca ouviram falar de uma adolescente que aprecia mitologia. Pois bem, creio que sou a primeira!

O Sr. Van Daan está resfriado. Ou melhor, está com a garganta raspando, mas está fazendo um enorme projeto em torno disso. Faz gargarejo com chá de camomila, forra o céu da boca com tintura de mirra e passa Mentholatum no peito, no nariz, na gengiva e na língua. E, para piorar, está de mau humor!

Rauter, uma autoridade alemã, recentemente fez um discurso: "Todos os judeus devem deixar os territórios ocupados por alemães antes de 1º de julho. A província de Utreque terá os judeus removidos [como se fossem baratas] entre 1º de abril e 1º de maio, e as províncias de Holanda do Norte e do Sul, entre 1º de maio e 1º de junho". Essas pobres pessoas estão sendo enviadas para matadouros nojentos como uma manada de vacas doentes e negligenciadas. Mas não direi mais nada sobre esse assunto. Só os meus pensamentos já me dão pesadelos!

Uma boa notícia é que a Central de Trabalho foi incendiada num ato de sabotagem. Alguns dias depois, o cartório também entrou em chamas. Homens disfarçados de policiais alemães amarraram e amordaçaram os guardas e conseguiram destruir uns documentos importantes.

Com amor, Anne

QUINTA-FEIRA, 1º DE ABRIL DE 1943

Querida Kitty, não estou muito a fim de travessuras (veja a data).

Pelo contrário, hoje posso citar tranquilamente o ditado "os infortúnios nunca vêm sozinhos".

Primeiro, o Sr. Kleiman, nosso senhor alegria, teve outro ataque de hemorragia gastrointestinal ontem e terá de ficar de cama por pelo menos três semanas. Posso dizer-lhe que o estômago dele vem incomodando bastante, e não há cura. Segundo, Bep está com gripe. Terceiro, o Sr. Voskuijl tem de ir ao hospital semana que vem. É provável que tenha uma úlcera e precise passar por uma cirurgia. Quarto, os gerentes das Indústrias Pomosin vieram de Frankfurt discutir as novas entregas da Opekta. O papai discutiu os pontos mais importantes com o Sr. Kleiman, e não houve tempo suficiente para dar ao Sr. Kugler uma explicação detalhada.

Mal os senhores chegaram de Frankfurt, e o papai já estava tremendo só de pensar em como seriam essas conversas. "Se ao menos eu pudesse participar, se ao menos estivesse lá embaixo", ele exclamava.

"Vá deitar-se com o ouvido colado no chão. Eles serão levados ao escritório particular, e você poderá ouvir tudo."

O rosto do papai clareou, e ontem, pela manhã, às dez e meia Margot e Pim (dois ouvidos são melhores que um) assumiram seus postos no chão. Ao meio-dia, a conversa ainda não tinha terminado, mas papai não aguentava mais prosseguir com a campanha auditiva. Estava agoniado de ter de ficar deitado por horas em posição tão incomum e desconfortável. Às duas e meia, ouvimos vozes no corredor, e assumi o lugar dele; Margot me fez companhia. A conversa era tão demorada e entediante que acabei pegando no sono no linóleo frio e duro. Margot não ousou me tocar, por medo de que eles nos ouvissem, e claro que não podia gritar. Dormi por uma boa meia hora e acordei num susto, tendo esquecido cada palavra da importante discussão. Por sorte, Margot prestou mais atenção.

Com amor, Anne

SEXTA-FEIRA, 2 DE ABRIL DE 1943

Querida Kitty, ai, ai, mais um item foi adicionado à minha lista de pecados. Ontem à noite, eu estava deitada na cama, esperando o papai me pôr para dormir e fazer minhas orações comigo, quando a mamãe entrou no quarto, sentou-se na minha cama e me perguntou, muito gentil: "Anne, o papai não está pronto. Que tal eu ouvir suas orações hoje?".

"Não, mãe", respondi.

Mamãe levantou-se, ficou de pé ao lado da cama por um instante e depois foi andando lentamente até a porta. De repente, virou-se, o rosto contorcido de pesar, e disse: "Não quero ficar brava com você. Não consigo fazer você me amar!". Algumas lágrimas escorriam por seu rosto quando ela saiu pela porta.

Fiquei deitada, imóvel, pensando em quão ruim foi, da minha parte, rejeitá-la de modo tão cruel, mas também sabia que eu era incapaz de responder de qualquer outro jeito. Não posso ser hipócrita e rezar com ela se não estou com vontade. Não pode ser assim. Fiquei triste pela mamãe – muito, muito triste – porque, pela primeira vez na vida, notei que ela não era indiferente à minha frieza. Vi a tristeza no rosto dela quando ela disse que não conseguia me fazer amá-la. É difícil falar a verdade, e, no entanto, a verdade é que é ela que me rejeitou. Foram os comentários indelicados dela e as piadas cruéis sobre assuntos nos quais eu não vejo graça que fizeram de mim tão insensível a qualquer sinal de amor de sua parte. Assim como sinto um vazio no peito toda vez que ouço as palavras duras dela, ela sentiu um vazio no peito quando percebeu que não há mais amor entre nós.

Ela chorou metade da noite e não dormiu nem um pouco. O papai evitou olhar para mim, e quando seus olhos encontravam os meus, eu podia ler as palavras que ele não dizia: "Como pode ser tão ruim? Como ousa fazer sua mãe ficar tão triste?".

Todo mundo espera que eu peça desculpas, mas isso não é algo pelo qual eu posso me desculpar, porque falei a verdade, e cedo ou tarde a mamãe acabaria descobrindo, de qualquer maneira. Pareço ser indiferente às lágrimas da mamãe e aos olhares do papai, e sou mesmo, porque os dois estão, agora, sentindo o que sempre senti. Só sinto pena da mamãe, que terá de descobrir como deveria ser sua atitude por conta própria. De minha parte, continuarei em silêncio, afastada, e não pretendo arredar pé da verdade, porque, quanto mais for postergada, mais difícil será para eles aceitarem-na quando a ouvirem!

Com amor, Anne

TERÇA-FEIRA, 27 DE ABRIL DE 1943

Querida Kitty, a casa ainda treme com os efeitos das querelas. Todos estão bravos com todos: mamãe e eu, o Sr. Van Daan e o papai, mamãe e a Sra. Van D. Atmosfera incrível, não acha? Mais uma vez, a lista usual de deficiências de Anne foi extensivamente expressa.

O Sr. Voskuijl foi hospitalizado, mas o Sr. Kleiman está de volta ao escritório. Seu estômago parou de sangrar mais cedo do que costuma acontecer. Ele nos contou que o cartório levou mais um golpe, pois os bombeiros inundaram o prédio todo, em vez de apenas apagar o fogo. Isso fez bem ao meu coração!

O hotel Carlton foi destruído. Dois aviões britânicos carregados de bombas pousaram bem em cima do Clube de Oficiais Alemães. Toda a esquina da Vijzelstraat com a Singel pegou fogo. O número de ataques aéreos diários em cidades alemãs está aumentando todos os dias. Não temos uma boa noite de descanso há muito tempo, e estou com olheiras por causa da falta de sono.

Nossa comida está terrível. O café da manhã consiste em pão puro, sem manteiga, e café artificial. Nas duas últimas semanas, o almoço foi espinafre ou alface cozida com batatas enormes que têm um gosto de podre, adocicado. Se você estiver tentando fazer dieta, o Anexo é o lugar ideal! No andar de cima, estão reclamando amargamente, mas nós aqui não achamos que é assim tão trágico.

Todos os homens holandeses que lutaram ou foram mobilizados em 1940 foram convocados para trabalhar nos campos de prisioneiros de guerra. Aposto que estão tomando essa precaução por causa da invasão!

Com amor, Anne

DOMINGO, 2 DE MAIO DE 1943

Quando penso em nossa vida aqui, em geral, chego à conclusão de que vivemos num paraíso em comparação com os judeus que não estão escondidos. Do mesmo modo, mais tarde, quando tudo tiver retornado ao normal, provavelmente me perguntarei como nós, que sempre vivemos em tão confortáveis circunstâncias, pudemos "afundar" tanto.

Com relação aos modos, quero dizer. Por exemplo, o mesmo oleado cobre a mesa de jantar desde que chegamos aqui. Após tanto uso, está longe do que se pode chamar de imaculado. Faço tudo que posso para limpá-lo, mas já que o pano de limpeza também foi comprado antes de entrarmos no esconderijo e consiste mais em buracos do que em tecido, é uma tarefa ingrata. Os Van Daan estão dormindo desde o início do inverno no mesmo lençol de flanela, que não pode ser lavado porque o detergente é racionado e está faltando no estoque. Além disso, é de tão má qualidade que é praticamente inútil. O papai está zanzando por aí com calças desgastadas, e a gravata também dá sinais de uso. A cinta da mamãe rasgou hoje e não há como ser consertada, enquanto Margot está usando um sutiã que é dois tamanhos menores; mamãe e Margot estão partilhando a mesma calça de baixo o inverno todo, e as minhas são tão pequenas que mal cobrem minha barriga. Todas estas são coisas que podemos superar, mas às vezes eu me pergunto: como nós, cujas posses todas, desde as minhas ceroulas até o pincel de barbear do papai, estão tão velhas e gastas, poderemos algum dia recuperar a posição que tínhamos antes da guerra?

Eles estavam atirando tanto ontem à noite que quatro vezes juntei todos os meus pertences. Hoje arrumei uma mala com as coisas mais necessárias para uma fuga. Mas a mamãe diz, com toda a razão: "Para onde vai fugir?" Toda a Holanda está sendo punida pelas greves que têm ocorrido em muitas partes do país. Portanto, foi declarado estado de sítio e todos recebem um cupom de manteiga a menos. Que criancinhas travessas!

Com amor, Anne

TERÇA-FEIRA, 18 DE MAIO DE 1943

Querida Kitty, há pouco tempo, testemunhei uma briga feroz entre pilotos alemães e ingleses. Infelizmente, alguns soldados dos Aliados tiveram de pular de seu avião em chamas. Nosso leiteiro, que mora em Halfweg, viu quatro canadenses sentados na beira da estrada, e um deles falava holandês fluente.

Ele perguntou ao leiteiro se este tinha um isqueiro para o cigarro dele, e lhe contou que a tripulação consistia em seis homens. O piloto morrera queimado, e o quinto membro da tripulação tinha se escondido em algum lugar. A Polícia de Segurança Alemã veio buscar os quatro homens que restavam, nenhum deles ferido. Após saltar de paraquedas de um avião em chamas, como a pessoa consegue ter essa tranquilidade toda?

Embora não se possa negar como está fazendo calor, temos de acender uma fogueira, alguns dias, para queimar as cascas de legumes e o lixo. Não podemos jogar nada em latas de lixo, porque os funcionários do depósito podem ver. Basta um ato descuidado e estamos fritos!

Todos os alunos de faculdade estão sendo requisitados a assinar um documento oficial no qual afirmam que "simpatizam com os alemães e aprovam a Nova Ordem". Oitenta por cento resolveu obedecer ao que manda sua consciência, mas a penalidade será severa. Qualquer aluno que se recuse a assinar será enviado para um campo de trabalho alemão. O que será da juventude do nosso país se todos tiverem de fazer trabalho pesado na Alemanha?

Ontem à noite, as armas estavam fazendo tanto barulho que a mamãe fechou a janela; eu estava na cama de Pim. De repente, bem acima da nossa cabeça, ouvimos a Sra. Van D. dar um pulo, como se tivesse sido mordida por Mouschi. Isso foi seguido por um baque alto, que soou como se uma bomba tivesse caído ao lado da minha cama. "Luzes! Luzes!", eu gritei.

Pim acendeu a lâmpada. Eu achei que o quarto ia pegar fogo a qualquer momento. Não aconteceu nada. Todos nós corremos lá para cima para ver o que estava acontecendo. O Sr. e a Sra. Van D. tinham visto um brilho vermelho pela janela aberta, e ele achou que havia um incêndio por perto, enquanto ela tinha certeza de que era a nossa casa que estava em chamas. A Sra. Van D. já estava de pé, ao lado da cama, se tremendo toda quando veio o barulho. Dussel ficou lá em cima para fumar um cigarro, e nós nos arrastamos de volta para a cama. Menos de quinze minutos depois, o tiroteio recomeçou. A Sra. Van D. saltou da cama e desceu para o quarto de Dussel, em busca do conforto que não conseguia encontrar no esposo. Dussel a recebeu com as seguintes palavras: "Venha para a minha cama, minha criança!".

Nós caímos na gargalhada, e o rugido das armas não nos incomodou mais; nossos medos tinham sido todos dissipados.

Com amor, Anne

DOMINGO, 13 DE JUNHO DE 1943

Querida Kitty, o poema que o papai compôs para o meu aniversário é bom demais para eu guardar só para mim.

Como Pim escreve seus versos apenas em alemão, Margot ofereceu-se para traduzir para o holandês. Veja por si mesma se Margot não fez um ótimo trabalho. O poema começa com o resumo usual dos eventos do ano e continua:

A mais jovem de nós, mas não a menor,
Sua vida pode ser difícil, pois cabe a nós
Ser seus professores,
Chatice maior
Temos experiência! Pode acreditar
Já fizemos isso antes, criar
Sabemos tudo, sabemos o mesmo.
Desde sempre, sempre o mesmo.
Nossas fraquezas não são nada,
Mas a dos outros é pesada:
Fácil ver isso nos outros em nossa luta,
Mas é difícil para seus pais, nesta labuta,
Tratá-la com justiça, e bondade também;
Implicar é um hábito que vai e vem.
O que fazer com esses velhos, na verdade,
É tolerar a chatice – a triste verdade.
O remédio amargo que deve descer
É para manter a paz, conviver.
Esses meses não foram em vão,
Pois perder tempo está na contramão.

Tanta leitura e estudo sério,
Determinada a afastar o tédio.
A pergunta mais difícil a responder:
"E com essas roupas, que fazer?
Não tenho calcinhas, as roupas, apertadas,
A camiseta, uma canga, mas que roubada!
Para vestir sapatos, cortar dos dedos as pontas,
Oh, céus, que sofrimento sem conta!"

Margot teve dificuldade de fazer rimar a parte sobre comida, então deixarei fora. Mas, tirando isso, você não acha que é um bom poema?

De resto, fui amplamente mimada e ganhei vários presentes adoráveis, inclusive um livro enorme sobre meu tema favorito, mitologia grega e romana. Não posso reclamar também da quantia de doces; todos usaram o que restava de suas economias. Como o Benjamim do Anexo, ganhei mais do que mereço.

Com amor, Anne

TERÇA-FEIRA, 15 DE JUNHO DE 1943

Querida Kitty, montes de coisas aconteceram, mas sempre acho que a estou chateando com minha tagarelice horrorosa e que logo você vai preferir receber menos cartas. Então, manterei as notícias curtas.

O Sr. Voskuijl não foi operado por causa da úlcera, no fim das contas. Quando os médicos o puseram na mesa de cirurgia e o abriram, viram que ele está com câncer. Está em estado tão avançado que não há motivo para a cirurgia. Então o suturaram de novo, mantiveram-no internado no hospital por três semanas, alimentaram-no bem e o mandaram de volta para casa. Mas cometeram um erro imperdoável: contaram ao pobre o que lhe aguarda. Ele não pode mais trabalhar, e só fica em casa, à toa, cercado pelos oito filhos, remoendo a morte iminente. Estou muito chateada por ele, e odeio não poder sair; do contrário, eu o visitaria tanto quanto pudesse e o ajudaria a não pensar nos problemas. Agora, o bom homem não pode mais nos contar o que estão dizendo e fazendo no depósito, o que, para nós, é um desastre. O Sr. Voskuijl era nossa maior fonte de ajuda e apoio quanto a medidas de segurança. Sentimos muito a falta dele.

Mês que vem é a nossa vez de entregar nosso rádio às autoridades. O Sr. Kleiman tem um pequeno aparelho escondido em casa, que vai nos dar, para substituir nosso lindo rádio de gabinete. É uma pena termos que entregar nosso Philips grandão, mas, quando você está escondido, não pode se dar ao luxo de arranjar encrenca com as autoridades. Claro que colocaremos o rádio "bebê" no andar de cima. O que há de errado com um rádio clandestino quando já se tem judeus clandestinos e dinheiro clandestino?

Em todo o país, as pessoas estão tentando arranjar um rádio velho que possam entregar em vez de seu "amplificador de ânimo". É verdade: conforme os relatos que vêm de fora vão piorando cada vez mais, o rádio, com sua voz maravilhosa, ajuda-nos a não desistir e continuar dizendo a nós mesmos: "Alegre-se, não desanime, as coisas certamente vão melhorar!".

Com amor, Anne

DOMINGO, 11 DE JULHO DE 1943

Querida Kitty, voltando ao tema da criação de filhos (pela milésima vez), deixe-me contar-lhe que estou dando o meu melhor para ser útil, amigável e fazer tudo que posso para manter a chuva de reprimendas numa garoa fraca.

Não é fácil tentar se comportar como uma criança modelo com pessoas que você não suporta, em especial quando não se tem a menor intenção disso. Mas vejo que um pouco de hipocrisia me beneficia muito mais do que meu antigo método de dizer exatamente o que penso (ainda que ninguém nunca peça a minha opinião nem se importe, de todo modo). Claro que estou sempre esquecendo o meu papel e acho impossível segurar a raiva quando estão sendo injustos, e então eles passam o mês seguinte dizendo que sou a menina mais impertinente do mundo. Você não acha que, às vezes, deviam ter pena de mim? É uma coisa boa eu não ser do tipo ranzinza, pois posso acabar ficando amarga e mal-humorada.

Além disso, resolvi (após muito ponderar e refletir) largar a estenografia. Primeiro, para ter tempo para meus outros assuntos, e, segundo, por causa dos olhos. Essa é uma história triste. Fiquei muito míope, e devia ter arranjado óculos há séculos. (Eca, eu não vou ficar horrível?) Mas, como você sabe, quem está escondido não tem como...

Ontem, tudo que todo mundo por aqui podia comentar eram os olhos de Anne, porque a mamãe sugeriu que eu vá ao oftalmologista com o Sr. Kleiman. Só de ouvir isso já fiquei de pernas bambas, pois não é pouca coisa. Sair daqui! Pense só nisso, andar pelas ruas! Não posso nem imaginar. Fiquei petrificada, no começo, e depois contente. Mas não é tão simples assim; as várias autoridades que teriam de aprovar tal passo não conseguiram chegar a uma decisão rapidamente.

Tiveram primeiro que pesar com cuidado todas as dificuldades e os riscos, embora Miep estivesse pronta para partir de imediato e me levar consigo. Tirei meu casaco cinza do armário, mas estava tão pequeno que parecia que pertencia a uma irmã mais nova. Baixamos a barra, mas não consegui abotoá-lo. Estou muito curiosa para saber o que vão decidir, porém acho que eles nunca chegarão a pensar num plano, pois os britânicos pousaram na Sicília, e o papai tem certeza quanto a um "final rápido".

Bep tem passado a mim e a Margot bastante trabalho do escritório. Isso faz nós duas nos sentirmos importantes, e é uma boa ajuda para ela. Qualquer um pode arquivar cartas e registrar dados num caderno de vendas, mas fazemos isso com precisão digna de nota.

Miep tem tanta coisa para carregar que parece um burro de carga. Ela sai quase todos os dias para surrupiar legumes, e depois volta de bicicleta com as compras em grandes sacolas. É também ela que traz consigo cinco livros da biblioteca todo sábado. Ansiamos pelo sábado, porque com ele vêm os livros. Ficamos como um bando de crianças com seus presentes. As pessoas normais não sabem o significado que têm os livros para quem está confinado.

Nossos únicos divertimentos são ler, estudar e ouvir o rádio.

Com amor, Anne

TERÇA-FEIRA, 13 DE JULHO DE 1943

A MELHOR MESINHA.

Ontem à tarde, papai me deu permissão para perguntar ao Sr. Dussel se ele poderia fazer a gentileza de me permitir (viu como eu sou educada?) usar a mesa do nosso quarto duas tardes por semana, das quatro às cinco e meia.

Já me sento ali todos os dias, das duas e meia às quatro, enquanto Dussel tira uma soneca, mas no restante da tarde o quarto e a mesa ficam proibidos para mim. É impossível estudar no outro cômodo à tarde, porque acontece tanta coisa. Além disso, o papai gosta de sentar-se à escrivaninha, às vezes, durante a tarde.

Então parecia um pedido razoável, e pedi a Dussel com muita educação. Qual você acha que foi a resposta desse estudado cavalheiro? "Não." "Não", curto e grosso.

Fiquei fervilhando e não pretendia me deixar ser posta de lado desse jeito. Perguntei-lhe que motivo ele tinha para responder "não", mas isso não me levou a lugar algum. A essência de sua resposta foi: "Eu tenho que estudar também, sabe? E, se não puder fazer isso à tarde, não poderei encaixar de jeito nenhum. Tenho que terminar a tarefa que me propus a fazer; do contrário, não faz sentido começar. Além do mais, você não leva seus estudos a sério. Mitologia... que tipo de trabalho é isso? Ler e tricotar também não contam. Eu uso essa mesa e não vou abrir mão dela!".

Eu respondi: "Sr. Dussel, eu levo, sim, meu trabalho a sério. Não posso estudar na outra sala à tarde, e eu agradeceria se o senhor reconsiderasse o meu pedido!".

Ao dizer aquilo, a Anne insultada virou-se de costas e fingiu que o estudado doutor não estava ali. Eu espumava de raiva e achei que Dussel havia sido incrivelmente rude (o que ele havia sido de fato) e que eu havia sido muito educada.

Nessa noite, quando consegui ter a atenção de Pim, contei-lhe o que tinha acontecido, e discutimos qual deveria ser meu passo seguinte, pois eu não tinha a menor intenção de desistir e preferia lidar com a questão sozinha. Pim me deu uma ideia inicial de como abordar Dussel, mas me aconselhou a esperar até o dia seguinte, já que eu estava tão irritada. Ignorei esse último conselho e esperei por Dussel depois de lavada a louça. Pim estava sentado no cômodo seguinte, e isso surtiu um efeito tranquilizador.

Comecei: "Sr. Dussel, você parece crer que prosseguir discutindo a questão não faz sentido, mas imploro que reconsidere".

Dussel abriu seu mais charmoso sorriso e disse: "Estou sempre pronto para discutir a questão, ainda que já tenha sido resolvida".

Continuei falando, apesar das repetidas interrupções de Dussel: "Quando você chegou aqui", eu disse, "concordamos que o quarto seria partilhado por nós dois. Se fôssemos dividir com equidade, você teria a manhã inteira, e eu teria a tarde inteira! Não estou pedindo tudo isso, mas duas tardes por semana me parece razoável".

Dussel saltou da cadeira como se tivesse se sentado num alfinete. "Você não tem direito de falar da parte que lhe cabe do quarto. Para onde é que eu vou? Talvez deva pedir ao Sr. Van Daan que me construa um cubículo no sótão. Você não é a única que não consegue achar um lugar quieto para trabalhar. Está sempre procurando confusão. Se a sua irmã, Margot, que tem mais direito a espaço para trabalhar do que você, tivesse vindo até mim com o mesmo pedido, eu nem teria cogitado recusar, mas você…"

E mais uma vez ele mencionou a história da mitologia e do tricô, e mais uma vez Anne foi insultada. Entretanto, não mostrei sinal disso e deixei Dussel terminar: "Mas não, é impossível conversar com você. Você é egoísta ao extremo. Ninguém mais importa, contanto que as coisas sejam do seu jeito. Nunca vi uma criança como você. Mas, no fim das contas, serei obrigado a deixar que você faça o que quer, já que não quero as pessoas dizendo, depois, que Anne Frank não passou nas provas porque o Sr. Dussel se recusou a ceder a escrivaninha!".

Ele falou e falou até que aquilo virou um dilúvio tamanho de palavras que eu mal podia acompanhar. Por um breve instante, eu pensei: *Dussel e suas mentiras. Vou bater na cara dele com tanta força que ele vai quicar na parede!* Mas, no momento seguinte, repensei: *Calma, não vale a pena ficar tão irritada com ele!*

Após muito tempo, a fúria do Sr. Dussel dissipou-se, e ele saiu do quarto com uma expressão de triunfo misturado com ira, com os bolsos do casaco inchados de comida.

Fui correndo para o papai e contei a história toda, ou pelo menos as partes que ele mesmo não tinha conseguido acompanhar. Pim resolveu conversar com Dussel nessa mesma noite, e os dois conversaram por mais de meia hora.

Primeiro discutiram se Anne poderia usar a mesa, sim ou não. Papai disse que ele e Dussel já tinham lidado com esse assunto uma vez, momento em que ele afirmou que concordava com Dussel porque não queria contradizer o mais velho na frente da mais nova, mas que, mesmo então, ele não achou justo. Dussel achava que eu não tinha direito de falar como se ele fosse um invasor reivindicando tudo à vista. Mas papai protestou com veemência, já que ele não tinha me ouvido dizer nada disso. E assim a conversa foi para lá e para cá, com papai defendendo meu "egoísmo" e meu "trabalho duro", e Dussel resmungando o tempo todo.

Dussel finalmente teve de desistir, e eu recebi a oportunidade de trabalhar sem interrupção duas tardes por semana. Dussel ficou muito carrancudo, não falou comigo por dois dias e fez questão de ocupar a mesa das cinco às cinco e meia – tudo muito infantil, claro.

Qualquer um que é tão ínfimo e pedante aos 54 anos de idade nasceu desse jeito e nunca vai mudar.

SEXTA-FEIRA, 16 DE JULHO DE 1943

Querida Kitty, Houve outro assalto, mas dessa vez foi de verdade! Peter desceu até o depósito hoje de manhã, às sete, como de costume, e notou na hora que tanto a porta do depósito quanto a da rua estavam abertas.

Ele imediatamente relatou isso a Pim, que foi até o escritório particular, sintonizou o rádio numa estação alemã e trancou a porta. Depois os dois voltaram lá para cima. Nesses casos, temos ordens de não nos banhar e não abrir nenhuma torneira, ficar quietos, estarmos vestidos às oito e não ir ao banheiro, e como sempre seguimos tudo isso à risca. Ficamos todos contentes por termos dormido tão bem e não ouvido nada. Por um tempo, ficamos indignados por ninguém do escritório ter vindo aqui para cima a manhã toda; o Sr. Kleiman nos deixou tensos até as onze e meia. Ele nos contou que os ladrões forçaram a porta de fora e a porta do depósito com um pé de cabra, mas, como não encontraram nada que valesse a pena roubar, tentaram a sorte no andar seguinte. Roubaram dois cofres contendo 40 florins, talões de cheque em branco e, pior de tudo, cupons de 150 quilos de açúcar, toda a nossa parcela. Não será fácil arranjar cupons novos.

O Sr. Kugler acha que esses ladrões pertencem à mesma gangue que fez uma tentativa sem sucesso, seis semanas atrás, de abrir todas as três portas (a porta do depósito e as duas portas de fora).

O assalto causou mais um agito, mas o Anexo parece florescer com a empolgação. Naturalmente, ficamos contentes que a caixa registradora e as máquinas de escrever estivessem guardadas, a salvo, em nosso armário de roupas.

Com amor, Anne

SEGUNDA-FEIRA, 19 DE JULHO DE 1943

Querida Kitty, Amsterdã Norte foi intensamente bombardeada no domingo. Parece que houve grande destruição. Ruas inteiras estão em ruínas, e levará um tempo para desenterrarem todos os corpos. Até agora, são duzentos mortos e inúmeros feridos; os hospitais estão estourando. Ouvimos falar de crianças procurando desesperadas, em meio às ruínas fumegantes, pelos pais mortos. Ainda estremeço ao pensar no zumbido fraco e distante que significava a destruição que se aproximava.

SEXTA-FEIRA, 23 DE JULHO DE 1943

Bep tem, agora, acesso a certas publicações, especialmente revistas e livros-razão, úteis para minha irmã bibliotecária! Outros tipos também estão à venda, mas nem me pergunte como são ou por quanto tempo vão durar.

Neste momento, todos estão rotulados como "Não precisa de cupom". Como tudo mais que se pode comprar sem selos de racionamento, não valem nada. Consistem em doze folhas de papel cinza com linhas estreitas que riscam a página.

Como você nunca passou por uma guerra, Kitty, e como sabe muito pouco sobre a vida no esconderijo, apesar das minhas cartas, deixe-me contar-lhe o que cada um de nós quer fazer primeiro quando puder sair de novo.

Margot e o Sr. Van Daan desejam, mais do que tudo, tomar um banho quente, cheio até a borda, no qual possam ficar deitados por mais de meia hora. A Sra. Van Daan gostaria de comer bolo, Dussel não consegue pensar em mais nada além de ver sua Charlotte, e a mamãe está morrendo de vontade de tomar uma xícara de café de verdade. O papai gostaria de visitar o Sr. Voskuijl, Peter iria ao centro, e quanto a mim, eu ficaria tão radiante que não saberia nem por onde começar.

Mais do que tudo, desejo ter uma casa nossa, poder andar por aí livre e ter alguém para me ajudar com a lição de casa de novo, finalmente. Em outras palavras, voltar para a escola!

Bep ofereceu-se para arranjar umas frutas para nós, por preços que diz ser uma bagatela: uva por 5 florins o quilo, groselha por 1,50 o quilo, um pêssego por 50 centavos, melão por 1,60 o quilo. Não é de estranhar que os jornais escrevam, toda noite, em letras grandes e gordas: "Baixem os preços!".

SEGUNDA-FEIRA, 26 DE JULHO DE 1943

Querida Kitty, ontem foi um dia muito tumultuado, e ainda estamos muito nervosos. Na verdade, imagino que você se pergunte se algum dia passa sem algum tipo de altercação.

A primeira sirene de alarme disparou de manhã, quando tomávamos o café, mas não prestamos atenção, pois significava que os aviões estavam cruzando a costa. Tive uma dor de cabeça terrível, então fiquei uma hora deitada depois do café, e depois fui ao escritório por volta das duas da tarde.

Às duas e meia, Margot tinha terminado seu trabalho de escritório, e estava juntando suas coisas, quando as sirenes começaram a berrar novamente. Então eu e ela voltamos correndo para o andar de cima. Pouco depois, parece, menos de cinco minutos depois as armas começaram a estourar tão alto que fomos ficar no corredor. A casa tremia, e as bombas não paravam de cair. Eu estava agarrada à minha "mala de fuga", mais por querer ter algo para abraçar do que por querer fugir. Sei que não posso sair daqui, mas, se tivéssemos que sair, ser vista nas ruas seria tão perigoso quanto ser pega por um ataque aéreo. Após meia hora, o zumbido dos motores passou, e a casa começou a agitar-se com atividade mais uma vez. Peter emergiu de seu posto de vigia, no sótão, Dussel permaneceu no escritório frontal, a Sra. Van D. achou mais seguro ficar no escritório particular, o Sr. Van Daan estivera vendo tudo do sótão, e quem estava no patamar da escada se espalhou para ir ver as colunas de fumaça que se erguiam do porto. Não demorou para o cheiro dos incêndios espalhar-se por todo canto, e lá fora parecia que a cidade estava submersa numa névoa espessa.

Um incêndio grande desses não é uma imagem agradável, mas felizmente, para nós, tinha tudo acabado, e voltamos para nossas diversas tarefas. Assim que começávamos a jantar: mais um alarme de ataque aéreo. A comida estava boa, mas perdi o apetite no instante em que ouvi a sirene. Não aconteceu nada, no entanto, e 45 minutos depois soou o sinal do fim do ataque. Quando terminamos de lavar a louça: mais um aviso de ataque aéreo, disparos e enxames de aviões. *Oh, Deus, duas vezes num dia*, pensamos. Pensar nisso não adiantou nada, pois mais uma vez soltaram bombas, dessa vez em outros pontos da cidade. Segundo relatos britânicos, o aeroporto de Schiphol foi bombardeado. Os aviões mergulhavam e subiam, o ar fervilhava com o zumbido dos motores.

Foi tudo muito assustador, e o tempo todo eu pensava: *É agora, é o fim.*

Posso garantir que, quando fui para a cama, às nove, minhas pernas ainda tremiam. Quando soou a meia-noite, acordei de novo: mais aviões! Dussel estava tirando a roupa, mas nem reparei e saltei da cama, acordada, ao som do primeiro disparo. Fiquei na cama do papai até a uma, na minha cama até uma e meia, e voltei à do papai às duas. Mas os aviões não paravam. Depois, por fim pararam de atirar, e pude voltar para "casa". Adormeci às duas e meia.

Sete da manhã. Acordei com um susto e sentei-me na cama. O Sr. Van Daan estava com o papai. Meu primeiro pensamento foi: *Ladrões.* "Tudo", ouvi o Sr. Van Daan dizer, e achei que tudo tinha sido roubado. Mas não, dessa vez era uma notícia maravilhosa, a melhor que tivemos em meses, talvez desde quando a guerra começou. Mussolini renunciou, e o rei da Itália assumiu o governo.

Pulamos de alegria. Após os eventos horrendos de ontem, finalmente alguma coisa boa acontece e nos traz... esperança! Esperança de que a guerra termine, esperança de paz.

O Sr. Kugler passou aqui e nos contou que a fábrica de aviões Fokker fora duramente atacada. E houve mais um alarme de ataque aéreo hoje de manhã, com aviões passando por cima de nós, e mais uma sirene. Estou farta desses alarmes. Quase não dormi nada, e a última coisa que quero fazer é trabalhar. Mas agora o suspense acerca da Itália e a esperança de que a guerra termine até o fim do ano estão nos tirando o sono...

Com amor, Anne

QUINTA-FEIRA, 29 DE JULHO DE 1943

Querida Kitty, a Sra. Van Daan, Dussel e eu estávamos lavando a louça, e eu me encontrava muito quieta. Isso é incomum para mim, e decerto eles notariam; então, para evitar quaisquer questionamentos, quebrei a cabeça rapidamente em busca de um tópico neutro.

Achei que o livro *Henry from Across the Street* [Henry do outro lado da rua] cairia bem, mas não pude estar mais equivocada; quando a Sra. Van Daan não me pega pelo pescoço, o Sr. Dussel o faz. Tudo se resumiu a isto: o Sr. Dussel tinha recomendado o livro a Margot e eu como exemplo de excelente escrita. Achamos que não era nada disso. O menino fora bem retratado, mas já o resto... quanto menos dizer, melhor. Mencionei algo nesse sentido, enquanto lavávamos a louça, e Dussel lançou-se numa verdadeira tirada.

"Como você poderia entender a psicologia de um homem? De uma criança, não é lá tão difícil [!]. Mas você é jovem demais para ler um livro como esse. Até mesmo um homem de 21 anos não poderia compreendê-lo." (Então por que ele fez de tudo para recomendá-lo para Margot e para mim?)

A Sra. Van D. e Dussel continuaram sua arenga: "Você sabe demais de coisas que não devia saber. Você foi criada toda errada. Mais tarde, quando for mais velha, você não vai mais poder apreciar nada. Vai dizer: 'Oh, eu li isso vinte anos atrás, num livro'. É melhor se apressar se quiser arranjar um marido ou se apaixonar, já que tudo está fadado a ser uma decepção para você. Já sabe tudo que há para saber, em teoria. Mas e na prática? Isso é outra história!".

Pelo visto, eles acreditam que uma boa criação inclui tentar me virar contra meus pais, já que isso é tudo que eles sempre fazem. E não falar a uma menina da minha idade sobre assuntos dos adultos está certo. Todos nós sabemos o que acontece quando as pessoas são criadas desse jeito.

Nesse momento, podia ter batido nos dois por tirarem sarro de mim. Estava fumegando de raiva, e se ao menos eu soubesse por quanto tempo teríamos que tolerar a companhia uns dos outros, teria começado a contar os dias.

Como se a Sra. Van Daan pudesse falar dos outros! Ela dá mesmo um exemplo – um péssimo exemplo! Todos sabem que é muito intrometida, egoísta, ardilosa, calculista e perpetuamente insatisfeita. Somem-se a isso vaidade e coquetismo, e não há mais dúvida: ela é uma pessoa desprezível. Eu poderia escrever um livro inteiro sobre Madame van Daan... E vai saber, talvez algum dia eu escreva. Qualquer um pode mostrar um exterior charmoso se quiser. A Sra. Van D. é amigável com estranhos, em especial homens, então é fácil cometer um erro quando se acaba de conhecê-la.

A mamãe acha que a Sra. Van D. é muito burra com as palavras; Margot, que ela não tem importância; Pim, que é muito feia (no sentido literal e no figurado!); e, após longa observação (nunca tenho preconceito, no começo), cheguei à conclusão de que ela é todas essas três coisas, e muitas outras. Ela tem tantos traços negativos; por que eu deveria mencionar apenas um?

Com amor, Anne

P.S.: O leitor poderia, por favor, levar em consideração que essa história foi escrita antes de a fúria da escritora ter resfriado?

TERÇA-FEIRA, 3 DE AGOSTO DE 1943

Querida Kitty, as coisas têm ido bem no *front* político. A Itália baniu o partido fascista. As pessoas estão enfrentando os fascistas em muitos lugares – até o Exército juntou-se ao confronto. Como um país como esse pode continuar guerreando com a Inglaterra?

Acabamos de passar por um terceiro ataque aéreo. Resolvi cerrar os dentes e praticar ser corajosa.

A Sra. Van Daan, a que sempre disse coisas como "Que caiam" e "Melhor que termine com uma explosão do que não termine", é a mais covarde de nós. Estava tremendo feito vara verde hoje de manhã, e até caiu no choro. Foi confortada pelo marido, com quem recentemente declarou trégua após uma semana de querelas; quase fiquei emocionada ao ver a cena.

Mouschi provou, acima de quaisquer dúvidas, que ter um gato tem suas desvantagens tanto quanto suas vantagens. A casa toda está lotada de pulgas, e está piorando a cada dia. O Sr. Kleiman espalhou pó amarelo em cada canto e fresta, mas as pulgas nem deram a mínima. Isso está deixando todos nós ansiosos; ficamos o tempo todo imaginando levar picadas nos braços e pernas, ou em outras partes do corpo, então nos levantamos e fazemos uns exercícios, pois isso é uma desculpa para darmos uma olhada melhor nos braços e no pescoço. Mas agora estamos pagando o preço por termos feito tão pouco exercício físico; estamos tão duros que mal podemos virar a cabeça. A calistenia de verdade ficou para trás há muito tempo.

Com amor, Anne

QUARTA-FEIRA, 4 DE AGOSTO DE 1943

Querida Kitty, agora que estamos escondidos há pouco mais de um ano, você já sabe muito sobre a nossa vida. Ainda assim, não consigo contar-lhe todas as coisas, visto que é tudo tão diferente em comparação com tempos comuns e pessoas comuns.

Não obstante, para dar-lhe uma noção mais detalhada da nossa vida, de vez em quando descreverei parte de um dia comum. Começarei com o entardecer e a noite.

Nove da noite. A hora de dormir sempre começa, no Anexo, com uma enorme agitação. Cadeiras movidas, camas puxadas para fora, cobertores desdobrados – nada fica onde estava durante o dia. Eu durmo num pequeno divã, que mede somente um metro e meio, então temos que acrescentar umas cadeiras para alongá-lo. Edredom, lençóis, travesseiros, cobertores: tudo isso tem de ser removido da cama de Dussel, onde ficam durante o dia.

No cômodo ao lado, ouve-se um ranger terrível: é a cama retrátil de Margot sendo montada. Mais cobertores e travesseiros, qualquer coisa para tornar mais confortáveis as tábuas de madeira. No andar de cima, o som é de trovoadas, mas é apenas a cama da Sra. Van D. sendo empurrada para a janela, para que Sua Majestade, envolta por sua camisola rosa, possa farejar o ar noturno com suas delicadas narininhas.

Ainda às nove. Após Peter sair, é minha vez de usar o banheiro. Eu me lavo da cabeça aos pés e quase sempre encontro uma pulguinha flutuando na pia (mas só nos meses, semanas ou dias quentes). Escovo os dentes, cacheio meus cabelos, cuido de minhas unhas e passo água oxigenada no buço para clarear os pelinhos escuros – tudo isso em menos de meia hora.

Nove e meia. Visto meu robe. Com sabonete numa mão e penico, presilhas, calcinha, bobes e um tufo de algodão na outra, saio às pressas do banheiro. O seguinte na fila me chama para remover os cabelos graciosamente encaracolados, porém desagradáveis aos olhos, que deixei na pia.

Dez da noite. Hora de erguer a tela de blecaute e dar boa-noite. Pelos quinze minutos seguintes, no mínimo, a casa se enche do ranger de camas e do suspirar de molas quebradas, e então, contanto que nossos vizinhos de cima não se envolvam numa querela marital na cama, tudo fica quieto.

Onze e meia. A porta do banheiro range. Uma faixa fina de luz invade o quarto. Sapatos barulhentos, um casaco grande, maior ainda que o homem ali dentro... Dussel está voltando do trabalho noturno no escritório do Sr. Kugler. Ouço-o zanzando daqui para lá por longos dez minutos, o farfalhar de papel (da comida que ele guarda no armário) e a cama sendo feita. Então a figura desaparece mais uma vez, e o único som é um ocasional barulho suspeito que vem do banheiro.

Por volta das três da madrugada, tenho de levantar para usar a lata que fica debaixo da minha cama, que, por via das dúvidas, tem um tapetinho de borracha debaixo, em caso de vazamento. Sempre prendo a respiração nesse momento, já que aquilo tilinta na lata feito um riacho descendo pela montanha. O penico é devolvido ao seu lugar, e a figura de camisola branca (a mesma que faz Margot exclamar, todas as noites, "Oh, essa camisola indecente!") volta para a cama. Certa pessoa fica deitada, acordada, por uns quinze minutos, ouvindo os sons da noite. Para começar, para escutar se há algum ladrão lá embaixo, e depois investigando as várias camas – no andar de cima, no quarto ao lado e no meu quarto –, para saber se os outros estão dormindo ou meio acordados. Isso não é nada divertido, em especial quando se trata de um membro da família chamado Dr. Dussel. Primeiro, vem o som de um peixe tentando respirar, e isso se repete nove ou dez vezes. Depois os lábios são umedecidos profusamente. Isso é alternado com barulhinhos de boca, seguidos por um longo período de vira daqui, vira de lá, e de rearranjar os travesseiros. Após cinco minutos de quietude perfeita, a mesma sequência se repete mais três vezes, e após isso, de modo presumível, ele volta a dormir por um tempo.

Às vezes, as armas disparam no meio da noite, entre uma e quatro da manhã. Nunca percebo isso antes que acontece, mas de repente me vejo de pé, ao lado da cama, por puro hábito. Muitas vezes, estou sonhando tão profundamente (sobre verbos irregulares do francês ou uma querela do andar de cima) que percebo, apenas quando o sonho acabou, que o tiroteio parou e que fiquei quieta no quarto. Mas, em geral, eu acordo. Então pego um travesseiro e um lenço, visto o robe e ponho os chinelos e corro para o quarto ao lado, para o papai, do jeitinho que Margot descreveu neste poema de aniversário:

"Quando soam tiros tarde da noite
A porta abre, rangendo tanto
Vem lenço, travesseiro, a figura de branco…"

Quando chego à cama maior, o pior já passou, exceto quando o tiroteio é ainda mais alto.

Quinze para as sete. Brrrrim… é o alarme, que ergue sua voz aguda a qualquer hora do dia ou da noite, queira você ou não. Um rangido… um baque… a Sra. Van D. o desliga. Outro chiado… o Sr. Van D. se levanta, abre a torneira e corre para o banheiro.

Sete e quinze. A porta range de novo. Dussel pode ir ao banheiro. Finalmente sozinha, removo a tela de blecaute… e um novo dia começa no Anexo.

Com amor, Anne

QUINTA-FEIRA, 5 DE AGOSTO DE 1943

Querida Kitty, Hoje, vamos falar sobre a hora do almoço.

É meio-dia e meia. Toda a turma suspira de alívio: o Sr. Van Maaren, o homem de passado sombrio, e o Sr. de Kok foram para casa almoçar.

No andar de cima, dá para ouvir o barulho do aspirador de pó passando sobre o único e belo tapete da Sra. Van D. Margot enfia uns livros debaixo do braço e vai para a aula para "aprendizes lentos", que é o que Dussel parece ser. Pim senta-se num canto com seu companheiro constante, Dickens, na esperança de encontrar um pouco de tranquilidade. A mamãe corre para o andar de cima, para ajudar a pequena dona de casa, e eu arrumo o banheiro e a mim mesma tudo de uma vez só.

Quinze para a uma. Um por um eles entram: primeiro, o Sr. Gies, e depois o Sr. Kleiman ou o Sr. Kugler, seguidos por Bep e às vezes até Miep.

Uma da tarde. Amontoados em volta do rádio, todos eles ouvem, arrebatados, a BBC. Esse é o único momento em que os membros da família do Anexo não interrompem uns aos outros, já que nem mesmo o Sr. Van Daan consegue argumentar com o alto-falante.

Uma e quinze. Distribuição de comida. Todos do andar de baixo recebem uma caneca de sopa, mais a sobremesa, caso tenha uma. Um satisfeito Sr. Gies senta-se no divã ou se recosta na escrivaninha com o jornal, a caneca e, geralmente, o gato a seu lado. Se um dos três estiver faltando, ele não hesita em fazer seu protesto ser ouvido. O Sr. Kleiman relata as últimas notícias da cidade, e é uma fonte excelente. O Sr. Kugler sobe as escadas às pressas, dá uma batida curta, porém firme, na porta e entra agitando as mãos ou esfregando-as, contente, dependendo se está quieto e de mau humor ou falante e de bom humor.

Quinze para as duas. Todos se levantam da mesa e retomam suas atividades. Margot e a mamãe lavam a louça, o Sr. e a Sra. Van D. vão para o divã, Peter, para o sótão, papai, para seu divã, Dussel também, e Anne faz sua lição de casa.

O que vem em seguida é a hora mais calma do dia; quando estão todos dormindo, não há perturbações. A julgar por seu rosto, Dussel está sonhando com comida. Mas fico olhando tanto assim, pois o tempo passa voando e, antes que você perceba, serão quatro da tarde e o pedante Dr. Dussel aparecerá de relógio na mão porque estou um minuto atrasada para liberar a escrivaninha.

Com amor, Anne

AGOSTO

1943

O diário de Anne Frank

SEGUNDA-FEIRA, 9 DE AGOSTO DE 1943

Querida Kitty, agora, continuamos com um dia típico no Anexo. Como já vimos o almoço, está na hora de descrever o jantar.

O Sr. Van Daan é servido primeiro, e pega uma porção generosa de tudo de que gosta. Costuma sempre entrar na conversa, nunca deixa de dar sua opinião. Uma vez que falou, sua palavra é a lei. Se alguém ousa sugerir o contrário, o Sr. Van D. sabe brigar muito bem. Ah, ele sibila feito um gato... mas eu preferia que ele não o fizesse. Basta ver isso uma vez para nunca mais querer ver. A opinião dele é a melhor, ele é o que mais sabe sobre tudo. Evidente que o homem tem uma cabeça boa entre os ombros, mas é inflada ao extremo.

Madame. Na verdade, o melhor seria não dizer nada. Alguns dias, principalmente quando o mau humor está a caminho, é difícil ler seu rosto. Se você analisa as discussões, percebe que ela não é o assunto, mas a parte culpada! Fato esse que todo mundo prefere ignorar. Mesmo assim, pode-se dizer que ela é a instigadora. Botar lenha na fogueira, eis o que a Sra. Van Daan chama de diversão. Botar lenha na fogueira entre a Sra. Frank e Anne. Com Margot e o Sr. Frank não é tão fácil.

Mas retornemos à mesa. A Sra. Van D. pode achar que nem sempre ganha o bastante, porém não é bem assim. As melhores batatas, as bocadas mais gostosas, a parte mais tenra de qualquer coisa, esse é o lema de Madame. "Os outros podem todos ter sua vez, contanto que eu fique com o melhor." Sua segunda palavra de ordem é: não pare de falar. Contanto que alguém esteja ouvindo, não lhe ocorre se perguntar se a pessoa está interessada. Ela deve achar que qualquer coisa que a Sra. Van Daan disser interessará a todos.

Sorria seduzindo, finja que sabe tudo, ofereça a todos um conselho e seja maternal – isso, com certeza, causará uma boa impressão. Mas, se você olha melhor, essa boa impressão esvanece. Um, ela é trabalhadeira; dois, alegre; três, sedutora – e às vezes bonitinha. Essa é Petronella van Daan.

O terceiro comensal. Fala muito pouco. O jovem Sr. Van Daan está sempre calado e quase não faz notar sua presença. No que tange a seu apetite, ele é um tonel de Danaide que nunca fica cheio. Mesmo após a refeição mais substanciosa, ele consegue olhar calmamente bem nos seus olhos e alegar que poderia ter comido o dobro.

Número quatro – Margot. Come feito um passarinho e não fala nada. Só se alimenta de legumes e frutas. "Mimada", na opinião dos Van Daan. "Muito pouco exercício e ar puro", na nossa.

Além dela – mamãe. Tem bom apetite, participa da conversa. Ninguém tem a impressão, como eles têm da Sra. Van Daan, de que ela é uma dona de casa. Qual é a diferença entre as duas? Bem, a Sra. Van D. cozinha, e a mamãe lava a louça e tira pó dos móveis.

Números seis e sete. Não falarei muito sobre mim e o papai. Este é a pessoa mais modesta à mesa. Sempre procura ver se os outros já foram servidos primeiro. Não precisa de nada para si; as coisas melhores são para as crianças. É a bondade personificada. Sentada ao lado dele está a trouxinha de nervos do Anexo.

Dussel [número oito]. Sirva-se, não tire os olhos da comida, coma e não fale. E, se tiver que dizer algo, então, pelos céus, fale sobre comida. Isso não leva a querelas, apenas a bravatas. Ele consome porções enormes, e "não" não faz parte de seu vocabulário, estando a comida boa ou não.

Calças que vêm até o peito, um casaco vermelho, chinelos de couro preto e óculos de aro pesado – é assim que ele se veste quando está trabalhando na mesinha, sempre estudando e nunca progredindo. Isso é interrompido apenas por sua soneca da tarde, pela comida e – seu local favorito – pelo banheiro. Três, quatro ou cinco vezes por dia é certo que haverá alguém esperando junto da porta do banheiro, saltitando, impaciente, de um pé para o outro, tentando segurar e quase não conseguindo. Mas Dussel se importa? Nem um pouco. Das sete e quinze até as sete e meia, do meio-dia à uma, das duas às duas e quinze, das quatro às quatro e quinze, das seis às seis e quinze, das onze e meia à meia-noite. Dá para ajustar o relógio de acordo com eles; são os horários das "sessões regulares" do sujeito. Ele nunca desiste nem se deixa levar pelas vozes fora do banheiro, implorando que abra antes de um desastre ocorrer.

O número nove não faz parte da nossa família do Anexo, embora partilhe nosso lar e nossa mesa. Bep tem um apetite saudável. Limpa o prato e não tem frescura. Bep é fácil de agradar, e isso nos agrada. Pode ser caracterizada da seguinte maneira: alegre, bem-humorada, gentil e solícita.

TERÇA-FEIRA, 10 DE AGOSTO DE 1943

Querida Kitty, uma nova ideia: durante as refeições, eu falo mais comigo mesma do que com os outros, o que tem duas vantagens. A primeira, eles agradecem por não terem de ouvir meu tagarelar contínuo, e a segunda, não tenho que me irritar com as opiniões deles.

Não acho que as minhas opiniões são idiotas, mas as outras pessoas acham, então é melhor guardá-las para mim. Aplico a mesma tática quando tenho que comer algo que detesto. Coloco o prato na minha frente, finjo que é delicioso, evito olhar para ele o máximo que posso, e acaba antes mesmo de eu ter tempo de perceber o que é. Quando acordo, de manhã, outro momento muito desagradável, salto da cama, penso: *Logo você volta para debaixo das cobertas*. Vou até a janela, tiro a tela de blecaute, dou uma fungada na fresta até sentir um pouco de ar fresco e estou acordada. Desarrumo a cama o mais rápido que posso para não ser tentada a voltar para ela. Sabe como minha mãe chama esse tipo de coisa? Arte de viver. Não é uma expressão engraçada?

Todos nós ficamos um pouco confusos nessa última semana, pois nossos adorados sinos da Westertoren foram arrancados para ser derretidos para a guerra, então não temos ideia da hora certa, nem de noite, nem de dia. Ainda tenho esperança de que arranjem um substituto, feito de latão ou cobre ou algo assim, para lembrar a vizinhança do relógio.

Para onde vou, o andar de cima ou o de baixo, ficam todos lançando olhares admirados para meus pés, que estão adornados por um par de sapatos excepcionalmente lindos (para tempos como estes!). Miep conseguiu adquiri-los por 27,50 florins. Camurça vinho e couro, com saltos de altura média. Sinto como se estivesse sobre pernas de pau, e estou mais alta ainda do que já sou.

Ontem foi meu dia de azar. Piquei o dedão direito com a ponta cega de uma agulha grande. Como resultado, Margot teve que descascar batata para mim (lado bom do lado ruim), e ficou esquisito para escrever. Depois bati na porta do armário tão forte que quase caí para trás, e fui repreendida por fazer tanto escarcéu. Não me deixaram abrir a torneira para passar água na testa, então agora estou andando por aí com um galo gigante acima do olho direito. Para piorar as coisas, o dedão do meu pé direito ficou preso no aspirador de pó. Sangrou e doeu, mas meus outros acidentes já estavam me causando tanto problema que deixei esse passar, o que foi burrice da minha parte, pois agora estou andando por aí com um dedo infeccionado. Agora, sem pomada, gaze e esparadrapo, não posso vestir meu sapato novo e divino no pé.

Dussel colocou-nos em perigo pela milionésima vez. Ele fez Miep trazer-lhe um livro, uma bravata anti-Mussolini, que foi banido. A caminho daqui, ela foi derrubada por uma motocicleta da SS. Ela perdeu a cabeça e gritou "Seus brutos!" e seguiu seu caminho. Nem ouso pensar no que teria acontecido se Miep tivesse sido levada para o quartel-general.

Com amor, Anne

QUARTA-FEIRA, 18 DE AGOSTO DE 1943

Querida Kitty, "uma tarefa diária em nossa pequena comunidade: descascar batatas!"

Uma pessoa vai pegar uns jornais; outra, as facas (e fica com a melhor para si, claro); a terceira, a batata; e a quarta, a água.

O Sr. Dussel começa. Nem sempre ele as descasca muito bem, mas descasca sem parar, olhando para os lados para ver se todos estão fazendo do jeito que ele faz. Não, não estão!

"Olha aqui, Anne, eu seguro o descascador assim na minha mão e vou de cima para baixo! *Nein*, assim não... assim!"

"Acho que o meu jeito é mais fácil, Sr. Dussel", digo, hesitante.

"Mas esse jeito é melhor, Anne. Pode aprender comigo. Claro, não importa, você faça do jeito que quiser."

E vamos descascando. Olho para Dussel pelo canto dos olhos. Perdido em pensamentos, ele sacode a cabeça (para mim, sem dúvida), mas não diz mais nada.

Continuo descascando. Depois olho para o papai, sentado à minha frente. Para o papai, descascar batata não é uma tarefa, mas um trabalho de precisão. Quando está lendo, ele fica com um franzido profundo na nuca. Mas, quando está preparando batatas, feijão ou legumes, parece totalmente absorvido na tarefa. Fica com aquela cara de descascar batata e, quando ela está fixa desse jeito, seria impossível, para ele, entregar qualquer coisa além de uma batata descascada com perfeição.

Continuo trabalhando. Ergo o rosto por um segundo, mas é todo o tempo de que preciso. A Sra. Van D. está tentando chamar a atenção de Dussel. Ela começa olhando na direção dele, porém Dussel finge não notar. Ela pisca, e Dussel continua descascando. Ela ri, mas Dussel não olha, mesmo assim. Daí mamãe ri também, mas Dussel não liga para as duas. Tendo fracassado em alcançar seu objetivo, a Sra. Van D. é obrigada a mudar de tática. Passa um breve silêncio. Então ela diz: "Putti, que tal pôr um avental? Do contrário, terei que passar o dia todo, amanhã, tentando tirar as manchas do seu terno!".

"Não estou sujando o terno."

Mais um breve silêncio.

"Putti, por que não se senta?"

"Estou bem assim. Gosto de ficar de pé!"

Silêncio.

"Putti, cuidado, *du spritzt schon!*" [Está espirrando tudo!]

"Eu sei, mãe, mas estou tomando cuidado."

A Sra. Van D. sai em busca de outro assunto.

"Diga-me, Putti, por que os ingleses não estão fazendo ataques aéreos hoje?"

"Porque o tempo está ruim, Kerli!"

"Mas ontem fez um tempo tão bom, e eles não estavam voando também."

"Vamos mudar de assunto."

"Por quê? A gente não pode falar disso ou dar uma opinião? Bem, e por que não?"

"Ah, fique quietinha, *Mammichen!*" [Mamãe]

"O Sr. Frank sempre responde às perguntas da esposa dele."

O Sr. Van D. está tentando se controlar. Esse comentário sempre o tira do sério, mas a Sra. Van D. não é do tipo que desiste: "Ah, desse jeito nunca vai ter uma invasão!".

O Sr. Van D. fica branco, e, quando a Sra. Van D. nota, fica vermelha, mas não pretende se deixar deter: "Os ingleses não estão fazendo nada!".

A bomba estoura: "Ah, cale a boca, *Donnerwetter noch mal!*" [Mas que coisa!]

Mamãe mal consegue conter o riso, e eu fico olhando fixo para a frente.

Cenas como essa se repetem quase diariamente, a não ser que tenham acabado de ter uma briga terrível. Nesse caso, nem o Sr. nem a Sra. Van D. dizem uma palavra sequer.

Hora de eu pegar mais batata. Vou até o sótão, onde Peter está ocupado tirando pulgas do gato.

Ele olha para mim, o gato nota e vupt... vai embora. Pela janela, para a calha de chuva.

Peter solta um palavrão; eu dou risada e saio de fininho.

SEXTA-FEITA, 20 DE AGOSTO DE 1943

Cinco e meia. A chegada de Bep sinaliza o início da nossa liberdade noturna. A atividade começa de imediato. Subo as escadas com Bep, que em geral come a sobremesa antes dos demais. Assim que ela se senta, a Sra. Van D. começa a fazer seus pedidos. Sua lista geralmente começa com "Ah, a propósito, Bep, mais uma coisa que eu gostaria...". Bep pisca para mim. A Sra. Van D. não perde a chance de fazer todos que vão lá para cima saberem o que ela quer. Deve ser um dos motivos pelos quais ninguém gosta de ir para lá.

Quinze para as seis. Bep vai embora. Desço dois andares para dar uma olhada: primeiro na cozinha, depois no escritório particular, e depois para o silo de carvão para abrir a portinhola para Mouschi.

Após longa turnê de inspeção, vou parar na sala do Sr. Kugler. O Sr. Van Daan está fazendo pente-fino em todas as gavetas e arquivos em busca da correspondência do dia. Peter pega Boche e a chave do depósito; Pim leva as máquinas de escrever lá para cima; Margot procura um lugar calmo para fazer o trabalho do escritório; a Sra. Van D. põe uma chaleira de água no fogão; mamãe desce as escadas com uma panela cheia de batata; todos nós sabemos as nossas funções.

Logo Peter retorna do depósito. A primeira pergunta que lhe fazem é se ele se lembrou do pão. Não, não lembrou. Ele agacha em frente à porta do escritório da frente para ficar o menor possível e se arrasta, engatinhando, para o armário de ferro, tira dali o pão e começa a voltar. Em todo caso, é isso que ele pretende fazer, porém, antes que pudesse entender o que aconteceu, Mouschi pulou em cima dele e foi sentar-se debaixo da mesa.

Peter olha ao redor. A-há, lá está a gata! Ele engatinha de volta para o escritório e agarra a gata pelo rabo. Mouschi sibila, Peter suspira. Qual foi o resultado? Mouschi está, agora, sentada no peitoril da janela, lambendo os pelos, muito contente por ter escapado das garras de Peter. Peter não tem escolha senão a atrair com um pedaço de pão. Mouschi aceita a isca, segue o menino para fora, e a porta se fecha.

Assisto à cena toda por uma fresta na porta.

Continuamos trabalhando. Toc, toc, toc... três batidas significam hora do jantar!

SEGUNDA-FEIRA, 23 DE AGOSTO DE 1943

Wenn Die Uhr Halb Neune Schlaat... [quando o relógio soa oito e meia...] Margot e a mamãe estão nervosas. "Xiu... papai. Fique quieto, Otto. Xiu... Pim! São oito e meia. Venha aqui, não podemos mais abrir a torneira. Ande devagar!" Uma amostra do que dizem ao papai no banheiro. Ao soar das oito e meia, ele tem que estar na sala de estar. Nada de torneira aberta, nada de dar a descarga, nada de zanzar por aí, nenhum barulho sequer. A não ser que o pessoal do escritório tenha chegado, o som viaja mais facilmente até o depósito.

A porta se abre, no andar de cima, às oito e vinte, e em seguida vêm três batidinhas gentis no piso... A tigela de cereal quente de Anne. Subo as escadas para pegar minha tigelinha de cachorro.

Lá embaixo, tudo tem que ser feito rápido, rápido; penteio o cabelo, guardo o penico, enfio a cama de volta no lugar. Silêncio! O relógio está soando oito e meia! A Sra. Van D. troca de sapato e zanza pela sala de pantufas; o Sr. Van D. também. Tudo fica quieto.

A cena da família ideal chegou, agora, a seu ápice. Quero ler ou estudar, e Margot também quer. Papai e mamãe também. Papai está sentado (com Dickens e o dicionário, claro) na beirada da cama flácida, barulhenta, que nem sequer tem um colchão decente. Podemos empilhar dois travesseiros, um em cima do outro. *Não preciso disso*, ele pensa. *Posso ficar sem eles!*

Quando começa a ler, ele não ergue mais o rosto. Ri, de vez em quando, e tenta fazer a mamãe ler uma história.

"Não tenho tempo, agora!"

Ele parece desapontado, mas então continua a ler.

Um pouco depois, quando encontra mais uma passagem boa, ele tenta mais uma vez: "Você tem que ler essa, mãe!".

Mamãe senta-se na cama retrátil, lendo, costurando, tricotando ou estudando, seja lá o que vem depois na lista. Uma ideia subitamente lhe ocorre, e ela logo diz, como se para não esquecer: "Anne, lembre-se de... Margot, anote isso...".

Após um tempo, fica tudo quieto de novo. Margot fecha o livro; papai franze o cenho, as sobrancelhas formando uma curva engraçada, e a ruguinha de concentração reaparece na nuca dele, e ele se enfia no livro mais uma vez; mamãe começa a conversar com Margot; eu fico curiosa e escuto também. Pim entra na conversa... Nove horas. Café da manhã!

SEXTA-FEIRA, 10 DE SETEMBRO DE 1943

Querida Kitty, toda vez que lhe escrevo, algo especial aconteceu, em geral desagradável, em vez de agradável. Desta vez, no entanto, está acontecendo uma coisa maravilhosa.

Na quarta, 8 de setembro, estávamos escutando o noticiário das sete da noite quando ouvimos um anúncio: "Eis algumas das melhores notícias da guerra até agora: a Itália capitulou". A Itália se rendeu incondicionalmente! A transmissão holandesa da Inglaterra começou às oito e quinze com a seguinte notícia: "Ouvintes, uma hora e quinze minutos atrás, assim que acabei de escrever meu relato diário, recebemos a notícia maravilhosa da capitulação da Itália. Posso dizer que jamais joguei minhas anotações no cesto de papel com mais alegria do que fiz hoje!".

"Deus salve o rei", o hino nacional norte-americano, e o "Internationale" russo tocaram. Como sempre, o programa holandês foi animador, sem ser otimista demais.

Entretanto, há más notícias também. Sobre o Sr. Kleiman. Como você sabe, todos nós gostamos muito dele. É inexoravelmente alegre e incrivelmente corajoso, apesar do fato de estar sempre doente e com dor, e de não poder comer muito nem andar muito. "Quando o Sr. Kleiman entra num lugar, o sol começa a brilhar", disse a mamãe, há pouco tempo, e ela está coberta de razão.

Agora, parece que ele tem que ir ao hospital fazer uma cirurgia bem difícil no estômago, e terá que ficar lá por pelo menos quatro semanas. Você devia tê-lo visto quando veio se despedir. Agiu como se fosse sair só para resolver alguma coisa.

Com amor, Anne

QUINTA-FEIRA, 16 DE SETEMBRO DE 1943

Querida Kitty, as relações aqui no Anexo estão piorando cada vez mais. Não ousamos abrir a boca na hora das refeições (exceto para pôr um pouco de comida para dentro), porque a qualquer coisa que dizemos, alguém sempre fica ressentido ou entende do jeito errado.

Estou tomando valeriana todos os dias para combater a ansiedade e a depressão, mas isso não me impede de ficar ainda mais arrasada no dia seguinte. Uma boa gargalhada ajudaria muito mais do que dez gotas de valeriana, mas nós quase esquecemos como é que se ri. Às vezes receio que o meu rosto vai murchar com toda essa tristeza, e que a minha boca vai se curvar para baixo, nos cantos, para sempre. Os outros também não estão indo muito bem. Todos aqui estão com medo do grande terror chamado inverno.

Outro fato que não exatamente ilumina os nossos dias é que o Sr. Van Maaren, o homem que trabalha no depósito, está começando a suspeitar do Anexo.

Não ligaríamos para o que o Sr. Van Maaren pensa da situação, mas todos sabem que não se pode confiar nele e que ele possui alto grau de curiosidade. Não é do tipo que se pode despistar com uma desculpa esfarrapada.

Um dia, o Sr. Kugler quis ser ainda mais cauteloso, então, ao meio-dia e vinte ele vestiu o casaco e foi à farmácia virando a esquina. Menos de cinco minutos depois, ele estava de volta, e subiu de fininho as escadas, feito um ladrão, para nos visitar. À uma e quinze, ele ia saindo quando Bep encontrou-o na escada e avisou-lhe que Van Maaren estava no escritório. O Sr. Kugler deu meia-volta e ficou conosco até uma e meia. Então tirou os sapatos e foi só de meias (apesar do frio) até o sótão da frente e desceu pela outra escada, dando um passo de cada vez para evitar os rangidos. Levou quinze minutos para lidar com a escada, mas chegou a salvo no escritório após ter entrado pelo lado de fora.

Entrementes, Bep tinha se livrado de Van Maaren e vindo buscar o Sr. Kugler no Anexo. Mas ele já tinha saído e, nesse momento, estava ainda descendo a escada nas pontas dos pés. O que os transeuntes devem ter pensado quando viram o gerente colocando os sapatos lá fora? Ei, você, o de meia!

Com amor, Anne

QUARTA-FEIRA, 29 DE SETEMBRO DE 1943

Querida Kitty, é aniversário da Sra. Van Daan. Em vez de um selo de racionamento de cada para queijo, carne e pão, tudo que ela ganhou da gente foi um pote de geleia. O marido, Dussel e o pessoal do escritório lhe deram apenas flores e também comida. Estes são os tempos em que vivemos!

Bep teve um ataque de nervos semana passado por ter coisas demais para resolver na rua. Dez vezes por dia as pessoas a mandavam sair para alguma coisa, cada vez insistindo que ela fosse imediatamente ou fosse de novo ou que ela tinha feito tudo errado. E quando se pensa que ela tem o trabalho normal do escritório para fazer, que o Sr. Kleiman está doente, que Miep está em casa, resfriada, e que a própria Bep está de tornozelo torcido, tem problemas com o namorado e um pai ranzinza, não é de se surpreender que ela já não aguenta mais. Nós a confortamos e lhe dissemos que, se ela batesse o pé uma ou duas vezes e dissesse que não tinha tempo, as listas de compras encolheriam por conta própria.

Há problemas se formando com os Van Daan, posso sentir! O papai está furioso porque eles ficam nos enganando: estão escondendo carne e outras coisas. Oh, que tipo de bomba está para estourar desta vez? Se ao menos eu não ficasse tão envolvida em todos esses conflitos! Se ao menos pudesse sair daqui! Eles estão nos deixando loucos!

Com amor, Anne

DOMINGO, 17 DE OUTUBRO DE 1943

Querida Kitty, o Sr. Kleiman voltou, graças aos céus! Está um pouco pálido, e no entanto saiu alegremente para vender umas roupas para o Sr. Van Daan. O fato desagradável é que o Sr. Van Daan ficou sem dinheiro.

A Sra. Van D. tem dezenas de vestidos, casacos e sapatos, nenhum dos quais ela acha que pode viver sem. O terno do Sr. Van D. é difícil de vender, e a bicicleta do Peter foi posta na rua, mas já voltou, pois ninguém quis. A história, porém, não termina aqui. Veja, a Sra. Van D. terá de separar-se de seu casaco de pele. Na opinião dela, a firma deveria pagar pelo nosso sustento, mas isso é ridículo. Eles acabaram de ter uma contenda fervilhante sobre o assunto e entraram no estágio de reconciliação do "oh, meu querido Putti" e "querida Kerli".

Estou chocada com a profanidade que esta honrada casa teve que suportar neste último mês. O papai anda por aí de lábios apertados, e, sempre que ouve seu nome, olha alarmado, como se temesse ser chamado para resolver mais um problema delicado. Mamãe está tão aborrecida que as bochechas estão manchadas de vermelho, Margot reclama de dor de cabeça, Dussel não consegue dormir, a Sra. Van D. lamenta e reclama o dia inteiro, e eu perdi a cabeça. Para falar a verdade, às vezes eu esqueço com quem estamos brigando e com quem não. O único jeito de tirar a mente de tudo isso é estudar, e tenho feito muito isso.

Com amor, Anne

SEXTA-FEIRA, 29 DE OUTUBRO DE 1943

Querida Kitty, o Sr. e a Sra. Van D. tiveram mais batalhas raivosas. O motivo é simples: estão falidos. Queriam vender um sobretudo e um terno do Sr. Van D., mas não conseguiram encontrar compradores. Os preços estavam altos demais.

Um tempo atrás, o Sr. Kleiman estava falando sobre um peleteiro que conhecia. Isso deu ao Sr. Van D. a ideia de vender o casaco de pele da esposa. É feito de pele de coelho, e ela o teve por dezessete anos. A Sra. Van D. recebeu 325 florins por ele, uma quantia enorme. Ela quis ficar com o dinheiro para comprar roupas novas depois da guerra, e levou um tempo para o Sr. Van D. fazê-la entender que eles precisavam desesperadamente da soma para cobrir despesas domésticas.

Você não imagina a gritaria, o bater de pés e os palavrões que vieram depois. Foi aterrorizante. Minha família ficou no comecinho da escada, sem mover um dedo, caso fosse necessário separá-los à força. Briga, lágrimas e nervosismo se tornaram tanto estresse e tensão que me deito na cama, à noite, chorando e agradecendo às estrelas por ter meia hora só para mim.

"O Sr. Kleiman está fora de novo; o estômago dele não lhe dá um momento de paz que seja. Ele nem sabe se já parou de sangrar. Ele veio nos dizer que não estava se sentindo bem e que ia para casa, e pela primeira vez pareceu estar realmente passando mal."

Eu estou bem, só que não tenho apetite. Fico ouvindo o tempo todo: "Credo, você está horrível!". Devo admitir que estão fazendo o melhor que podem para me manter saudável: estão me dando dextrose, óleo de fígado de bacalhau, levedo de cerveja e cálcio. Acabo cedendo aos nervos, principalmente aos domingos; é quando de fato me sinto péssima. A atmosfera fica abafada, morosa, pesada. Lá fora, não se escuta um passarinho sequer, e um silêncio mortal, opressor, paira sobre a casa e me agarra como se fosse me arrastar para as mais profundas regiões do submundo. Em momentos como esse, o papai, a mamãe e a Margot não têm a menor importância para mim. Vou de um quarto ao outro, subo e desço as escadas e me sinto como um pássaro de asas arrancadas e que fica se jogando contra as barras de sua gaiola sombria. "Deixe-me sair! Onde estão o ar fresco e as risadas?", grita uma voz dentro de mim. Nem me dou mais o trabalho de responder; apenas fico deitada no divã. Dormir faz o silêncio e esse medo terrível se esvaírem mais rápido, ajuda a passar o tempo, já que é impossível matá-lo.

Com amor, Anne

QUARTA-FEIRA, 3 DE NOVEMBRO DE 1943

Querida Kitty, para tirar nossa mente dos problemas, bem como desenvolvê-la, o papai pediu um catálogo de uma escola de ensino a distância. Margot deu uma olhada no caderno grosso três vezes sem encontrar nada de que gostasse e que pudesse pagar.

O papai foi mais fácil de satisfazer e resolveu escrever e pedir uma aula gratuita de "latim elementar". Dito e feito. Chegou a aula, Margot pôs-se a trabalhar com entusiasmo e resolveu fazer o curso, apesar do gasto. É difícil demais para mim, apesar de que eu bem que gostaria de aprender latim.

Para dar um projeto novo para mim também, o papai pediu ao Sr. Kleiman uma Bíblia para crianças, para que eu por fim aprendesse algo do Novo Testamento.

"Está pensando em dar a Anne uma Bíblia no Hanucá?", Margot perguntou, meio perturbada.

"Sim... Bem, talvez o Dia de São Nicolau seja uma ocasião melhor", papai respondeu.

Jesus e o Hanucá não combinam muito.

Como o aspirador de pó está quebrado, tenho que usar uma escova velha no tapete toda noite. A janela está fechada, a luz está acesa, o fogo dispara chamas, e lá estou eu esfregando o tapete. *Com certeza vai dar problema*, pensei comigo, na primeira vez. *Com certeza vai ter reclamação*. Eu estava certa: mamãe ficou com dor de cabeça por causa das nuvens espessas de poeira que espiralavam por toda a sala, o dicionário de latim novo de Margot ficou coberto de sujeira, e Pim resmungou que o piso não ficou nem um pouco diferente, no fim das contas.

No momento, as querelas tempestuosas cessaram; só Dussel e os Van Daan ainda estão batendo cabeça. Quando fala sobre a Sra. Van D., Dussel invariavelmente a chama de "aquele morcego velho" ou "aquela velha estúpida", e, por sua vez, a Sra. Van D. refere-se ao nosso tão educado cavalheiro como "velha donzela" ou "solteirão neurótico e sensível" etc.

O roto falando do malvestido!

Com amor, Anne

NOITE DE SEGUNDA-FEIRA, 8 DE NOVEMBRO DE 1943

Querida Kitty, se você fosse ler todas as minhas cartas numa sentada, ficaria aturdida com o fato de que elas foram escritas numa variedade de humores.

Fico incomodada por ser tão dependente dos humores, aqui no Anexo, mas não sou a única: todos estamos sujeitos a eles. Se fico absorta num livro, tenho que rearranjar os pensamentos antes de poder me misturar às outras pessoas, porque, do contrário, podem pensar que sou esquisita. Como você pode ver, estou bem no meio de uma depressão. Não sei dizer ao certo o que a desencadeou, mas acho que vem da minha covardia, que me confronta a todo momento. Esta noite, quando Bep ainda estava aqui, a campainha tocou, alta e demorada. Fiquei branca na hora, meu estômago revirou, e meu coração pôs-se a bater violentamente – tudo porque fiquei com medo.

À noite, na cama, eu me vejo sozinha num calabouço, sem o papai nem a mamãe. Ou estou vagando pelas ruas, ou o Anexo está pegando fogo, ou eles vêm no meio da noite nos levar, e me enfio debaixo da cama, no desespero. Vejo tudo como se estivesse de fato acontecendo. E pensar que tudo isso pode acontecer em breve!

Miep sempre diz que tem inveja de nós porque temos tanta paz e tranquilidade aqui. Isso pode até ser verdade, mas é óbvio que ela não está pensando no nosso medo.

Simplesmente não consigo imaginar que o mundo algum dia voltará a ser normal para nós. Eu falo, sim, sobre "depois da guerra", mas é como se estivesse falando sobre um castelo que flutua no ar, algo que jamais poderia virar realidade.

Vejo nós oito, dentro do Anexo, como se fôssemos uma mancha de céu azul cercada por nuvens sombrias ameaçadoras. O ponto perfeitamente redondo em que estamos ainda está seguro, mas as nuvens estão fechando o cerco sobre nós, e anel que nos separa do perigo iminente está apertando cada vez mais. Estamos cercados por escuridão e perigo e, em nossa busca desesperada por uma saída, ficamos dando cabeçada uns nos outros. Vemos o confronto lá embaixo e a paz e a beleza lá de cima. Fomos separados pela massa de nuvens sombrias, por isso não podemos descer nem subir. Elas avançam sobre nós como uma parede impenetrável, tentando nos esmagar, mas ainda não é capaz disso. Posso apenas gritar e implorar: "Oh, anel, anel, abra mais e nos deixe sair!".

Com amor, Anne

QUINTA-FEIRA, 11 DE NOVEMBRO DE 1943

Querida Kitty, tenho um bom título para este capítulo: Ode à minha caneta-tinteiro.

In Memoriam

Minha caneta-tinteiro sempre foi uma das minhas posses mais preciosas; eu a valorizava muito, principalmente porque tinha ponta grossa, e só consigo escrever bem com pontas grossas. Ela teve uma longa e interessante vida de caneta-tinteiro, que resumirei abaixo.

Quando eu tinha nove anos, minha caneta-tinteiro (envolvida em algodão) chegou como "amostra sem valor comercial", vinda lá de Aquisgrana, onde minha avó (a bondosa doadora) morava. Eu estava de cama, gripada, e os ventos de fevereiro sopravam em volta do apartamento. A esplêndida caneta-tinteiro veio num estojo de couro vermelho, e eu a mostrei às minhas amigas na primeira chance que tive. Eu, Anne Frank, a orgulhosa dona de uma caneta-tinteiro.

Quando eu tinha dez anos, permitiram que eu levasse a caneta para a escola, e, para a minha surpresa, a professora até me deixou escrever com ela. Quando eu tinha onze, meu tesouro teve que ser guardado de novo, porque minha professora da sexta série nos permitia usar canetas e potes de tinta da escola. Quando eu tinha doze anos, comecei no Liceu Israelita, e minha caneta-tinteiro ganhou um estojo novo, em honra à ocasião. Não somente tinha espaço para um lápis, como tinha zíper, o que era muito mais impressionante. Quando fiz treze anos, a caneta-tinteiro foi comigo para o Anexo, e juntas passamos por inúmeros diários e redações. Eu tinha acabado de completar catorze anos, e minha caneta-tinteiro estava apreciando o último ano de sua vida comigo quando...

Passava pouco das cinco horas numa tarde de sexta-feira. Eu saí do quarto e estava prestes a sentar-me à escrivaninha quando fui, de modo grosseiro, empurrada de lado para dar lugar a Margot e papai, que queriam praticar o latim. A caneta-tinteiro permaneceu sem uso, sobre a mesa, enquanto sua dona, suspirando, foi forçada a contentar-se com um canto minúsculo da mesa, onde começou a esfregar feijão. É assim que removemos mofo do feijão e os restauramos a seu estado original. Às quinze para as seis, varri o chão, juntei a sujeira num jornal, junto com o feijão estragado, e joguei tudo no fogão. Uma chama gigante estourou, e achei maravilhoso que o fogão, que andava prestes a expirar, tivera uma recuperação tão milagrosa.

Tudo ficou quieto de novo. Os estudantes de latim tinham partido, e eu me sentei à mesa para continuar de onde tinha parado. Mas não importava onde eu procurava, minha caneta-tinteiro não estava em lugar algum. Procurei de novo. Margot procurou, mamãe procurou, papai procurou, Dussel procurou. Mas ela tinha sumido.

"Talvez tenha caído no fogão, junto com o feijão!", Margot sugeriu.

"Não, não pode ter caído!", respondi.

Mas, naquela noite, quando minha caneta-tinteiro ainda não tinha aparecido, todos supomos que ela tinha sido queimada, principalmente porque o celuloide é muito inflamável. Nossos piores medos foram confirmados no dia seguinte, quando o papai foi esvaziar o fogão e descobriu o clipe usado para prendê-la no bolso, em meio às cinzas. Não havia sinal da ponta de ouro. "Deve ter derretido", o papai conjeturou.

Resta-me um consolo, embora seja pequeno: minha caneta-tinteiro foi cremada, como eu gostaria de ser um dia!

Com amor, Anne

QUARTA-FEIRA, 17 DE NOVEMBRO DE 1943

Querida Kitty, eventos recentes sacudiram a casa em sua base. Graças a um surto de difteria na casa de Bep, ela não poderá entrar em contato conosco por seis semanas. Sem ela, cozinhar e fazer compras ficará muito difícil, sem contar quanto sentiremos falta da companhia dela.

O Sr. Kleiman ainda está de cama e não come nada além de mingau há três semanas. O Sr. Kugler está com trabalho até o pescoço.

Margot manda suas lições de latim para um professor, que as corrige e devolve. Está registrada sob o nome de Bep. O professor é muito gentil, e engraçado também. Aposto que está contente de ter uma aluna tão esperta.

Dussel está todo agitado, e não sabemos por quê. Tudo começou com Dussel não dizendo nada quando estava lá em cima; não trocava uma palavra sequer com o Sr. ou a Sra. Van Daan. Todos nós reparamos. Isso continuou por alguns dias, e então a mamãe aproveitou a oportunidade para alertá-lo sobre a Sra. Van D., que poderia dificultar muito a vida dele. Dussel disse que foi o Sr. Van Daan quem começou o tratamento de silêncio, e ele não tinha a menor intenção de interrompê-lo. Devo explicar que ontem foi dia 16 de novembro, o primeiro aniversário da estada de Dussel aqui no Anexo. A mamãe ganhou uma planta, em honra à ocasião, mas a Sra. Van Daan, que fizera alusão à data por semanas e nem tentou disfarçar o fato de que achava que Dussel deveria nos preparar um jantar, não ganhou nada. Em vez de aproveitar essa oportunidade para nos agradecer – pela primeira vez – por acolhê-lo com altruísmo, ele não expressou uma palavra que fosse. E na manhã do dia 16, quando lhe perguntei se deveria dar-lhe parabéns ou meus pêsames, ele respondeu que nenhum serviria. A mamãe, tendo se colocado no papel de pacificadora, também não fez progresso algum, e a situação ficou por isso mesmo.

"*Der Mann hat einen grossen Geist. Und ist so klein von Taten!*" [Tão grandioso é o espírito do homem, tão pífios são seus atos!]

Com amor, Anne

SÁBADO, 27 DE NOVEMBRO DE 1943

Querida Kitty, ontem à noite, quando eu estava prestes a adormecer, Hanneli apareceu de repente para mim.

Eu a vi ali, o vestido em farrapos, o rosto magro e cansado. Ela me olhava com tamanha tristeza e censura em seus olhos enormes que eu podia ler a mensagem que passavam: "Oh, Anne, por que você me abandonou? Ajude-me, ajude-me, salve-me deste inferno!".

E não posso ajudá-la. Só posso ficar aqui vendo outras pessoas sofrendo e morrendo. Tudo que posso fazer é orar a Deus para trazê-la de volta para nós. Eu vi Hanneli, e mais ninguém, e entendi por quê. Eu a julguei mal, não fui madura o bastante para entender quão difícil era para ela. Ela era devotada à amiga, e deve ter parecido como se eu estivesse tentando tomá-la para mim. A pobrezinha deve ter se sentido péssima! Eu sei, porque reconheço essa sensação! Tive um relance ocasional de compreensão, mas depois fui egoísta e fiquei envolvida de novo em meus problemas e alegrias.

Foi maldade minha tratá-la daquele jeito, e agora ela estava olhando para mim, tão desamparada, com o rosto pálido e os olhos suplicantes. Se ao menos eu pudesse ajudá-la! Querido Deus, tenho tudo que eu poderia desejar enquanto o destino a tem em suas garras mortais. Ela era tão devota quanto eu, talvez ainda mais, e queria também fazer o que é certo. Mas então por que fui escolhida para viver, enquanto provavelmente ela morrerá? Qual é a diferença entre nós? Por que estamos tão distantes, agora?

Para ser honesta, não pensei nela em meses – não, por pelo menos um ano. Eu não a esqueci, e no entanto foi só quando a vi diante de mim que pensei em todo o seu sofrimento.

Oh, Hanneli, espero que, se você viver até o fim da guerra e voltar para nós, eu possa acolher você e compensar o mal que lhe fiz.

Mas, mesmo que algum dia eu me visse em posição de ajudar, ela não precisaria mais do que precisa agora. Imagino se ela pensa em mim, e o que está sentindo?

Misericordioso Deus, conforte Hanneli, para que pelo menos ela não se sinta sozinha. Oh, se ao menos você pudesse lhe dizer que estou pensando nela com compaixão e amor, talvez isso a ajude a seguir adiante.

Tenho que parar de pensar nisso. Não me levará a lugar algum. Fico vendo os olhos enormes dela, e eles me assombram. Hanneli acredita mesmo, verdadeiramente, em Deus, ou será que a religião foi apenas imposta a ela? Nem sei. Nunca me dei o trabalho de perguntar.

Hanneli, Hanneli, se ao menos eu pudesse levá-la daqui, se ao menos pudesse partilhar com você tudo que tenho. É tarde demais. Não posso ajudar nem desfazer o mal que fiz. Mas nunca mais me esquecerei dela e sempre rezarei por ela!

Com amor, Anne

SEGUNDA-FEIRA, 6 DE DEZEMBRO DE 1943

Querida Kitty, quanto mais chegava perto do Dia de São Nicolau, mais todos nós pensávamos no cesto tão festivo e decorado do ano passado.

Mais do que ninguém, achei que seria terrível pular uma comemoração este ano. Após longa deliberação, finalmente tive uma ideia, algo divertido. Consultei Pim, e uma semana atrás nos pusemos a trabalhar, escrevendo um verso para cada pessoa.

Na noite de domingo, às quinze para as oito, subimos as escadas carregando o grande cesto, que tinha sido decorado com recortes e laços feitos de papelão rosa e azul. No topo havia um pedaço grande de papel de embrulho marrom com um recado. Todo mundo ficou impressionado com o tamanho do presente. Eu tirei a nota e li em voz alta:

"O Dia de São Nicolau, mais uma vez
Em nosso esconderijo se fez;
Não será tão divertido, é fato
Quanto o dia feliz do ano passado.
Tínhamos esperança, dúvida não havia
De que o otimismo então venceria,
E que no fim do ano viria o dia
Em que a nossa liberdade chegaria.
Mas de São Nicolau não podemos esquecer
Mesmo sem presentes a oferecer.
Temos que pensar em algo mais a fazer:
Então peguem seus sapatos para ver!"

Enquanto cada um tirava seu sapato do cesto, foi uma gargalhada só. Dentro de cada sapato havia um embrulhinho endereçado ao seu dono.

Com amor, Anne

QUARTA-FEIRA, 22 DE DEZEMBRO DE 1943

Querida Kitty, uma onda séria de gripe me impediu de escrever-lhe até o dia de hoje. Ficar doente aqui é horrível. A cada tosse, eu tinha de me enfiar debaixo do cobertor – uma, duas, três vezes – e tentar evitar tossir mais.

Na maior parte das vezes a coceira se recusava a passar, então eu tinha que beber leite com mel, açúcar ou usar pastilhas para tosse. Fico zonza só de pensar em todas as curas a que fui submetida: suar a febre, tratamento a vapor, compressas úmidas, compressas secas, bebidas quentes, raspar a garganta, ficar deitada, almofada térmica, garrafas de água quente, limonada e, a cada duas horas, o termômetro. Esses remédios de fato fazem a gente melhorar? A pior parte era quando o Sr. Dussel resolvia dar uma de médico e deitava a cabeça cheia de pomada no meu peito para escutar os sons. Não somente o cabelo dele fazia cócegas, como eu ficava envergonhada, mesmo tendo ele frequentado a escola trinta anos atrás e tenha lá certa graduação em medicina. Para que deitar a cabeça no meu coração? Afinal, ele não é meu namorado! Fato é que ele não seria capaz de discernir um som saudável de um que não fosse.

Ele teria que limpar os ouvidos primeiro, já que está ficando com uma dificuldade alarmante de ouvir. Mas chega de falar da minha doença. Estou recuperada. Cresci quase um centímetro e meio e engordei um quilo. Estou pálida, mas ávida por voltar para os meus livros.

Ausnahmsweise [Excepcionalmente] (a única palavra que cabe aqui), estamos todos nos dando muito bem. Nada de querelas, embora isso provavelmente não vá durar muito. Não existe tamanha calmaria nesta casa há pelo menos seis meses.

Bep continua em isolamento, mas em pouco tempo a irmã não mais transmitirá a doença.

Para o Natal, vamos comprar mais óleo de cozinha, velas e melaço. Para o Hanucá, o Sr. Dussel deu à Sra. Van Daan e à mamãe um lindo bolo, que pediu que Miep fizesse. Além de todo o trabalho que ela já tem para fazer! Margot e eu ganhamos um broche feito de uma moedinha, todo brilhante e cintilante. Não consigo descrevê-lo, mas é adorável.

Também tenho um presente para Miep e Bep. Durante um mês inteiro, guardei o açúcar que coloco no cereal, e o Sr. Kleiman usou-o para fazer fondant.

Está garoando e nublado, o fogão está fedendo, e a comida está pesada na nossa barriga, produzindo uma variedade de rimbombares.

A guerra está num impasse, estamos desanimados.

Com amor, Anne

SEXTA-FEIRA, 24 DE DEZEMBRO DE 1943

Querida Kitty, como lhe escrevi muitas vezes antes, os humores têm uma tendência de nos afetar bastante por aqui, e, no meu caso, isso tem piorado ultimamente. *"Himmelhoch jauchzend, zu Tode betrübt"* ["No topo do mundo ou nas profundezas do desespero", famosa frase de Goethe] decerto se aplica a mim.

Fico "no topo do mundo" quando penso em quanta sorte temos e me comparo a outras crianças judias, e "nas profundezas do desespero" quando, por exemplo, o Sr. Kleiman vem e fala sobre o clube de hóquei de Jopie, das viagens de canoa, das peças de escola e do chá da tarde com os amigos.

Não acho que tenho inveja de Jopie, mas anseio por me divertir, para variar, e rir até doer a barriga.

Estamos presos nesta casa feito leprosos, principalmente durante o inverno, e nos feriados do Natal e do Ano-Novo. Na verdade, eu nem deveria estar escrevendo isso, já que me faz parecer tão ingrata, mas não posso guardar tudo para mim, então repetirei o que disse no começo: "O papel tem mais paciência que as pessoas".

Toda vez que entra alguém que vem de fora, com o vento nas roupas e o frio nas bochechas, eu tenho vontade de enfiar a cabeça debaixo dos cobertores para não pensar: *Quando poderemos respirar ar puro de novo?* Não posso fazer isso – pelo contrário, tenho que manter a cabeça erguida e ser corajosa com as coisas, mas os pensamentos ficam vindo, mesmo assim. Não somente uma vez, mas sem parar.

Acredite, se você ficasse presa por um ano e meio, pode ser demais para a pessoa, às vezes. Mas os sentimentos não podem ser ignorados, por mais injustos e ingratos que pareçam. Anseio por andar de bicicleta, dançar, assoviar, ver o mundo, sentir-me jovem e saber que sou livre, e no entanto não posso demonstrar. Imagine como seria se nós oito começássemos a ter pena de nós mesmos ou andar por aí com o descontentamento visível no rosto. Aonde isso nos levaria? Às vezes me pergunto se alguém algum dia entenderá o que quero dizer, se alguém relevará minha ingratidão e não pensará se sou judia ou não, e me verá apenas como uma adolescente que precisa desesperadamente de um pouco da boa e velha diversão. Não sei, e não poderia falar sobre isso com ninguém, pois tenho certeza de que começaria a chorar. Chorar pode trazer alívio, contanto que você não chore sozinha. Apesar de todas as minhas teorias e meus esforços, sinto falta − todos os dias e a todo momento do dia − de ter uma mãe que me entenda. É por isso que, em tudo que faço e escrevo, eu imagino o tipo de mãe que gostaria de ser para meus filhos. O tipo de mãe que não leva tudo que as pessoas dizem tão a sério, mas que me leva a sério. Acho difícil descrever o que quero dizer, mas a palavra "mãe" diz tudo. Sabe o que inventei? Para me dar a sensação de chamar minha mãe de um jeito que soe mais como eu sinto, às vezes eu a chamo de "mamis". Às vezes encurto para "mami", mas ainda não é o ideal. Gostaria de poder honrá-la com o termo ideal. É uma boa coisa ela não perceber nada disso, visto que isso apenas a deixaria triste.

Bem, chega desse assunto. Escrever, de algum modo, me tirou das "profundezas do desespero".

Com amor, Anne

SÁBADO, 25 DE DEZEMBRO DE 1943

Querida Kitty, ontem foi o dia do Natal, e não posso deixar de pensar em Pim e na história que ele me contou nessa época, no ano passado. Não entendi o que ele quis dizer, não tão bem quanto entendo agora. Se ao menos ele a mencionasse de novo, eu poderia mostrar-lhe que entendi o que quis dizer!

Acho que Pim me contou a história porque ele, que sabe os "segredos íntimos" de tantos outros, precisava expressar os próprios sentimentos, para variar. Pim nunca fala de si mesmo, e acho que Margot não faz a menor ideia das coisas pelas quais ele passou. Pobre Pim, não pode me convencer de que esqueceu aquela menina. Nunca esquecerá. Isso o tornou muito acomodado, já que ele enxerga muito bem as falhas da mamãe. Espero ser um pouco como ele, mas sem ter que passar pelo que ele passou!

Anne

SEGUNDA-FEIRA, 27 DE DEZEMBRO DE 1943

Na noite de sexta, pela primeira vez na minha vida, ganhei um presente de Natal. O Sr. Kleiman, o Sr. Kugler e as meninas tinham preparado uma surpresa maravilhosa para nós. Miep fez um bolo de Natal delicioso, com "Paz 1944" escrito em cima, e Bep preparou uma fornada de *cookies* que estava no padrão dos tempos antes da guerra.

Havia um pote de iogurte para Peter, Margot e eu, e uma garrafa de cerveja para cada um dos adultos. E mais uma vez tudo tinha sido embrulhado tão bonito, com gravuras lindas coladas nos pacotes. De resto, as festas passaram rápido para nós.

Anne

QUARTA-FEIRA, 29 DE DEZEMBRO DE 1943

Fiquei muito triste de novo ontem. Vovó e Hanneli vieram me ver mais uma vez. Vovó, oh, minha querida vovó. Quão pouco entendíamos o que ela sofria, quão gentil ela sempre fora e quanto interesse tinha em tudo que nos dizia respeito. E pensar que esse tempo todo ela guardou um segredo terrível. [A avó de Anne tinha uma doença terminal.]

Vovó sempre foi tão leal e bondosa. Jamais teria deixado nenhum de nós em apuros. Qualquer coisa que acontecesse, por pior que eu me comportasse, vovó sempre ficava do meu lado. Vovó, você me amava, ou você também não me entendia? Não sei. Como a vovó deve ter se sentido sozinha, apesar de nós. É possível sentir-se sozinho mesmo quando você é amado por muitas pessoas, visto que ninguém é único para ninguém.

E quanto a Hanneli? Será que ainda está viva? O que tem feito? Querido Deus, cuide dela e traga-a de volta para nós. Hanneli, você é um lembrete de qual poderia ter sido o meu destino. Fico sempre me vendo em seu lugar. Então, por que estou sempre entristecida com o que acontece aqui? Eu não deveria estar feliz, contente e alegre, exceto quando estou pensando em Hanneli e naqueles que sofrem junto dela? Sou egoísta e covarde. Por que sempre penso e sonho as coisas mais horrorosas e quero gritar, aterrorizada? Porque, apesar de tudo, ainda não tenho fé suficiente em Deus. Ele me deu tanto, o que eu não mereço, e no entanto todos os dias eu cometo tantos erros!

Pensar no sofrimento daqueles de que você gosta pode levá-lo às lágrimas; na verdade, é possível passar o dia inteiro chorando. O máximo que você pode fazer é orar para que Deus realize um milagre e salve pelo menos alguns deles. E espero que eu esteja fazendo isso o bastante!

Anne

DOMINGO, 2 DE JANEIRO DE 1944

Querida Kitty, esta manhã, quando eu não tinha nada para fazer, folheei as páginas do meu diário e deparei com tantas cartas que tratam do tema "mamãe" em termos tão fortes que fiquei chocada. Eu disse a mim mesma: "Anne, é você mesma, falando assim de ódio? Oh, Anne, como você pôde?".

Fiquei sentada, com o caderno aberto nas mãos, perguntando-me por que eu estava tão cheia de raiva e ódio que tive que confidenciar tudo a você. Tentei entender a Anne do ano passado e me desculpar por ela, pois, enquanto eu deixar você com essas acusações e não tentar explicar o que as incitou, minha consciência não ficará limpa. Eu estava sofrendo, nessa época (e ainda estou), de humores que mantinham minha cabeça debaixo da água (em linguagem figurada) e me permitiam ver as coisas pela minha perspectiva, sem considerar calmamente o que os outros – aqueles a quem, com meu temperamento mercúrio, havia magoado ou ofendido – disseram, e agindo como eles teriam agido.

Eu me escondi dentro de mim mesma, não pensei em ninguém além de mim e escrevi com a maior tranquilidade toda a minha alegria, meu sarcasmo e minha tristeza no meu diário. Porque este diário meio que se tornou um livro de memórias, ele significa muito para mim, mas eu poderia facilmente escrever "não aguento mais" em muitas de suas páginas.

Eu estava furiosa com a mamãe (e ainda fico, na maior parte do tempo). É verdade, ela não me entende, mas eu também não a entendia. Por me amar, ela era terna e afetuosa, mas por causa das situações difíceis nas quais eu a colocava, e das circunstâncias tristes nas quais ela se encontrava, ela estava nervosa e irritada, por isso consigo entender por que é sempre grossa comigo.

Eu me senti ofendida, levei as coisas muito a sério e fui insolente e agressiva com ela, o que, por sua vez, deixou-a triste. Ficamos presas num círculo vicioso de aborrecimento e tristeza. Não foi um período muito feliz para nenhuma de nós, mas pelo menos está chegando ao fim. Eu não queria enxergar o que estava acontecendo, e eu tinha muita pena de mim mesma, mas isso também é compreensível.

Esses surtos de violência no papel são simplesmente expressões de raiva que, na vida normal, eu poderia ter resolvido me trancando no meu quarto e batendo o pé algumas vezes ou xingando minha mãe pelas costas.

A fase de chorar e julgar a mamãe acabou. Estou mais sábia, e os nervos da mamãe, um pouco mais estáveis. A maior parte do tempo consigo segurar a língua quando me irrito, e ela também; portanto, na superfície, parece que estamos nos dando melhor. Mas há uma coisa que não consigo fazer, que é amar a mamãe com a devoção de uma criança.

Acalmo minha consciência pensando que é melhor que as palavras maldosas sejam postas no papel, e que não seja a mamãe que as tenha que carregar no coração.

Com amor, Anne

QUARTA-FEIRA, 5 DE JANEIRO DE 1944

Querida Kitty, hoje tenho duas coisas para confessar. Vai levar bastante tempo, mas tenho que contá-las para alguém, e você é a candidata mais adequada, visto que sei que guardará segredo, aconteça o que acontecer.

A primeira é sobre a mamãe. Como você sabe, muitas vezes eu reclamei a respeito dela e depois dei meu melhor para ser gentil. De repente, entendi o que tem de errado com ela. A mamãe disse que nos vê mais como amigas do que como filhas. É tudo muito bom, claro, exceto pelo fato de que uma amiga não pode ocupar o lugar de uma mãe. Preciso que minha mãe dê um bom exemplo e seja uma pessoa que posso respeitar, mas, na maioria das questões, ela é um exemplo do que não fazer. Tenho a impressão de que Margot pensa de modo tão diferente sobre essas coisas que jamais seria capaz de entender o que acabei de contar a você. E o papai evita todas as conversas que têm a ver com a mamãe.

Imagino uma mãe como uma mulher que, primeiro de tudo, possui grande porção de tato, principalmente para com as filhas adolescentes, e não uma que, como a mamis, tira sarro de mim quando eu choro. Não porque estou com dor, mas por causa de outras coisas.

Isso pode parecer trivial, mas há um incidente pelo qual eu nunca a perdoei. Aconteceu um dia, quando eu tinha que ir ao dentista. Margot e a mamãe planejaram ir comigo e concordaram que eu devia levar a bicicleta. Quando terminou a consulta e estávamos na rua, Margot e a mamãe me informaram com muita doçura que iam ao centro comprar ou procurar alguma coisa. Não lembro o que era, e claro que eu quis ir junto. Mas elas disseram que eu não podia porque estava com a bicicleta. Lágrimas de raiva encheram meus olhos, e Margot e a mamãe começaram a rir de mim. Fiquei tão furiosa que lhes mostrei a língua, ali mesmo, na rua. Uma senhorinha estava passando e ficou terrivelmente chocada. Fui de bicicleta para casa, e devo ter chorado por horas. Por estranho que pareça, ainda que a mamãe tenha me magoado milhares de vezes, essa ferida, em particular, ainda dói sempre que penso em quão irritada eu fiquei.

Acho difícil confessar a segunda coisa, porque é sobre mim. Não sou pudica, Kitty, e, no entanto, toda vez que dão um relato passo a passo de suas visitas ao banheiro, o que sempre fazem, todo o meu corpo se revolta.

Ontem, li um artigo sobre enrubescimento, escrito por Sis Heyster. Foi como se ela o tivesse escrito para mim. Não é que eu enrubesça com facilidade, mas o restante do artigo de fato se aplicava. O que ela diz é que, durante a puberdade, as meninas se recolhem para dentro de si e começam a pensar nas mudanças incríveis que estão ocorrendo em seu corpo. Eu sinto isso também, o que provavelmente responde pela vergonha recente que sinto de Margot, da mamãe e do papai. Por outro lado, Margot é muito mais tímida do que eu, e no entanto não é nem um pouco envergonhada.

Acho que o que está acontecendo comigo é tão maravilhoso, e não me refiro apenas às mudanças que ocorrem no exterior do meu corpo, mas também às de dentro. Nunca discuto minha vida ou nenhuma dessas coisas com os outros, e é por isso que tenho que falar sobre elas comigo mesma. Sempre que fico menstruada (e foram apenas três vezes), tenho a sensação de que, apesar de toda a dor, o desconforto e a sujeira, eu carrego um doce segredo. Então, embora seja um incômodo, de certa forma fico sempre à espera do tempo em que sentirei esse segredo dentro de mim mais uma vez.

Sis Heyster escreve também que as meninas da minha idade sentem-se muito inseguras de si mesmas e estão apenas começando a descobrir que são indivíduos com ideias, pensamentos e hábitos próprios. Eu tinha acabado de completar treze anos quando vim para cá, então comecei a pensar sobre mim e reparei que me tornei uma "pessoa independente" mais cedo que a maioria das meninas. Às vezes, quando estou deitada na cama, à noite, sinto uma vontade terrível de tocar meus seios e ouvir o bater baixinho e constante do meu coração.

Inconscientemente, eu tinha essas sensações antes mesmo de vir para cá. Uma vez, eu tinha ido passar a noite na casa da Jacque, e não pude mais conter a curiosidade que tinha sobre o corpo dela, que ela sempre escondeu de mim, e que eu nunca tinha visto. Perguntei-lhe se, como prova da nossa amizade, nós poderíamos tocar os seios uma da outra. Jacque não quis.

Tive também um desejo terrível de beijá-la, e a beijei. Toda vez que vejo uma mulher nua, como a Vênus do meu livro de história da arte, entro em êxtase. Às vezes acho que são tão primorosas que tenho que lutar para conter as lágrimas. Se ao menos eu tivesse uma namorada!

QUINTA-FEIRA, 6 DE JANEIRO DE 1944

Querida Kitty, meu anseio por ter alguém com quem conversar ficou tão insuportável que, por algum motivo, resolvi, na minha cabeça, escolher Peter para essa função.

Nas poucas ocasiões em que fui ao quarto de Peter durante o dia, sempre achei o lugar gostoso e aconchegante. Mas Peter é polido demais para pedir que a pessoa se retire quando o está incomodando, então nunca ousei ficar lá por muito tempo. Sempre tive receio de ele achar que sou uma peste. Andei pensando numa desculpa para ficar mais tempo no quarto dele e fazê-lo conversar sem que ele perceba, e ontem tive uma chance. Peter, sabe, está passando por uma fase de vício em palavras cruzadas, e não faz mais nada o dia todo. Eu o estava ajudando, e logo acabamos sentados de frente um para o outro à mesa dele, Peter na cadeira, eu no divã.

Tive uma sensação maravilhosa quando olhei em seus olhos azul-escuros e vi quão tímido ele tinha ficado com a minha visita inesperada. Eu podia ler seus pensamentos mais secretos, e em seu rosto eu via uma expressão de desamparo e incerteza quanto a como se comportar, e ao mesmo tempo um lampejo de percepção de sua masculinidade. Vi sua timidez, e derreti. Eu quis dizer: "Conte-me sobre você. Veja além do meu jeito tagarela". Mas percebi que era mais fácil pensar nas perguntas do que fazê-las.

Chegou o fim da noite, e nada aconteceu, exceto que lhe contei a respeito do artigo sobre enrubescer. Não o que escrevi para você, claro, apenas que ele ficaria mais confiante quando fosse mais velho.

Nessa noite, deitei-me na cama e chorei horrores, o tempo todo me certificando de que ninguém pudesse me ouvir. A ideia de que tive que implorar a Peter por favor era simplesmente revoltante. Mas as pessoas fazem quase tudo para satisfazer seus anseios; eu, por exemplo, resolvi visitar Peter mais vezes e dar um jeito de fazê-lo conversar comigo.

Você não deve pensar que estou apaixonada pelo Peter, porque não estou. Se os Van Daan tivessem uma filha, em vez de um filho, eu tentaria fazer amizade com ela.

Esta manhã, acordei pouco antes das sete e de imediato me lembrei do que estivera sonhando. Eu estava sentada numa cadeira, e, à minha frente, estava Peter... Peter Schiff. Estávamos folheando um livro de desenhos de Mary Bos. O sonho foi tão vívido que até me lembro de alguns dos desenhos. Mas isso não foi tudo – o sonho continuou. Os olhos de Peter de repente encontraram os meus, e fiquei olhando por um bom tempo bem naqueles olhos castanhos aveludados. Então ele disse, bem baixinho: "Se ao menos eu soubesse, teria vindo para você há muito tempo!". Virei-me abruptamente, tomada pela emoção. Então senti uma bochecha macia, muito fresca e gentil contra a minha, e a sensação foi tão, tão boa...

Nesse ponto, acordei, ainda sentindo a bochecha dele contra a minha, e seus olhos castanhos fixos no interior do meu coração, tão fundo que ele podia ver quanto eu o amava e quanto ainda amo. Mais uma vez, meus olhos se encheram de lágrimas, e fiquei triste porque o perdi mais uma vez, e, no entanto, ao mesmo tempo, contente por saber, por ter certeza de que Peter ainda é o amor da minha vida.

É engraçado; sempre tenho umas imagens tão vívidas nos meus sonhos. Uma noite, vi a vóvis [vóvis é a avó de Anne da parte do pai, e vovó é a avó do lado da mãe] com tanta clareza que pude até perceber sua pele de um veludo macio, enrugadinho. Outra vez, a vovó apareceu para mim como um anjo da guarda. Depois disso, foi Hanneli, que ainda simboliza, para mim, o sofrimento dos meus amigos, bem como o dos judeus em geral, de modo que, quando estou rezando por ela, estou também rezando por todos os judeus e todos os necessitados.

E agora Peter, meu querido Peter. Nunca tive uma imagem mental tão clara dele. Não preciso de uma foto, posso vê-lo tão bem.

Com amor, Anne

SEXTA-FEIRA, 7 DE JANEIRO DE 1944

Querida Kitty, sou tão idiota. Esqueci que ainda não lhe contei a história do meu verdadeiro amor.

Quando eu era pequena, lá no jardim de infância, eu gostava de Sally Kimmel. O pai dele tinha ido embora, e ele e a mãe moravam com uma tia. Um dos primos de Sally era um menino bonito, esbelto, de cabelos escuros chamado Appy, que mais tarde acabou ficando igual a um artista de cinema e passou a atrair mais admiração do que o baixinho, cômico e gorducho Sally. Por muito tempo, íamos a todo lugar juntos, mas, tirando isso, meu amor não era correspondido, até que Peter cruzou meu caminho. Fiquei perdidamente apaixonada por ele. Ele gostava de mim também, e fomos inseparáveis durante todo um verão. Ainda posso nos ver andando de mãos dadas pelo nosso bairro, Peter de camisa de algodão branca, e eu num vestido curto de verão. No fim das férias de verão, ele foi para a sétima série, em outra escola, enquanto eu permaneci na sexta série, na mesma escola. Ele me buscava a caminho de casa, ou eu o buscava. Peter era o menino ideal: alto, bonito e esbelto, de rosto sério, calmo e esperto. Tinha cabelo preto, belos olhos castanhos, bochechas rosadas e nariz de ponta fininha. Eu era louca pelo sorriso dele, que o fazia parecer tão moleque e travesso.

Eu tinha viajado para o interior durante as férias de verão, e, quando voltei, Peter não estava mais em seu endereço antigo; ele tinha se mudado e estava morando com um menino bem mais velho, que aparentemente lhe disse que eu era apenas uma criança, porque Peter parou de sair comigo. Eu o amava tanto que não queria encarar a verdade. Eu fiquei apegada a ele até o dia em que por fim percebi que, se continuasse correndo atrás dele, as pessoas diriam que eu era louca por meninos.

Passaram-se os anos. Peter saía com meninas da idade dele e não ligava mais para me dar oi. Comecei a estudar no Liceu Israelita, e muitos meninos da minha sala ficaram apaixonados por mim. Eu gostava, e me sentia honrada pela atenção deles, mas era só isso. Mais tarde, Hello ficou terrivelmente apaixonado por mim, mas, como eu já lhe contei, eu nunca mais me apaixonei por ninguém.

Há um ditado que diz: "O tempo cura todas as feridas". Foi assim comigo. Eu disse a mim mesma que tinha esquecido Peter e não gostava mais dele nem um pouco. Mas as lembranças que eu tinha dele eram tão fortes que eu tive que admitir para mim mesma que o único motivo pelo qual não gostava mais dele era que eu tinha ciúme das outras meninas. Esta manhã, percebi que nada mudou; pelo contrário, conforme fiquei mais velha e mais madura, meu amor cresceu junto comigo. Consigo entender, agora, que Peter achava que eu era infantil, e, no entanto, ainda dói pensar que ele me esqueceu por completo. Vi o rosto dele tão claramente; tive certeza de que ninguém além do Peter poderia ter ficado na minha mente desse jeito.

Passei o dia num estado de confusão total. Quando o papai me deu um beijo de manhã, eu quis gritar: "Oh, se ao menos fosse o Peter!". Tenho pensando nele sempre, e o dia todo fiquei repetindo para mim: "Oh, Petel, meu querido, querido Petel...".

Onde posso arranjar ajuda? Tenho que apenas seguir com a vida, e rezar a Deus para que, se algum dia sairmos daqui, o caminho de Peter cruze o meu e ele me olhe nos olhos, leia o amor dentro deles e diga: "Oh, Anne, se ao menos eu soubesse, teria vindo para você há muito tempo".

Uma vez, quando o papai e eu estávamos falando sobre sexo, ele disse que eu era nova demais para entender esse tipo de desejo. Mas eu achava que entendia, sim, e agora tenho certeza disso. Nada é mais precioso para mim, agora, do que meu querido Petel!

Vi meu rosto no espelho, e estava tão diferente. Meus olhos estavam claros e profundos, minhas bochechas estavam rosadas, algo que não ocorria em semanas, minha boca estava bem mais macia. Eu parecia feliz, e no entanto havia algo tão triste na minha expressão que o sorriso sumiu de imediato dos meus lábios. Não estou feliz, já que sei que Petel não está pensando em mim, e entretanto ainda consigo sentir seus lindos olhos olhando para mim, e sua bochecha fresca e macia contra a minha... Oh, Petel, Petel, como poderei algum dia me livrar da sua imagem? A pessoa que assumisse o seu lugar não seria um pobre substituto? Eu amo você, com um amor tão grande que não poderia simplesmente continuar crescendo dentro do meu coração, mas teve que saltar para fora e se revelar em toda a sua magnitude.

Uma semana atrás, até um dia atrás, se você me perguntasse "Com qual dos seus amigos acha que tem mais chance de se casar?", eu teria respondido: "Sally, pois ele me faz sentir bem, tranquila e segura!". Mas agora eu exclamaria: "Petel, porque eu o amo com todo o coração e toda a alma. Eu me entrego por completo!". Exceto por uma coisa: ele pode me tocar no rosto, mas não pode passar disso.

Hoje de manhã, imaginei que estava no sótão da frente com Petel, sentada no chão, perto das janelas, e após conversar por um tempo nós dois começamos a chorar. Momentos depois, senti sua boca e sua bochecha maravilhosa! Oh, Petel, venha para mim. Pense em mim, meu querido Petel!

QUARTA-FEIRA, 12 DE JANEIRO DE 1944

Querida Kitty, Bep voltou faz duas semanas, embora sua irmã não possa retornar à escola até a semana que vem. Miep e Jan também ficaram fora por dois dias, com problemas de estômago.

Estou passando por uma fase de dança e balé, e estou praticando diligentemente meus passos de dança todas as noites. Fiz um traje de dança ultramoderno com uma anágua de renda lavanda da mamis. Tem uma fita costurada no topo e amarrada logo acima do busto. Um laço cor-de-rosa completa o modelito. Tentei transformar meus tênis em sapatilhas de balé, mas não tive sucesso. Meus membros rígidos estão a caminho de voltar a ser flexíveis como um dia foram. Um exercício incrível é sentar-se no chão, colocar um calcanhar em cada mão e erguer as duas pernas no ar. Tenho que me sentar numa almofada, pois, do contrário, o pobre do meu bumbum sofre demais.

Todos aqui estão lendo um livro chamado *A Cloudless Morning* [Uma manhã sem nuvens]. A mamãe achou o livro extremamente bom, pois descreve uma série de problemas de adolescentes. Ocorreu-me uma ideia meio irônica: "Por que você não se interessa mais pelas suas adolescentes, primeiro?".

Acho que a mamãe acredita que Margot e eu temos um relacionamento melhor com nossos pais do que qualquer outra pessoa no mundo inteiro, e que nenhuma outra mãe é tão envolvida na vida das filhas quanto ela. Ela deve estar pensando na minha irmã, já que não creio que Margot tenha os mesmos problemas e ideias que eu tenho. Longe de mim apontar para a mamãe que uma de suas filhas não é nem um pouco como ela imagina. Ela ficaria admirada, e, no fim das contas, jamais seria capaz de mudar; prefiro poupá-la dessa tristeza, em especial porque sei que tudo continuaria do mesmo jeito. A mamãe percebe que Margot a ama muito mais do que eu, mas acha que estou apenas passando por uma fase.

Margot está muito mais gentil. Está bem diferente de como era antes. Não está nem um pouco maldosa nas palavras e está se tornando uma verdadeira amiga. Não pensa mais em mim como uma criancinha que não conta.

Engraçado, às vezes eu consigo me ver como os outros me veem. Dou uma olhada demorada na pessoa chamada Anne Frank e folheio as páginas de sua vida como se ela fosse uma estranha.

Antes de vir para cá, quando eu não pensava nas coisas tanto quanto penso agora, às vezes minha sensação era de que eu não tinha nada a ver com mamis, Pim e Margot, e que sempre seria uma intrusa. Às vezes passava seis meses direto fingindo que era órfã. Então me censurava por me fazer de vítima, quando, na verdade, sempre fora tão afortunada. Depois disso, me forçava a ser amigável por um tempo. Toda manhã, quando ouvia passos na escada, torcia para que fosse a mamãe vindo dizer bom-dia. Eu a cumprimentava calorosamente, pois, para ser sincera, ansiava pelo olhar afetuoso dela. Mas então ela ralhava comigo por ter feito um comentário ou outro, e eu ia para a escola me sentindo desencorajada.

A caminho de casa, eu ia inventando desculpas para ela, dizendo a mim mesma que ela tinha muitas preocupações. Eu chegava em casa bem animada, tagarelando sem parar, até que os eventos da manhã se repetiam e eu saía da sala, com a mochila na mão, e uma expressão pensativa no rosto. Às vezes, resolvia ficar brava, mas sempre tinha tanto a falar, depois da aula, que esquecia essa resolução e queria que a mamãe parasse qualquer coisa que estivesse fazendo para me ouvir. Então chegava o tempo em que, mais uma vez, eu não mais aguardava os passos na escada e me sentia solitária e chorava no travesseiro toda noite.

Tudo ficou muito pior aqui. Mas disso você já sabia. Agora, Deus enviou uma pessoa para me ajudar: Peter. Afago meu pingente, levo-o aos lábios e penso: *Não me importo! Petel é meu, e ninguém sabe disso!* Com isso em mente, consigo superar qualquer comentário cruel. Quem das pessoas daqui suspeitaria que há tanta coisa acontecendo na mente de uma adolescente?

SÁBADO, 15 DE
JANEIRO DE 1944

Minha querida Kitty, não há motivo para eu ficar descrevendo todas as nossas querelas e discussões até o último detalhe. Basta contar-lhe que dividimos muitas coisas, como carne e gorduras e óleos, e estamos fritando nossa batata. Ultimamente, estamos comendo um pouco mais de pão de centeio, pois, por volta das quatro da tarde, estamos tão famintos pelo jantar que mal podemos controlar nossos estômagos ribombantes.

O aniversário da mamãe está cada vez mais perto. Ela recebeu um pouco mais de açúcar do Sr. Kugler, o que incitou ciúme nos Van Daan, pois a Sra. Van D. não ganhou nem um pouco no aniversário. Mas qual é o sentido de incomodar você com palavras duras, conversas cheias de rancor e lágrimas, quando você sabe que tudo isso nos incomoda ainda mais?

A mamãe expressou um desejo que não é provável que venha a se tornar realidade tão cedo: não ter que ver a cara do Sr. Van Daan por duas semanas inteiras. Fico pensando se todo mundo que divide a casa com outras pessoas cedo ou tarde acaba tendo divergências com os outros residentes. Ou será que fomos atingidos pelo azar?

Será que todas as pessoas são mesquinhas e egoístas? Eu obtive percepção maior da natureza humana desde que vim para cá, o que é bom, mas agora já me basta.

A guerra vai continuar a despeito de nossas querelas e nosso anseio por liberdade e ar fresco, então deveríamos tentar tirar o máximo proveito de nossa estadia aqui.

Estou pregando, mas creio, também, que se viver aqui por muito mais tempo, acabarei me transformando num pé de feijão seco. E tudo que eu queria na vida era ser uma verdadeira adolescente!

Com amor, Anne

SÁBADO, 22 DE JANEIRO DE 1944

Querida Kitty, você sabe me dizer por que as pessoas fazem o impossível para esconder quem realmente são? Ou por que me comporto de um jeito tão diferente quando estou perto dos outros? Por que as pessoas confiam tão pouco umas nas outras? Sei que deve haver um motivo, mas às vezes acho horrível não podermos nos confidenciar com ninguém, nem mesmo com os mais próximos.

É como se eu tivesse crescido desde a noite em que tive aquele sonho, como se tivesse ficado mais independente. Você ficará surpresa quando eu lhe contar que até minha postura com relação aos Van Daan mudou. Parei de pensar em todas as discussões e querelas pelo ponto de vista parcial da minha família. O que trouxe essa mudança tão radical? Bem, sabe, de repente eu entendi que, se a mamãe fosse diferente, se fosse uma mãe de verdade, nosso relacionamento seria muito, muito diferente. A Sra. Van Daan não é, nem um pouco, uma pessoa maravilhosa, entretanto metade das discussões poderiam ter sido evitadas se a mamãe não tivesse sido tão difícil de lidar toda vez que elas entraram num assunto complicado. A Sra. Van Daan tem, sim, um ponto positivo, no entanto: é possível conversar com ela. Ela pode até ser egoísta, mesquinha e dissimulada, mas recua prontamente contanto que você não a provoque, deixando-a desarrazoada. Essa tática não funciona todas as vezes, mas, se você tiver paciência, pode continuar tentando e ver até onde isso o leva.

Todos os conflitos sobre a nossa criação, sobre não mimar as crianças, sobre a comida – sobre tudo, absolutamente tudo – poderiam ter seguido outro caminho se tivéssemos mantido a cabeça aberta e sido amigáveis, em vez de sempre olharmos para o lado ruim.

Sei o que você vai dizer, Kitty.

"Mas Anne, essas palavras estão mesmo saindo da sua boca? De você, que teve que tolerar tantas palavras maldosas do andar de cima? De você, que sabe de todas as injustiças?"

E, no entanto, estão saindo de mim. Quero ver as coisas de um jeito novo e formar uma opinião própria, não apenas imitar meus pais, como no provérbio "A maçã nunca cai longe da árvore". Quero reexaminar os Van Daan e decidir por mim mesma o que é verdade e o que foi exagerado demais. Se eu acabar desapontada com eles, posso sempre ficar do lado do papai e da mamãe. Mas, do contrário, posso tentar mudar a atitude deles. E, se isso não funcionar, terei que ficar com as minhas opiniões, com o meu julgamento. Aproveitarei todas as oportunidades de falar abertamente com a Sra. Van D. sobre nossas muitas divergências e não terei medo – apesar da minha reputação de sabichona – para oferecer minha opinião imparcial. Não direi nada negativo sobre a minha família, embora isso não signifique que não os defenderei caso alguém o diga, e, a partir de hoje, ninguém mais me verá fofocando.

Até o momento, eu tinha certeza absoluta de que os Van Daan eram os únicos culpados de nossas querelas, mas agora estou certa de que a culpa era nossa, em boa parte. Estávamos certos, no que se refere ao tema em questão, mas pessoas inteligentes (como nós!) deveriam ter mais noção sobre como lidar com os outros.

Espero ter adquirido pelo menos um grama dessa noção, e que encontre uma ocasião para colocá-la em bom uso.

Com amor, Anne

SEGUNDA-FEIRA, 24 DE JANEIRO DE 1944

Querida Kitty, uma coisa muito estranha me aconteceu. (Na verdade, "aconteceu" não é bem a palavra certa.)

Antes de eu vir para cá, sempre que alguém em casa ou na escola falava sobre sexo, era sempre reservado ou nojento. Qualquer palavra que tivesse a ver com sexo era falada num sussurro baixinho, e tiravam sarro das crianças que não estavam por dentro das coisas. Eu achava isso estranho, e sempre me perguntava por que as pessoas eram tão misteriosas ou ofensivas quando falavam sobre esse assunto. Mas, como não podia mudar as coisas, eu dizia o mínimo possível ou pedia informações às minhas amigas.

Depois que aprendi um bom tanto, mamãe me disse, certa vez: "Anne, deixe-me dar um bom conselho. Nunca converse sobre isso com os meninos; e, se eles puxarem o assunto, não responda".

Ainda me lembro exatamente da minha resposta. "Não, claro que não", exclamei. "Imagine!" E não dissemos mais nada.

Quando entramos no esconderijo, o papai sempre me falava de coisas que eu preferiria ouvir da mamãe, e aprendi o resto com livros ou coisas que pegava em meio a conversas.

Peter van Daan não era nem um pouco ofensivo com esse assunto, como os meninos da escola. Ou, talvez, apenas uma ou duas vezes, no começo, embora não estivesse tentando me fazer falar. A Sra. Van Daan nos disse, uma vez, que nunca tinha falado desse assunto com Peter, e, até onde sabia, seu marido também não. Aparentemente, ela nem sabia quanto Peter sabia ou de onde tinha tirado a informação.

Ontem, quando Margot, Peter e eu estávamos descascando batata, a conversa passou, de algum jeito, para Boche. "Ainda não temos certeza se Boche é menino ou menina, certo?", eu perguntei.

"Temos, sim", ele respondeu. "Boche é um gato."

"Senhor gato, esse!", comecei a rir. "Já que está grávido."

Peter e Margot riram também. Acontece que, um ou dois meses atrás, Peter nos informou que Boche teria filhotinhos muito em breve, pois sua barriga estava inchando rapidamente. No entanto, acabou que a barriga gorda de Boche se devia a uma porção de ossos roubados. Não tinha filhote nenhum crescendo lá dentro, muito menos prestes a nascer.

Peter sentiu-se incitado a defender-se da minha acusação. "Venha comigo. Veja por si mesma. Eu estava brincando com o gato um dia, e pude ver com certeza que é macho."

Incapaz de conter a curiosidade, fui com ele até o depósito. Boche, no entanto, não queria receber visitas nessa hora, e não estava em lugar algum. Esperamos um pouco, mas, quando esfriou mais, voltamos para o andar de cima.

Ainda nessa tarde, ouvi Peter descer as escadas uma segunda vez. Juntei coragem para cruzar sozinha a casa, que estava um silêncio só, e cheguei ao depósito. Boche se encontrava na mesa de empacotar, brincando com Peter, que estava pronto para colocar o bicho na balança e pesá-lo.

"Oi, quer dar uma olhada?" Sem quaisquer preliminares, ele pegou o gato, virou-o de costas, segurou habilmente a cabeça e as patas e começou a dar a aula. "Esse é o órgão sexual masculino, isso aí são uns pelos soltos, e isso é o traseiro dele."

O gato virou-se e apoiou-se em suas patinhas brancas.

Se qualquer outro menino tivesse me mostrado o "órgão sexual masculino", eu nunca mais olharia na cara dele de novo. Mas Peter continuou, falando num tom de voz normal, sobre algo que, em outra situação, seria um assunto muito embaraçoso. E ele não tinha segundas intenções. Quando terminou, eu já me sentia tão tranquila que comecei a agir naturalmente também. Brincamos com Boche, nos divertimos, conversamos um pouco e por fim passamos pelo longo depósito até a porta.

Tive que criar coragem para fazer uma pergunta, já que não era algo tão "normal" quanto eu pensava. "Peter, a palavra *Geschlechtsteil*, do alemão, significa 'órgão sexual', certo? Mas o masculino e o feminino têm nomes diferentes."

"Eu sei disso."

"O feminino é a vagina, isso eu sei, mas não sei como se chama no macho". "Ah", eu disse. "Como é que vamos saber essas palavras? A maior parte do tempo, só deparamos com elas por acidente."

"Para que esperar? Vou perguntar aos meus pais. Eles sabem mais do que eu e têm mais experiência."

Já estávamos na escada, então nada mais foi dito.

Sim, isso aconteceu mesmo. Eu jamais teria falado sobre isso com uma menina num tom de voz tão normal. Estou certa, também, de que não era a isso que a mamãe se referia quando me alertou com relação aos meninos.

Fato é que eu não fui mais a mesma pelo resto desse dia. Quando me lembrava da nossa conversa, achava tudo estranho. Mas aprendi pelo menos uma coisa: há pessoas jovens, até mesmo as do sexo oposto, que conseguem falar sobre essas coisas naturalmente, sem fazer piada.

Será que o Peter vai mesmo fazer um monte de perguntas aos pais? Será que ele é mesmo como estava ontem?

Ah, sei lá eu!

Com amor, Anne

SEXTA-FEIRA, 28 DE JANEIRO DE 1944

Querida Kitty, hoje de manhã eu estava imaginando se algum dia você já se sentiu como uma vaca, tendo que mastigar minhas notícias rançosas vez por vez até ficar tão entediada com a ração monótona que boceja e, em segredo, deseja que Anne arranje alguma novidade.

Desculpe, sei que você acha tudo maçante como água parada, mas imagine quão cansada eu estou de ouvir sempre as mesmas coisas. Se a conversa, nas refeições, não for sobre política ou comida boa, a mamãe e a Sra. Van D. contam histórias de infância que já ouvimos mil vezes, ou Dussel fala sem parar sobre belos cavalos de corrida, o armário imenso de sua Charlotte, botes com vazamentos, meninos que já sabem nadar aos quatro anos de idade, músculos doloridos e pacientes assustados. Tudo se resume a isto: sempre que um de nós oito abre a boca, os outros sete conseguem terminar a história por este. Sabemos a graça de cada piada antes mesmo que a contem, de modo que a pessoa que conta tem que rir sozinha. Os muitos leiteiros, verdureiros e açougueiros das duas ex-donas de casa foram elogiados até dizer chega ou assolados tantas vezes que, em nossa imaginação, eles já estão velhos como Matusalém; não há, absolutamente, a menor chance de alguma coisa nova ou recente ser trazida para a conversa no Anexo.

Entretanto, tudo isso poderia ser tolerável se ao menos os adultos não tivessem o hábito de repetir as histórias que ouvimos do Sr. Kleiman, Jan ou Miep, toda vez embelezando-as com alguns detalhes que inventam, de modo que tenho sempre que me beliscar no braço, debaixo da mesa, para me conter e não colocar o entusiasmado contador de histórias na trilha certa. As criancinhas, como Anne, não devem nunca, jamais, corrigir os mais velhos, por mais erros que cometam ou quanto se permitam ser dominados pela imaginação.

Jan e o Sr. Kleiman adoram falar de pessoas que foram para o subsolo ou para esconderijos; sabem que estamos ávidos por ouvir sobre outras pessoas que estão na mesma situação e que realmente simpatizamos com a tristeza daqueles que foram presos, bem como com a alegria dos que foram libertados.

Esconder-se ou entrar no subsolo tornaram-se coisas tão rotineiras quanto o cachimbo e as chinelas que aguardavam os homens da casa após um longo dia de trabalho. Há muitos grupos de resistência, como o Holanda Livre, que forja documentos de identificação, oferece apoio financeiro para os que estão escondidos, organiza esconderijos e arranja trabalho para jovens cristãos que vão ao subsolo. É incrível quanta coisa essas pessoas generosas e altruístas fazem, arriscando a própria vida para ajudar e salvar os outros.

O melhor exemplo disso são os nossos ajudantes, que conseguiram nos manter até agora, e que esperamos que nos levarão em segurança ao fim da jornada, pois, do contrário, terão de partilhar o destino daqueles que estão tentando proteger. Jamais eles disseram uma palavra que fosse sobre o fardo que devemos ser, jamais reclamaram que damos muito trabalho. Eles vêm aqui para cima todos os dias e conversam com os homens sobre negócios e política; com as mulheres sobre comida e dificuldades da guerra; e, com as crianças, sobre livros e jornais. Sempre com a expressão mais alegre no rosto, trazem flores e presentes nos aniversários e nas festas, e estão sempre prontos para fazer o que puderem. Isso é algo que não devemos esquecer jamais: enquanto outros demonstram seu heroísmo em batalha ou contra os alemães, nossos ajudantes provam o seu todos os dias, com bondade e afeto.

As histórias mais bizarras ocorrem quando fazem as rondas, entretanto a maioria delas é verdade. Por exemplo, o Sr. Kleiman relatou, essa semana, que houve uma partida de futebol em Gelderland; um time consistia inteiramente em homens que tinham ido para o subsolo, e o outro era composto de onze policiais militares. Em Hilversum, emitiram novos cartões de registro. Para que as muitas pessoas escondidas pegassem suas provisões (é preciso mostrar esse cartão para obter o livro com os selos de racionamento ou pagar 60 florins por um livro), o funcionário pediu que todos os que estavam escondidos nesse distrito pegassem seus cartões num horário específico, quando os documentos poderiam ser coletados numa mesa separada.

Fato é que é preciso ter cuidado para que manobras como essas não cheguem aos ouvidos dos alemães.

Com amor, Anne

QUINTA-FEIRA, 3 DE FEVEREIRO DE 1944

Querida Kitty, a febre da invasão está assomando cada vez mais por todo o país. Se você estivesse aqui, tenho certeza de que ficaria tão impressionada quanto eu com os muitos preparativos, embora, sem dúvida, acharia graça de todo o furdunço que estamos fazendo. Vai saber; talvez não precise de nada disso!

Os jornais estão cheios de notícias da invasão e levando todos à loucura com frases como: "Caso os ingleses pousem na Holanda, os alemães farão de tudo para defender o país, até inundá-lo, se necessário". Publicaram mapas da Holanda com as áreas passíveis de inundação marcadas. Como grandes porções de Amsterdã foram marcadas, nossa primeira dúvida foi o que deveríamos fazer se a água nas ruas subir até acima da nossa cintura. Essa pergunta complicada provocou uma variedade de respostas:

"Será impossível ir a pé ou de bicicleta, então teremos que passar pela água."

"Não seja bobo. Teremos que tentar nadar. Vamos colocar o traje de banho e a touca e nadar debaixo da água o máximo que pudermos, para ninguém poder ver que somos judeus."

"Ah, que bobagem! Posso até imaginar as damas nadando com os ratos mordendo-as nas pernas!" (Quem disse isso foi um homem, claro; veremos quem grita mais alto!)

"Nem poderemos sair da casa. O depósito está tão instável que desabará se houver uma inundação."

"Escutem, todos, falando sério, precisamos tentar arranjar um bote."

"Para que isso? Eu tenho uma ideia melhor. Podemos pegar uma caixa de madeira, do sótão, e remar com uma colher de pau."

"Vou andar de pernas de pau. Eu era ótima nisso quando mais nova."

"Jan Gies não vai precisar. Vai levar a esposa nas costas, então será Miep a andar de pernas de pau."

Então agora você faz uma ideia do que está acontecendo, não é, Kitty? A brincadeira jovial é muito divertida, mas a realidade será o contrário. A segunda dúvida com relação à invasão estava prestes a aparecer: o que faríamos se os alemães evacuassem Amsterdã?

"Sair da cidade junto com os outros. Ir disfarçados o melhor que pudermos."

"Aconteça o que acontecer, não podemos sair! O melhor a fazer é ficar aqui! Os alemães são capazes de arrebanhar toda a população da Holanda para a Alemanha, onde todos morrerão."

"Claro que ficaremos aqui. É o lugar mais seguro. Tentaremos convencer Kleiman e sua família a vir para cá, morar conosco. De algum modo, conseguiremos um saco de lascas de madeira, e aí poderemos dormir no chão. Vamos pedir a Miep e Kleiman que tragam uns cobertores, por via das dúvidas. E pediremos mais cereais para aumentar os trinta quilos que já temos. Jan pode tentar arranjar mais feijão. No momento, temos uns trinta quilos de feijão e cinco de ervilha seca. E não se esqueçam das cinquenta latas de legumes."

"E o resto, mamãe? Conte os dados mais recentes."

"Dez latas de peixe, quarenta latas de leite, dez quilos de leite em pó, três garrafas de óleo, quatro nacos de manteiga, quatro jarras de carne, duas jarras grandes de morango, duas jarras de framboesa, vinte jarras de tomate, cinco quilos de aveia, uns quatro de arroz. É isso."

Nossas provisões estão durando bastante. Fato é que temos que alimentar o pessoal do escritório, o que significa retirar de nosso estoque toda semana, então não é tanto quanto parece. Temos carvão e lenha o suficiente, velas também.

"Vamos fazer saquinhos de dinheiro para esconder nas roupas, para podermos levar nosso dinheiro se precisarmos sair daqui."

"Podemos fazer listas do que levar primeiro caso tenhamos que fugir correndo, e deixar as mochilas prontas de antemão."

"Quando chegar a hora, colocaremos duas pessoas de vigia, uma no sótão, na frente da casa, e uma nos fundos."

"Ei, de que adiantará ter tanta comida se não houver água, gás nem eletricidade?"

"Teremos que cozinhar no fogão a lenha. Filtrar a água e ferver. Devíamos limpar uns jarros grandes e encher de água. Podemos também estocar água nas três chaleiras que usamos para enlatar e na banheira."

"Além disso, ainda temos uns cem quilos de batata no depósito de tempero."

O dia inteiro é só isso que eu ouço. Invasão, invasão, nada além da invasão. Discussões sobre passar fome, morrer, bombas, extintores de incêndio, sacos de dormir, documentos de identidade, gás venenoso etc. Nada muito animador.

Um bom exemplo dos alertas explícitos do contingente masculino é a seguinte conversa com Jan:

Anexo: "Tememos que, quando os alemães se retirarem, eles levarão a população inteira consigo".

Jan: "Isso é impossível. Eles não têm trens suficientes".

Anexo: "Trens? Você acha mesmo que eles colocariam os civis em trens? De jeito nenhum. Todos teriam que camelar". (Ou, como Dussel sempre diz, *per pedes apostolorum.*)

Jan: "Não posso acreditar nisso. Vocês sempre olham para o lado negativo. Que motivo eles teriam para juntar todos os civis e levá-los consigo?".

Anexo: "Vocês não se lembram de Goebbels dizendo que, se os alemães tiverem que ir, eles baterão a porta para todos os territórios ocupados?".

Jan: "Eles disseram várias coisas".

Anexo: "Você acha que os alemães são nobres ou humanos demais para fazer isso? O raciocínio deles é este: se cairmos, arrastaremos todo mundo conosco".

Jan: "Pode dizer o que quiser; eu não acredito".

Anexo: "É sempre a mesma história. Ninguém quer enxergar o perigo até o encarar".

Jan: "Mas vocês não têm certeza de nada. Estão só fazendo uma suposição".

Anexo: "Porque já passamos por isso, primeiro na Alemanha, e agora aqui. O que acha que está acontecendo na Rússia?".

Jan: "Não se deve incluir os judeus. Acho que ninguém sabe o que está acontecendo na Rússia. Os ingleses e os russos estão provavelmente exagerando à guisa de propaganda, como os alemães".

Anexo: "Claro que não. A BBC sempre disse a verdade. E ainda que as notícias sejam um pouco exageradas, os fatos em si já são bem ruins. Não se pode negar que milhões de cidadãos pacíficos da Polônia e da Rússia foram mortos".

Pouparei você do restante das conversas. Estou muito calma, e não dou atenção a todo o furdunço. Cheguei ao ponto em que mal posso ligar se vivo ou morro. O mundo continuará girando sem mim, e não posso fazer nada para mudar os eventos, afinal. Apenas deixarão que as coisas sigam seu curso e me concentrarei em estudar, torcendo para que fique tudo bem, no fim.

Com amor, Anne

SÁBADO, 12 DE FEVEREIRO DE 1944

Querida Kitty, o sol está brilhando, o céu está um azul profundo, há uma brisa magnífica, e eu anseio – anseio demais – por tudo: conversa, liberdade, amigos, ficar sozinha. Anseio por... chorar! Sinto como se estivesse prestes a explodir. Sei que chorar ajudaria, mas não posso chorar. Estou inquieta. Vou de um quarto para outro, respiro pela fresta da janela, sinto meu coração batendo, como se dissesse: "Atenda esse meu anseio, por fim...".

Acho que a primavera está dentro de mim. Sinto a primavera acordando, sinto-a em todo o meu corpo, toda a minha alma. Tenho que me forçar a agir normalmente. Estou num estado de confusão total, não sei o que ler, o que escrever, o que fazer. Só sei que anseio por alguma coisa...

Com amor, Anne

DOMINGO, 13 DE FEVEREIRO DE 1944

Querida Kitty, muita coisa mudou para mim desde sábado. O que aconteceu foi isto: eu ansiava por alguma coisa (e ainda anseio), mas… uma parte pequena, muito pequena, do problema foi resolvida.

Nesta manhã, eu notei, para minha grande alegria (serei honesta com você), que Peter ficava olhando para mim. Não do jeito de sempre. Não sei, não consigo explicar, mas de repente tive a sensação de que ele não estava tão apaixonado por Margot quanto eu pensava. O dia todo tentei não olhar muito para ele, porque, sempre que o fazia, eu o pegava olhando para mim, e então – bem, isso me fazia sentir maravilhosa por dentro, e essa não é uma sensação que eu deveria ter o tempo todo.

Quero desesperadamente ficar sozinha. Papai percebeu que não estou exatamente como sempre, mas realmente não posso contar tudo a ele. "Deixe-me em paz, deixe-me em paz", é isso que eu gostaria de ficar gritando o tempo todo. Quem sabe chegará o dia em que ficarei sozinha mais do que gostaria!

FEVEREIRO

1944

O diário de Anne Frank

SEGUNDA-FEIRA, 14 DE FEVEREIRO DE 1944

Domingo à noite, todos, exceto Pim e eu, estavam reunidos em torno do rádio, ouvindo a "Música Imortal dos Mestres Alemães". Dussel ficava girando os botões, o que incomodou o Peter, e os outros também. Após se conter por meia hora, Peter perguntou, meio irritado, se o homem não poderia parar de fuçar no rádio. Dussel respondeu em seu tom mais arrogante: "*Ich mach das schon!*" [Se eu quiser!]. Bravo, Peter fez um comentário insolente. O Sr. Van Daan ficou do lado do filho, e Dussel teve que recuar. E foi isso.

O motivo da discordância não era muito interessante em si, mas Peter parece ter levado a questão muito a sério, pois, hoje de manhã, quando eu fuçava a caixa de livros, no sótão, Peter veio e começou a me contar o que tinha acontecido. Eu não sabia nada disso, mas Peter logo percebeu que havia encontrado um ouvinte atencioso e se empolgou com o assunto.

"Bem, é assim", ele disse. "Eu não costumo falar muito, já que sei, de antemão, que vou me atrapalhar. Começo a gaguejar e ficar verme-lho, e confundo as palavras tanto que, no fim, tenho que parar, porque não consigo achar as palavras certas. Foi isso que aconteceu ontem. Eu pretendia dizer algo totalmente diferente, mas, quando comecei, fiquei todo confuso. É horrível. Eu tinha um hábito ruim, e às vezes queria ter ainda: sempre que ficava bravo com alguém, eu batia na pessoa, em vez de discutir com ela. Sei que esse método não me levará a lugar algum, e é por isso que admiro você. Você nunca fica sem palavras: você diz o que quer e não fica nem um pouco tímida."

"Ah, nisso você está errado", respondi. "A maior parte do que falo sai bem diferente do que eu tinha planejado. Além disso, falo demais e por muito tempo, e isso é tão ruim quanto."

"Pode ser, mas sua vantagem é que ninguém consegue ver que você está envergonhada. Você não fica vermelha nem perde a cabeça."

Não pude deixar de, em segredo, ficar encantada com o que ele dizia. Entretanto, como eu queria que ele continuasse a falar, baixinho, sobre si mesmo, escondi o riso, sentei-me numa almofada no chão, envolvi os joelhos com os braços e o olhei intensamente.

Fico contente por haver mais alguém nesta casa que tem os mesmos acessos de raiva que eu. Peter pareceu aliviado por poder criticar Dussel sem ter receio de que eu o dedurasse. Quanto a mim, estava satisfeita também, pois tinha uma forte sensação de amizade, algo que me lembrava de ter somente com as minhas amigas.

Com amor, Anne

QUARTA-FEIRA, 16 DE FEVEREIRO DE 1944

Peter e eu não tínhamos nos falado o dia todo, exceto por algumas palavras insignificantes. Estava frio demais para subir ao sótão, e, enfim, era aniversário da Margot. Ao meio-dia e meia ele veio ver os presentes e ficou por ali, conversando, por mais tempo do que era estritamente necessário, algo que nunca fizera. Mas eu tive a minha chance à tarde.

Como queria mimar Margot por causa do aniversário, fui pegar o café, e depois disso a batata. Ao entrar no quarto do Peter, ele correu para tirar seus papéis da escada, e eu perguntei se devia fechar a porta que dá para o sótão.

"Claro", ele disse, "pode ir. Quando quiser voltar, é só bater que eu abro para você."

Agradeci, subi as escadas e passei pelo menos dez minutos fuçando no barril, em busca das batatas menores. Minhas costas começaram a doer, e o sótão estava gelado demais. Naturalmente, não me dei o trabalho de bater, e abri o alçapão sozinha. Mas ele fez questão de levantar e tomar a panela das minhas mãos.

"Fiz o que pude, mas não consegui achar nenhuma menor."

"Procurou no barril grande?"

"Sim, procurei em todos."

A essa altura, eu já estava no fim da escada, e ele examinava a panela de batata que ainda segurava. "Ah, essas estão boas", ele disse. E acrescentou, quando tirei dele a panela: "Meus parabéns!".

Ao dizer isso, ele me olhou de um jeito tão cálido e terno que comecei a brilhar por dentro. Dava para ver que queria me agradar, mas, como não podia fazer um longo discurso me elogiando, disse tudo apenas com o olhar. Eu o entendi muito bem e fiquei muito grata. Ainda fico feliz de me lembrar dessas palavras e daquele olhar!

Quando desci, a mamãe disse que precisava de mais batatas, dessa vez para o jantar, então me ofereci para voltar lá para cima. Quando entrei no quarto do Peter, pedi desculpas por incomodá-lo de novo. Quando comecei a subir a escada, ele se levantou, aproximou-se até ficar entre a escada e a parede, me pegou pelo braço e tentou me impedir.

"Eu vou", disse ele. "Tenho que subir, de qualquer maneira."

Respondi que não era necessário, que eu não precisava pegar só as pequenas, dessa vez. Convencido por mim, ele soltou meu braço. Quando eu voltava, ele abriu o alçapão e, mais uma vez, tomou de mim a panela. Parada junto à porta, eu perguntei: "O que está estudando?".

"Francês", ele respondeu.

Perguntei se podia dar uma olhada nas lições dele. Então fui lavar as mãos e me sentei de frente para ele, no divã.

Depois que expliquei para ele um pouco de francês, começamos a conversar. Ele me contou que, após a guerra, queria ir para as Índias Orientais Holandesas e morar numa plantação de seringueiras. Falou sobre sua vida em casa, o mercado negro, e como se sentia um vagabundo inútil. Eu lhe disse que ele tinha um complexo de inferioridade enorme. Ele falou sobre a guerra, disse que a Rússia e a Inglaterra estavam fadadas a entrar em guerra uma com a outra, e sobre os judeus. Disse que a vida teria sido muito mais fácil se ele fosse cristão ou pudesse tornar-se um após a guerra. Perguntei se ele queria ser batizado, mas também não era a isso que ele se referia. Ele disse que nunca conseguiria se sentir cristão, mas que, após a guerra, garantiria que ninguém soubesse que era judeu. Senti uma pontada.

Mas continuamos falando de coisas muito agradáveis, sobre o papai, sobre julgar o caráter humano e todo tipo de coisa, tantas que nem consigo me lembrar de todas.

Saí às cinco e quinze, porque Bep tinha chegado.

Nessa noite ele disse outra coisa de que gostei. Falávamos sobre a foto de uma estrela de cinema que um dia eu lhe dera, que está pendurada no quarto dele há pelo menos um ano e meio. Ele gostava tanto da foto que me ofereci para dar-lhe mais algumas.

"Não", ele respondeu, "prefiro ficar com essa que eu já tenho. Olho para ela todo dia, e as pessoas da foto viraram minhas amigas."

Agora entendo melhor por que ele sempre abraça Mouschi tão apertado. Obviamente, precisa de afeto também. Esqueci de mencionar outra coisa sobre a qual ele falou. Peter disse: "Não, não tenho medo, só de coisas que têm a ver comigo, mas estou trabalhando nisso".

Peter tem um enorme complexo de inferioridade. Por exemplo, ele sempre acha que é muito burro e que somos muito espertas. Quando eu o ajudo com o francês, ele me agradece umas mil vezes. Qualquer dia desses vou dizer: "Ah, para com isso! Você é muito melhor que eu em inglês e geografia!".

Anne Frank

SEXTA-FEIRA, 18 DE FEVEREIRO DE 1944

Minha querida Kitty, sempre que vou lá para cima, é para poder vê-lo. Agora que tenho algo pelo que aguardar, minha vida aqui melhorou demais.

Pelo menos o objeto da minha amizade está sempre aqui, e não tenho que ter medo de rivais (exceto Margot). Não pense que estou apaixonada, porque não estou, mas a minha sensação é de confiança de que algo lindo vai se desenrolar entre mim e Peter, um tipo de amizade. Vou vê-lo sempre que tenho chance, e não é como antes, quando ele não sabia o que pensar de mim. Pelo contrário, ele continua falando mesmo quando estou saindo pela porta. A mamãe não gosta que eu vá lá para cima. Sempre diz que estou incomodando Peter e que deveria deixá-lo em paz. Afinal de contas, ela acha mesmo que não tenho nem um pouco de intuição? Ela sempre olha para mim de um jeito tão estranho quando vou ao quarto do Peter. Quando volto lá para baixo, ela me pergunta onde eu estava. É terrível, mas estou começando a odiá-la!

Com amor, Anne M. Frank

SÁBADO, 19 DE FEVEREIRO DE 1944

Querida Kitty, já é sábado de novo, e não preciso dizer mais nada. Hoje de manhã, estava tudo quieto. Passei quase uma hora lá em cima fazendo almôndegas, mas só falei com "ele" quando nos vimos.

Quando todos foram para o andar de cima, às duas e meia, para ler ou tirar uma soneca, eu desci, com cobertor e tudo, para me sentar à escrivaninha e ler ou escrever. Não demorou e não pude mais aguentar. Escondi o rosto nos braços e chorei horrores. As lágrimas escorriam pelas minhas bochechas, e me sentia desesperadamente infeliz. Oh, se ao menos "ele" tivesse vindo me consolar.

Já passava das quatro quando voltei lá para cima. Às cinco, fui pegar batata, na esperança de que mais uma vez nos encontraríamos, mas enquanto eu ainda estava no banheiro, arrumando o cabelo, ele foi ver Boche.

Eu queria ajudar a Sra. Van D. e subi as escadas com meu livro e tudo, mas de repente senti as lágrimas voltando. Desci correndo as escadas e entrei no banheiro, agarrando o espelho de mão no caminho. Fiquei ali sentada, no vaso sanitário, toda vestida, muito tempo depois de ter terminado, com as lágrimas fazendo marcas escuras no vermelho do avental, e me sentia totalmente rejeitada.

Era isto que passava pela minha cabeça: "Oh, eu nunca me aproximarei do Peter desse jeito. Vai saber, talvez ele nem goste de mim e não precise de ninguém com quem se confidenciar. Talvez só pense de modo casual. Terei que voltar a ser sozinha, sem ninguém com quem me confidenciar e sem Peter, sem esperança, conforto ou algo pelo que aguardar. Oh, se ao menos eu pudesse descansar a cabeça no ombro dele e não me sentir tão sozinha e abandonada! Sei lá, talvez ele não dê a mínima para mim e olhe para os outros com a mesma ternura.

Talvez eu só tenha imaginado que eu era especial. Oh, Peter, se apenas você pudesse me ouvir ou me ver. Se a verdade for uma decepção, não conseguirei suportar".

Um pouco mais tarde, eu já me sentia esperançosa e cheia de expectativa de novo, embora as lágrimas ainda fluíssem – por dentro.

Com amor, Anne M. Frank

QUARTA-FEIRA, 23 DE FEVEREIRO DE 1944

Minha querida Kitty, o clima está maravilhoso desde ontem, e fiquei um pouco mais animada. Minha escrita, a melhor coisa que tenho, está indo muito bem. Vou ao sótão quase todas as manhãs tirar o ar rançoso dos pulmões. Hoje de manhã, quando fui até lá, Peter estava por ali, faxinando.

Ele terminou rápido e veio até onde eu estava sentada, no meu cantinho preferido, no chão. Ficamos olhando para o céu azul, a castanheira nua brilhando de orvalho, as gaivotas e outros pássaros reluzindo o prateado ao mergulhar pelo ar, e ficamos tão comovidos e hipnotizados que não conseguíamos falar. Ele ergueu a cabeça para receber um raio grosso de luz, enquanto eu continuei sentada. Inspiramos o ar, olhando lá para fora, e nós dois sentíamos que o encanto não deveria ser quebrado por palavras. Ficamos desse jeito por um bom tempo, e quando ele teve que ir ao mezanino cortar lenha, eu já sabia que era um menino bom e decente. Ele subiu a escada para o mezanino, e fui atrás; durante os quinze minutos que passou cortando a lenha, também não dissemos uma palavra sequer. Fiquei observando de onde estava, e pude ver que ele estava fazendo seu melhor para cortar do jeito certo e exibir sua força. Mas eu também olhava para a janela aberta, deixando meus olhos vagarem por uma grande porção de Amsterdã, por cima das coberturas, até o horizonte, uma faixa azul tão pálida que era quase invisível.

Enquanto isso existir, pensei, *esse sol e esse céu sem nuvens, e enquanto eu puder apreciar, como posso ficar triste?*

O melhor remédio para quem está assustado, sozinho ou infeliz é sair, ir para um lugar em que se possa ficar sozinho, sozinho com o céu, com a natureza e com Deus. Pois então, e apenas então, é possível sentir que tudo está como deveria estar, e que Deus quer que as pessoas sejam felizes em meio à beleza e à simplicidade da natureza.

Enquanto isso existir, e deve ser para sempre, eu sei que haverá consolo para toda tristeza, sejam quais forem as circunstâncias. Acredito piamente que a natureza pode trazer conforto para aqueles que sofrem.

Oh, quem sabe talvez não demore até que eu possa partilhar essa sensação maravilhosa de felicidade com alguém que sente o mesmo que eu.

Com amor, Anne

P.S.: Pensamentos: para Peter.

Estamos perdendo tanta coisa aqui, tanta coisa, e por tanto tempo. Sinto falta disso tanto quanto você sente. Não estou falando de coisas lá de fora, visto que estamos bem servidos nesse sentido; refiro-me às coisas de dentro. Como você, anseio por liberdade e ar puro, mas acho que fomos amplamente compensados por essa perda. Por dentro, quero dizer.

Hoje de manhã, quando estava sentada em frente à janela e olhava demorada e intensamente para o exterior, para Deus e a natureza, eu estava feliz, simplesmente feliz. Peter, enquanto as pessoas sentirem esse tipo de felicidade por dentro, a alegria da natureza, da saúde e muito mais além disso, elas sempre poderão reaver essa felicidade.

Riquezas, prestígio, tudo pode ser perdido. Mas a felicidade dentro do coração só pode ser ofuscada; ela sempre estará lá, enquanto você viver, para fazê-lo feliz de novo.

Enquanto puder olhar sem medo para o céu, você saberá que é puro por dentro e encontrará a felicidade mais uma vez.

DOMINGO, 27 DE FEVEREIRO DE 1944

Minha querida Kitty, desde cedo pela manhã até tarde da noite, tudo que faço é pensar em Peter. Adormeço com a imagem dele na mente, sonho com ele e acordo com ele ainda olhando para mim.

Tenho a forte sensação de que Peter e eu não somos tão diferentes quanto talvez pareçamos ser por fora, e posso explicar a razão: nem eu nem Peter temos mães. A dele é superficial demais, gosta de flertar e não se preocupa muito com o que se passa na cabeça dele. A minha tem interesse ativo na minha vida, mas não tem tato, sensibilidade nem compreensão materna.

Peter e eu estamos lidando com nossos sentimentos mais profundos. Ainda somos inseguros e vulneráveis demais, emocionalmente, para que nos tratem de modo tão rude. Sempre que isso acontece, quero correr lá para fora ou esconder meus sentimentos. Em vez disso, bato panelas, jogo água para todo lado e sou sempre barulhenta, para que todos desejem que eu esteja a quilômetros dali. A reação de Peter é fechar-se, falar pouco, ficar quieto, sonhando acordado, o tempo todo escondendo seu verdadeiro eu de modo cuidadoso.

Mas como e quando nós alcançaremos um ao outro por fim?

Não sei por quanto tempo conseguirei manter esse anseio sob controle.

Com amor, Anne M. Frank

SEGUNDA-FEIRA, 28 DE FEVEREIRO DE 1944

Minha querida Kitty, é como um pesadelo, algo que continua por muito tempo depois que acordei. Eu o vejo quase todas as horas do dia e, no entanto, não posso estar com ele, não posso deixar que os outros notem, e tenho que fingir estar alegre, embora meu coração sofra.

Peter Schiff e Peter van Daan derreteram num só Peter, que é bom e gentil e a quem desejo desesperadamente. A mamãe é terrível; o papai, bondoso, o que faz dele ainda mais exasperador; e Margot é a pior, já que tira vantagem do meu rosto sorridente para me reivindicar para si, quando tudo que quero é ficar sozinha.

Peter não veio ficar comigo no sótão; foi ao mezanino fazer um pouco de carpintaria. A cada raspada e batida, mais um pedaço da minha coragem foi arrancado, e fiquei ainda mais infeliz. Ao longe, um relógio entoava "Seja puro de coração, seja puro na mente!".

Sou sentimental, sei disso. Sou uma tola desanimada, sei disso também.

Oh, me ajude!

Com amor, Anne M. Frank

QUARTA-FEIRA, 1º DE MARÇO DE 1944

Querida Kitty, meus assuntos foram empurrados para o canto por um assalto. Sei que estou incomodando você com todas essas invasões, mas o que posso fazer se os ladrões apreciam tanto honrar a Gies & Go. com sua presença? Esse incidente é muito mais complicado do que o anterior, de julho de 1943.

Ontem à noite, às sete e meia, o Sr. Van Daan seguia, como de costume, para o escritório do Sr. Kugler, quando viu que tanto a porta de vidro quanto a porta do escritório estavam abertas. Ele ficou surpreso, mas seguiu adiante, e ficou ainda mais impressionado ao notar que as portas da alcova estavam abertas também, e que havia uma bagunça terrível no escritório da frente.

Houve um assalto, foi a ideia que passou pela mente dele. Contudo, apenas para ter certeza, ele desceu até a porta da frente, checou a tranca e encontrou tudo fechado. "Bep e Peter devem apenas ter sido descuidados esta noite", concluiu o Sr. Van D. Ele passou um tempo no escritório do Sr. Kugler, desligou a lâmpada e foi para cima, sem se preocupar muito com as portas abertas ou o escritório bagunçado.

Hoje de manhã, bem cedo, Peter bateu à nossa porta para nos contar que a porta da frente estava aberta e que o projetor e a maleta nova do Sr. Kugler tinham desaparecido do armário. Peter foi instruído a trancar a porta. O Sr. Van Daan nos contou suas descobertas da noite anterior, e ficamos extremamente preocupados.

A única explicação era que o ladrão devia ter uma cópia da chave, visto que não havia sinais de uma entrada forçada. Ele deve ter entrado de fininho no começo da noite, fechado a porta, se escondido quando ouviu o Sr. Van Daan, escapado com os itens roubados depois que o Sr. Van Daan subiu e, na pressa, não se preocupara em fechar a porta.

Quem poderia ter a nossa chave? Por que o ladrão não foi até o depósito? Seria um dos funcionários do depósito, e será que ia nos entregar, agora que tinha ouvido o Sr. Van Daan e talvez até o tenha visto?

É tudo muito assustador, já que não sabemos se o ladrão terá a ideia de tentar entrar de novo. Ou será que ficou tão assustado quando ouviu outra pessoa no prédio que não vai querer mais se aproximar?

Com amor, Anne

QUINTA-FEIRA, 2 DE MARÇO DE 1944

Querida Kitty, Margot e eu ficamos juntas no sótão, hoje. Não consigo apreciar ficar lá com ela como imagino que seria com Peter (ou outra pessoa). Sei que ela sente o mesmo que eu com relação à maioria das coisas!

Enquanto lavavam a louça, Bep começou a falar com a mamãe e a Sra. Van Daan sobre quão desencorajada ela fica. Que ajuda aquelas duas lhe ofereceram? Nossa mãe sem tato, principalmente, só fez as coisas irem de ruins para péssimas. Sabe qual foi o conselho dela? Que ela deveria pensar em todas as outras pessoas do mundo que estão sofrendo! Como pensar na tristeza dos outros pode ajudar quando você está se sentindo péssima? Foi o que eu disse. A resposta delas, claro, foi que eu devia ficar fora de conversas desse tipo.

Os adultos são tão idiotas! Como se Peter, Margot, Bep e eu não tivéssemos todos os mesmos sentimentos. A única coisa que ajuda é o amor de mãe, ou o de um amigo muito, muito próximo. Mas essas duas mães não entendem nada sobre nós! Talvez a Sra. Van Daan compreenda um pouco mais que a mamãe. Oh, eu queria ter podido dizer algo à pobre da Bep, algo que sei, por experiência própria, que teria ajudado. Mas o papai entrou no meio e me tirou dali com grosseria. São todos uns idiotas!

Neste momento, a mamãe está resmungando comigo de novo; é claro que está com ciúme, porque converso mais com a Sra. Van Daan do que com ela. Não estou nem aí!

Consegui fazer Peter ficar comigo esta tarde, e conversamos por pelo menos 45 minutos. Ele queria me dizer algo sobre si, mas achava difícil. Por fim, ele soltou, embora tenha demorado. Para ser sincera, eu não sabia se era melhor, para mim, ficar ou sair de perto. Mas queria tanto ajudá-lo! Contei-lhe sobre Bep e quão sem tato são nossas mães. Ele me contou que seus pais brigam constantemente, sobre política e cigarro e todo tipo de coisa. Como já disse a você antes, Peter é muito tímido, mas não tímido demais a ponto de não admitir que ficaria muito contente em não ver os pais por um ou dois anos. "Meu pai não é tão bom quanto parece", disse ele. "Mas, quanto à questão do cigarro, a mamãe tem toda a razão."

Também lhe contei sobre a minha mãe, porém ele veio em defesa do papai. Disse que o acha um "cara incrível".

Peter é um "cara incrível", como o papai!

Com amor, Anne M. Frank

SEXTA-FEIRA, 3 DE MARÇO DE 1944

Minha querida Kitty, quando olhei para a vela esta noite, me enti calma e contente de novo. Parece que a vovó está dentro dessa vela, e é ela que cuida de mim e me protege e me faz ser feliz de novo. Mas... há outra pessoa que governa todos os meus estados de espírito, e esse alguém é... Peter. Fui pegar batata hoje e, quando parei à escada com a panela cheia, ele perguntou: "O que você fez na hora do almoço?".

Sentei-me nas escadas e começamos a conversar. A batata só foi chegar à cozinha às cinco e quinze (uma hora depois de eu ter ido buscá-la). Peter não disse mais nada sobre os pais; só falamos sobre livros e o passado. Oh, ele me olha com um calor no olhar; acho que não vai demorar até que eu esteja apaixonada por ele.

Ele mencionou o assunto hoje à noite. Fui ao quarto dele após descascar batata e comentei como estava quente. "Dá para saber a temperatura só de olhar para Margot e eu, porque ficamos brancas quando está frio e vermelhas quando está quente", comentei.

"Apaixonada?", ele perguntou.

"Por que eu estaria apaixonada?" Foi uma resposta bem boba (ou melhor, uma pergunta).

"Por que não?", ele disse, e então deu a hora do jantar.

O que Peter quis dizer? Hoje, finalmente consegui perguntar-lhe se a minha tagarelice o incomodava. Tudo que ele disse foi: "Ah, por mim tudo bem!". Não sei dizer quanto da resposta foi devido à timidez.

Kitty, estou falando como alguém que está apaixonado e não consegue falar de mais nada além de seu amado. E Peter é um amor. Algum dia conseguirei lhe dizer isso? Apenas se ele pensar o mesmo de mim, mas sou o tipo de pessoa que se deve tratar com delicadeza, sei disso muito bem.

E Peter gosta de ficar sozinho, então não sei quanto ele gosta de mim. Em todo caso, estamos nos conhecendo um pouco melhor. Queria que ousássemos falar mais. Mas, quem sabe, talvez essa hora chegue mais cedo do que eu imagino!

Uma ou duas vezes por dia ele me lança um olhar cheio de significado, eu pisco de volta, e ficamos contentes. Parece loucura dizer que Peter está contente, e no entanto tenho uma sensação arrebatadora de que ele pensa o mesmo que eu.

Com amor, Anne M. Frank

SÁBADO, 4 DE MARÇO DE 1944

Querida Kitty, este é o primeiro sábado em meses que não foi cansativo, aborrecido e entediante. O motivo foi o Peter. Hoje de manhã, estava a caminho do sótão para pendurar o avental, quando o papai perguntou se eu queria ficar e praticar francês, e eu disse que sim.

Falamos francês por um tempo, e expliquei algo ao Peter, e depois passamos a estudar inglês. O papai leu Dickens em voz alta, e eu estava no sétimo céu, pois estava sentada na cadeira do papai, perto do Peter.

Desci às quinze para as onze. Quando voltei ao andar de cima, às onze e meia, Peter já estava esperando por mim na escada. Conversamos até quinze para a uma. Sempre que saio do local, por exemplo, após uma refeição, e Peter tem chance e ninguém mais pode ouvir, ele diz: "Tchau, Anne, vejo você depois".

Oh, estou tão feliz! Será que ele vai se apaixonar por mim, afinal? Em todo caso, é um bom garoto, e você não faz ideia de como é bom conversar com ele!

A Sra. Van D. acha tudo bem eu conversar com o Peter, mas hoje ela me perguntou, para provocar: "Posso confiar em vocês dois lá em cima?".

"Claro que sim", protestei. "Essa pergunta é um insulto!"

De manhã, à tarde e à noite eu anseio por ver Peter.

Com amor, Anne M. Frank

SEGUNDA-FEIRA, 6 DE MARÇO DE 1944

Querida Kitty, posso ver no rosto de Peter que ele pondera as coisas tão profundamente quanto eu. Ontem à noite, fiquei irritada quando a Sra. Van D. zombou dele, dizendo: "O pensador!". Peter ficou vermelho e todo envergonhado, e eu quase perdi a cabeça.

Por que essas pessoas não ficam de boca fechada?

Você não imagina como é ter que ficar no meu canto e ver quão solitário ele é, sem poder fazer nada. Eu posso imaginar, como se estivesse no lugar dele, quão desanimado ele deve se sentir, às vezes, durante essas brigas. E quanto ao amor... Pobre Peter, ele precisa tanto ser amado!

Achei tão frio quando ele disse que não precisa de nenhum amigo. Ah, ele está muito errado! Não creio que realmente pense assim. Ele se agarra à masculinidade, à solidão e à indiferença fingida para poder sustentar seu papel, para que nunca, jamais tenha que mostrar seus sentimentos. Pobre Peter, por quanto tempo aguentará? Será que vai explodir com esse esforço sobre-humano?

Oh, Peter, se ao menos eu pudesse ajudá-lo, se ao menos você me permitisse! Juntos, poderíamos banir nossa solidão, a sua e a minha!

Tenho pensado bastante, mas sem dizer muita coisa. Fico feliz quando o vejo, e ainda mais feliz se o sol está brilhando quando estamos juntos. Lavei meu cabelo ontem, e porque sabia que ele estava no quarto ao lado, fiquei toda descontrolada. Não consigo evitar; quanto mais quieta e séria estou por dentro, mais barulhenta eu fico por fora!

Quem será o primeiro a descobrir a fissura na minha armadura?

Ainda bem que os Van Daan não têm filha. Minha conquista jamais poderia ser tão desafiadora, tão linda e tão interessante com alguém do mesmo sexo!

Com amor, Anne M. Frank

P.S.: Você sabe que sempre sou honesta com você, então acho que deveria lhe contar que vivo de um encontro a outro. Fico torcendo para descobrir que ele mal pode esperar para me ver, e entro em êxtase quando noto as tentativas tímidas dele. Acho que ele queria poder se expressar tão facilmente quanto eu; mal sabe ele que é essa falta de jeito que acho tão comovente.

TERÇA-FEIRA, 7 DE MARÇO DE 1944

Querida Kitty, quando penso na minha vida em 1942, tudo parece tão irreal. A Anne Frank que apreciava aquela existência divina era completamente diferente daquela que ficou sábia entre estas paredes. Sim, era divino. Cinco admiradores em cada esquina, vinte ou mais amigos, a favorita da maioria dos professores, mimada até dizer chega pelo papai e pela mamãe, sacolas cheias de doces e uma bela mesada. O que mais alguém poderia querer?

Você deve estar se perguntando como eu consegui encantar todas essas pessoas. Peter diz que é porque sou "atraente", mas isso não é tudo. Os professores divertiam-se com as minhas respostas inteligentes, meus comentários engraçados, meu rosto sorridente e minha mente crítica. Eu era tudo isto: uma paqueradora terrível, coquete e divertida. Eu tinha uns pontos a mais, o que conquistava os favores de todos: eu era empenhada, honesta e generosa. Jamais recusava a qualquer um que desse uma espiada nas minhas respostas, era magnânima com meus doces e não era metida.

Toda essa admiração teria me tornado confiante em demasia? Foi uma coisa boa, no auge da minha glória, eu ter sido subitamente mergulhada na realidade. Levei mais de um ano para me acostumar a não mais ser admirada.

Como me viam na escola? Como a comediante da sala, a eterna líder, nunca de mau humor, nunca uma chorona. Seria de se surpreender que todos quisessem ir de bicicleta para a escola comigo ou me fazer uns pequenos favores?

Penso nessa Anne Frank como uma menina agradável e divertida, porém superficial, alguém que não tem nada a ver comigo. O que Peter disse sobre mim? "Sempre que eu a via, você estava cercada por um bando de meninas e pelo menos dois meninos, estava sempre rindo, e era sempre o cento das atenções!" Ele estava certo.

O que sobrou dessa Anne Frank? Ah, eu não esqueci como rir ou lançar um comentário, continuo boa, senão melhor ainda, em dar uma bela bronca em alguém, e ainda sei flertar e ser divertida, quando quero ser...

Mas eis a questão. Gostaria de viver essa vida aparentemente tranquila e contente por uma noite, alguns dias, uma semana. Ao final dessa semana estaria exausta, e ficaria grata à primeira pessoa que conversasse comigo sobre algo significativo. Quero ter amigos, não admiradores. Pessoas que me respeitem pelo meu caráter e meus atos, não pelo meu sorriso lisonjeiro. O círculo ao meu redor seria bem menor, mas o que isso importa, se forem todos sinceros?

Apesar de tudo, não era feliz por completo em 1942; sempre sentia que tinha sido abandonada, mas, por estar sempre indo de lá para cá o dia todo, não pensava nisso. Eu me divertia o máximo que podia, tentando consciente e inconscientemente preencher o vazio com piadas.

Pensando bem, entendo que esse período da minha vida chegou a um final irrevogável; meus dias de escola, tranquilos e livres de preocupações, acabaram de vez. Nem sinto falta deles. Amadureci e os superei. Não posso mais ficar de brincadeira, pois meu lado sério está sempre presente.

Vejo minha vida até o Ano-Novo de 1944 como se estivesse olhando através de uma poderosa lupa. Quando eu estava em casa, minha vida era cheia de luz do sol. Então, no meio de 1942, tudo mudou da noite para o dia. As querelas, as acusações – não consegui aceitar tudo isso. Fui pega de surpresa, e o único jeito que conhecia de manter o controle era responder.

A primeira metade de 1943 trouxe surtos de choro, solidão e a percepção gradual dos meus defeitos e falhas, que eram numerosos e pareciam ser ainda mais. Preenchia o dia com risadas, tentava atrair Pim para mais perto de mim e fracassava. Isso me deixou sozinha para enfrentar a tarefa difícil de me desenvolver para não ter que ouvir as reprimendas deles, pois isso me deixava tão desanimada.

A segunda metade do ano foi um pouco melhor. Tornei-me uma adolescente, e fui mais tratada como adulta. Comecei a pensar nas coisas e a escrever histórias, por fim chegando à conclusão de que os outros não tinham mais nada a ver comigo. Não tinham o menor direito de me balançar daqui para lá, como um pêndulo num relógio. Eu queria me transformar do meu jeito. Percebi que me viraria sem a minha mãe, completa e totalmente, e isso me magoou. Mas o que me afetou ainda mais foi entender que eu nunca poderia confiar no papai. Eu não confiava em ninguém além de mim.

Após o Ano-Novo, ocorreu a segunda mudança grande: o sonho pelo qual descobri que desejava... um menino; não uma namorada, mas um namorado. Descobri também uma felicidade interior debaixo do meu exterior superficial e alegre. De vez em quando, fui mais quieta. Agora vivo apenas por Peter, já que o que me acontecerá no futuro depende tanto dele!

Deito na cama, à noite, após concluir minhas orações com as palavras *Ich danke Dir für all das Gute und Liebe und Schöne* [Obrigada, Deus, por tudo que é bom e querido e belo] e me sinto cheia de alegria. Penso em estar escondida, na minha saúde e em todo o meu ser, como "das Gute"; o amor de Peter (que ainda é tão novo e frágil, e sobre o qual nenhum de nós ousa falar em voz alta), o futuro, a felicidade e o amor, como "das Liebe"; o mundo, a natureza e a beleza tremenda de tudo, todo o esplendor, como "das Schöne".

Nesses momentos, não penso em toda a tristeza, mas na beleza que ainda existe. É nisso que a mamãe e eu divergimos tanto. Seu conselho diante da melancolia é: "Pense em todo o sofrimento no mundo e seja grata por não ser parte dele". Meu conselho é: "Saia, vá para o interior, aproveite o sol e tudo que a natureza tem a oferecer. Saia e tente recapturar a felicidade dentro de você; pense em toda a beleza em você e em tudo ao seu redor e seja feliz".

Acho que não tem como o conselho da mamãe estar certo, pois o que se pode fazer quando a gente se torna parte do sofrimento? Nós nos perderíamos por completo. Pelo contrário, a beleza permanece, até no infortúnio. Se procura, você encontra mais e mais felicidade e recobra seu equilíbrio. Uma pessoa feliz faz as outras felizes; a pessoa que tem coragem e fé nunca morrerá em tristeza!

Com amor, Anne M. Frank

DOMINGO, 12 DE MARÇO DE 1944

Querida Kitty, não tenho conseguido ficar quieta esses dias. Subo e desço a escada, depois volto. Gosto de conversar com o Peter, mas sempre receio ser um incômodo. Ele me contou um pouco sobre o passado, sobre os pais e sobre si mesmo, mas não basta, e a cada cinco minutos eu me pergunto por que me flagro ansiando por mais.

Ele achava que eu era uma verdadeira chata, e a opinião era mútua. Eu mudei de ideia, mas como posso saber que ele também mudou? Acho que mudou, mas isso não significa que temos que nos tornar os melhores amigos, embora, quanto a mim, acho que isso faria nossa estada aqui muito mais tolerável. Mas não permitirei que isso me deixe louca. Já passo tempo demais pensando nele e não tenho que deixar você toda agitada também, simplesmente porque estou tão triste!

Ontem à tarde, eu estava tão desgastada com as notícias tristes que vinham lá de fora que me deitei no meu divã para tirar uma soneca. Tudo que eu queria era dormir e não ter que pensar. Dormi até as quatro, mas depois tive que ir para o quarto ao lado. Não foi fácil responder a todas as perguntas da mamãe e inventar uma desculpa para explicar minha soneca ao papai. Aleguei que estava com dor de cabeça, que não era bem mentira, pois eu estava mesmo… por dentro!

Pessoas comuns, meninas comuns, adolescentes como eu pensariam que sou um pouco maluca com toda essa autocomiseração. Mas é isso mesmo. Eu abro o coração para você, e passo o resto do tempo o mais descarada, contente e autoconfiante possível para evitar questionamentos e que me deem nos nervos.

Margot é muito gentil e gostaria que eu me confidenciasse com ela, mas não posso lhe contar tudo. Ela me leva a sério demais, exageradamente, e passa muito tempo pensando em sua irmã solitária, olhando bem para mim toda vez que abro a boca, refletindo: *Será que está fingindo, ou está mesmo dizendo a verdade?*

É porque estamos sempre juntas. Não quero que a pessoa com quem me confidencio esteja perto o tempo todo. Quando conseguirei desenroscar meus pensamentos confusos? Quando reencontrarei paz interior?

Com amor, Anne

TERÇA-FEIRA, 14 DE MARÇO DE 1944

Querida Kitty, talvez seja curioso para você (embora não seja para mim) ouvir o que vamos comer hoje. A faxineira está trabalhando no andar de baixo, então, neste momento, estou sentada na mesa dos Van Daan, que está coberta por uma toalha impermeável, e tenho um lenço salpicado de perfume pré-guerra pressionado contra o nariz e a boca.

Você provavelmente não faz a menor ideia do que estou falando, então deixe-me "começar pelo começo". As pessoas que nos fornecem cupons de comida foram presas, então temos nossos cinco livros de selos de racionamento, comprados no mercado negro, e nada de cupons, gorduras nem óleos. Como Miep e o Sr. Kleiman estão doentes de novo, Bep não pode fazer compras. A comida está péssima, e nós também. Amanhã, não teremos nem uma colher de gordura, manteiga ou margarina. Não podemos comer batata frita no café da manhã (o que temos feito para economizar o pão), portanto comeremos cereal quente no lugar, e porque a Sra. Van D. acha que estamos passando fome, compramos um pouco de creme de leite. O almoço de hoje consiste em purê de batata e picles de couve. Isso explica a medida de precaução com o lenço. Você não poderia imaginar quanto a couve fede quando já tem uns aninhos de idade! A cozinha está cheirando uma mistura de ameixa estragada, ovo podre e salmoura. Eca, só de pensar em ter que comer aquela gororoba quero vomitar! Além disso, nossas batatas contraíram umas doenças tão esquisitas que um em cada dois baldes de pommes de terre vai parar no lixo. Passamos o tempo tentando adivinhar quais doenças elas têm, e chegamos à conclusão de que ela sofrem de câncer, varíola e sarampo. Sinceramente, ficar escondida durante o quarto ano de guerra não é brincadeira. Se ao menos esse fedor passasse!

A bem da verdade, a comida não me importaria tanto se a vida aqui fosse mais agradável de outras maneiras. Mas é isso: esta existência tediosa está deixando todos nós aborrecidos. Eis as opiniões dos cinco adultos acerca da presente situação (às crianças, não é permitido ter opiniões, e, para variar, estou obedecendo às regras):

Sra. Van Daan: "Deixei de querer ser rainha da cozinha há muito tempo. Mas ficar à toa, sem fazer nada, era entediante, então voltei a cozinhar. Ainda assim, não posso deixar de reclamar: é impossível cozinhar sem óleo, e todos esses cheiros nojentos me deixam enjoada. Além disso, o que ganho em troca dos meus esforços? Ingratidão e comentários grosseiros. Sempre sou a ovelha negra; levo a culpa por tudo. E digo mais: acredito que a guerra está progredindo muito pouco. Os alemães vencerão, no fim. Estou aterrorizada, pensando que vamos passar fome, e, quando estou mal-humorada, ralho com todo mundo que chega perto".

Sr. Van Daan: "Eu apenas fumo e fumo e fumo. Desse jeito, a comida, a situação política e o temperamento de Kerli não parecem tão ruins. Kerli é um doce. Se não tenho nada para fumar, fico mal, então preciso comer carne, a vida vira um estorvo, nada é bom o bastante, e logo haverá um acesso de mau humor. Minha Kerli é uma idiota".

Sra. Frank: "A comida não é muito importante, mas eu adoraria comer uma fatia de pão de centeio agora, pois estou com tanta fome. Se eu fosse a Sra. Van Daan, teria dado um fim no hábito do Sr. Van Daan de fumar há muito tempo. Mas preciso desesperadamente de um cigarro agora, porque a minha cabeça está um redemoinho só. Os Van Daan são pessoas horríveis; pode até ser que os ingleses estejam cometendo muitos erros, mas a guerra está progredindo. Devo ficar de bico calado e agradecer por não estar na Polônia".

Sr. Frank: "Está tudo bem, eu não preciso de nada. Fique calma, temos tempo suficiente. Apenas me dê minhas batatas, e ficarei quieto. Melhor guardar um pouco das minhas porções para Bep. A situação política está melhorando, estou bastante otimista".

Sr. Dussel: "Devo concluir a tarefa a que me propus, tudo deve ser terminado a tempo. A situação política me parece 'boua', é 'iiimpossível' que sejamos pegos. Eu, eu, eu...".

Com amor, Anne

QUARTA-FEIRA, 15 DE MARÇO DE 1944

Querida Kitty, uau! Liberta do pessimismo por alguns momentos! Tudo que ouvi hoje foi: "Se isso ou aquilo acontecer, estamos em apuros, e se fulano ficar doente, teremos que resolver por conta própria, e se...".

Bem, você sabe o resto, ou, em todo caso, suponho que esteja familiarizada o bastante com os residentes do Anexo para adivinhar sobre o que estão falando.

O motivo para todos esses "se" é que o Sr. Kugler foi chamado para um trabalho de seis dias, Bep está com um resfriado forte e provavelmente terá que ficar em casa amanhã, Miep ainda não sarou da gripe, e o estômago do Sr. Kleiman sangrou tanto que ele perdeu a consciência. Mas que história de aflições!

Achamos que o Sr. Kugler deveria ir direto a um médico de confiança para obter um certificado médico de má saúde, que ele possa apresentar à prefeitura, em Hilversum. Os funcionários do depósito vão tirar folga amanhã, então Bep ficará sozinha no escritório. Se (lá vem outro "se") Bep tiver que ficar em casa, a porta permanecerá trancada e teremos que ficar quietos feito ratinhos para que o pessoal da Keg Company não nos ouça. À uma da tarde, Jan virá ficar aqui meia hora para checar – feito um zelador de zoológico – como nós, pobres almas abandonadas, estamos.

Esta tarde, pela primeira vez em eras, Jan nos passou umas notícias do mundo lá de fora. Você deveria ter nos visto reunidos em torno dele; igualzinho a uma daquelas fotos "Aos pés da vovó".

Ele regalou seu grato público falando sobre – e o que mais seria? – comida. A Sra. P., amiga de Miep, tem feito as refeições dele.

Perguntamos sobre o médico de Miep.

"Médico?", disse Jan. "Que médico? Liguei para ele hoje de manhã, e quem me atendeu foi a secretária. Pedi uma receita de remédio para gripe, e ela me disse que fosse buscar amanhã de manhã, entre oito e nove. Se você está com um caso muito ruim de gripe, o próprio médico vem ao telefone e diz: 'Mostre a língua e diga aah. Ah, eu consigo ouvir, você está com a garganta inflamada. Vou lhe fazer uma receita, e você pode levar para a farmácia. Bom dia'. E mais nada. Trabalho fácil, o dele, diagnóstico por telefone. Mas eu não deveria reclamar dos médicos. Afinal, a pessoa só tem duas mãos, e hoje em dia há pacientes demais para médicos de menos."

Mesmo assim, todos nós rimos muito com a conversa de Jan ao telefone. Posso apenas imaginar como deve estar uma sala de espera de médico atualmente. Os médicos não mais dão as costas aos pacientes mais pobres, mas àqueles que têm doenças mais amenas. *Ei, o que está fazendo aqui?*, eles pensam. *Vá para o fim da fila; os verdadeiros pacientes têm prioridade!*

Com amor, Anne

QUINTA-FEIRA, 16 DE MARÇO DE 1944

Querida Kitty, o clima está incrível, lindo para além das palavras; daqui a pouquinho vou para o sótão.

Agora eu sei por que sou tão mais inquieta que Peter. Ele tem um quarto só para ele, no qual pode estudar, sonhar, pensar e dormir. Eu sou expulsa de um canto para outro o tempo todo. Nunca fico sozinha no quarto que partilho com Dussel, embora anseie tanto por isso. Esse é outro motivo pelo qual me refugio no sótão. Quando estou lá, ou com você, posso ser eu mesma, pelo menos por um tempinho. Ainda assim, não quero ficar resmungando. Pelo contrário, quero ser corajosa!

Felizmente, os outros não notam nada dos meus sentimentos mais profundos, a não ser que a cada dia vou ficando mais fria e desdenhosa para com a mamãe, menos afetuosa com o papai, e menos disposta a partilhar um pensamento que seja com Margot; estou fechada, mais fechada que um tambor. Acima de tudo, tenho que manter o ar de confiança. Ninguém pode saber que meu coração e minha mente estão sempre em guerra um com o outro. Até agora, a razão sempre venceu a batalha, mas será que algum dia as minhas emoções terão a vantagem? Às vezes receio que sim, mas em geral, na verdade, torço para que tenham!

Oh, é tão terrivelmente difícil não falar com o Peter sobre essas coisas, mas sei que tenho que deixá-lo em paz; é tão difícil fingir, durante o dia, como se tudo que disse e fiz nos meus sonhos nunca tivesse acontecido! Kitty, Anne é uma maluca, mas, pensando bem, estes são tempos malucos, e as circunstâncias são mais malucas ainda.

A melhor parte é poder escrever todos os meus pensamentos e sentimentos; do contrário, eu sufocaria. Fico imaginando o que Peter pensa de todas essas coisas. Fico pensando que um dia poderei falar sobre elas com ele. Peter deve ter adivinhado alguma coisa sobre meu eu interior, já que não poderia amar a Anne do exterior, que ele conheceu até agora! Como alguém como Peter, que ama a tranquilidade, poderia suportar minha agitação? Será que ele vai ser a primeira pessoa a ver o que está por baixo da minha máscara de granito? Vai demorar muito? Não há um ditado antigo que diz que o amor tem algo similar à pena? Não é isso que está acontecendo aqui também? Porque sempre sinto pena dele tanto quanto de mim mesma!

Para ser sincera, não sei como começar, não sei mesmo, então como posso esperar que Peter faça isso, quando falar é tão mais difícil para ele? Se ao menos pudesse lhe escrever, pelo menos ele saberia o que eu estava tentando dizer, já que é tão difícil de falar em voz alta!

Com amor, Anne M. Frank

SEXTA-FEIRA, 17 DE MARÇO DE 1944

Minha querida Kitty, deu tudo certo, no fim das contas; Bep só estava com dor de garganta, não era gripe, e o Sr. Kugler recebeu um atestado médico para liberá-lo do trabalho. Todo o Anexo soltou um suspiro demorado de alívio. Está tudo bem aqui! Tirando que Margot e eu estamos bem cansadas dos nossos pais.

Não me entenda mal. Eu ainda amo o papai, como sempre, e Margot ama o papai e a mamãe, mas quando a pessoa chega na nossa idade, ela quer tomar umas decisões por conta própria, sair do controle deles. Sempre que vou lá para cima, eles me perguntam o que vou fazer, não me deixam colocar sal na comida, a mamãe me pergunta, todas as noites, às oito e quinze, se não está na hora de vestir a camisola, e eles têm que aprovar todos os livros que eu leio. Devo admitir, eles não são nem um pouco rígidos com relação a isso e me deixam ler praticamente tudo, mas Margot e eu estamos cansadas de ter que ouvir os comentários e as perguntas deles o dia inteiro.

Há outra coisa que os desagrada: não quero mais lhes dar beijinhos de manhã, à tarde e à noite. Todos esses apelidos fofos parecem tão afetados, e a tranquilidade com que o papai fala de soltar pum e ir ao banheiro é nojenta. Em resumo, eu não gostaria de mais nada além de ficar um pouco sem tê-los por perto, e eles não entendem isso. Não que Margot e eu tenhamos dito isso a eles. Qual seria o sentido? Eles não entenderiam.

Ontem à noite, Margot disse: "O que mais me incomoda é que, se por acaso você apoia o rosto nas mãos e suspira uma ou duas vezes, de imediato eles perguntam se você está com dor de cabeça ou não se sente bem".

Para nós duas, foi um verdadeiro golpe perceber, de repente, que muito pouco resta da família próxima e harmoniosa que tínhamos em casa! Isso porque quase tudo aqui está fora dos eixos. Com isso, quero dizer que somos tratadas como crianças quando o assunto são questões exteriores, enquanto, por dentro, somos muito mais maduras que outras meninas da nossa idade. Muito embora eu tenha apenas catorze anos, sei o que quero, sei quem está certo e quem está errado, tenho minhas opiniões, ideias e princípios, e embora isso soe estranho partindo de uma adolescente, sinto-me mais como pessoa que como criança – sinto-me completamente independente dos outros. Sei que sou melhor em debater ou conduzir uma discussão do que a mamãe, sei que sou mais objetiva, não exagero tanto, sou muito mais organizada e melhor com as mãos, e por causa disso acho (isso talvez faça você rir) que sou superior a ela de muitas formas. Para amar alguém, tenho que admirar e respeitar a pessoa, mas não sinto respeito nem admiração pela mamãe!

Tudo ficaria bem se ao menos eu tivesse o Peter, visto que o admiro de tantas maneiras. Ele é tão decente e esperto!

Com amor, Anne M. Frank

DOMINGO, 19 DE MARÇO DE 1944

Querida Kitty, decidi conversar sobre tudo com Peter. Antes do jantar, quando fomos nos sentar para comer, sussurrei para ele:

"Você vai praticar a estenografia hoje à noite, Peter?"

"Não", foi a resposta dele.

"Eu queria falar com você mais tarde."

Ele concordou.

Depois que lavamos a louça, fui ao quarto dele e perguntei se ele tinha recusado o chouriço por causa da nossa última querela. Felizmente, não era esse o motivo; ele apenas achou que seria falta de educação parecer tão esganado. Estava muito quente lá embaixo, e meu rosto estava vermelho feito uma lagosta. Então, depois de tomar um pouco de água da Margot, voltei lá para cima, para respirar um pouco de ar fresco. Para manter as aparências, primeiro fiquei perto da janela dos Van Daan e só depois fui para o quarto do Peter. Ele estava à esquerda da janela aberta, então fui até o lado direito. É muito mais fácil conversar perto de uma janela aberta quando está mais escuro do que em plena luz do dia, e acho que Peter pensava o mesmo. Contamos tanta coisa um para o outro, tanta coisa que mal posso repetir tudo. Mas foi muito bom; foi a noite mais maravilhosa que tive no Anexo. Darei uma descrição breve dos muitos assuntos em que tocamos.

Primeiro conversamos sobre as querelas e como eu as vejo de um ponto de vista bem diferente hoje em dia, e depois sobre como ficamos alienados dos nossos pais. Contei ao Peter sobre a mamãe, o papai e, a Margot e eu. Em certo ponto, ele perguntou: "Vocês sempre dão um beijo de boa-noite, não?".

"Só um? São dezenas. Vocês não, né?"

"Não, eu nunca beijei ninguém."

"Nem mesmo no seu aniversário?"

"Ah, no meu aniversário, sim."

Conversamos sobre como nenhum de nós de fato confia nos pais, e como os pais dele se amam muito e gostariam que o filho se confidenciasse com eles, mas que Peter não quer. Como eu choro as pitangas na cama, e ele vai para o mezanino e solta palavrões. Como Margot e eu apenas recentemente viemos a nos conhecer e, no entanto, ainda contamos muito pouco uma para a outra, pois estamos sempre juntas. Conversamos a respeito de tudo que se pode imaginar, sobre confiança, sentimentos e nós mesmos. Ah, Kitty, ele foi igualzinho a como eu imaginava.

Depois falamos sobre o ano de 1942, e quão diferentes éramos então; nem nos reconhecemos nesse período. Falamos de como não nos suportávamos, no início. Ele achava que eu era uma peste barulhenta, e rapidamente concluí que ele não tinha nada de especial. Eu não entendia por que Peter não flertava comigo, mas agora estou contente. Ele mencionou também que costumava se recolher no quarto. Eu disse que eu ser barulhenta e exuberante, e ele, silencioso, eram os lados de uma mesma moeda, e que eu também gosto de tranquilidade, mas não tenho nada só para mim, a não ser o diário, e que todos preferiam não interagir comigo, a começar pelo Sr. Dussel, e que nem sempre quero ficar perto dos meus pais. Falamos sobre ele estar contente porque meus pais têm filhas, e quão contente estou por ter ele aqui.

E que agora eu entendo a necessidade dele de se retrair, e seu relacionamento com os pais, e quanto gostaria de ajudá-lo quando eles discutem.

"Mas você sempre me ajuda!", disse ele.

"Como?", perguntei, muito surpresa.

"Sendo animada."

Essa foi a coisa mais bonita que ele disse em toda a noite.

Foi maravilhoso. Ele deve ter começado a me amar como amiga, e, por ora, isso basta. Estou tão grata e contente que não consigo descrever. Devo pedir desculpas, Kitty, pois meu estilo não está no meu padrão de sempre hoje. Apenas escrevi qualquer coisa que me veio à mente!

Tenho a sensação de que Peter e eu partilhamos um segredo. Toda vez que ele me olha com aqueles olhos, com aquele sorriso e aquela piscadinha, é como se acendesse uma luz dentro de mim. Espero que as coisas continuem assim, e que passemos muito, muito mais horas felizes juntos.

Grata e contente, Anne

SEGUNDA-FEIRA, 20 DE MARÇO DE 1944

Querida Kitty, hoje de manhã, Peter me pediu para vir de novo, qualquer dia, à noite. Ele jurou que eu não o estaria incomodando, e disse que onde há lugar para um há lugar para dois. Eu disse que não podia vê-lo todos os dias, pois meus pais achavam que não era uma boa ideia, mas ele achou que eu não devia deixar que isso me preocupasse. Então lhe disse que gostaria de ir no sábado à noite, e também lhe pedi que me avisasse quando fosse possível ver a lua.

"Claro", disse ele, "talvez a gente possa descer a escada e ver a lua de lá." Eu concordei; não tenho tanto medo assim de ladrão.

Entrementes, uma sombra recaiu sobre a minha felicidade. Por muito tempo tive a sensação de que Margot gosta do Peter. Quanto eu não sei, mas a situação toda é muito desagradável. Agora, toda vez que vou ver Peter, eu a estou magoando, sem querer. O engraçado é que ela mal demonstra isso. Eu sei que ficaria com um ciúme insano, mas Margot só diz que eu não devia ficar triste por ela.

"Acho tão ruim que foi você que ficou de fora", acrescentei.

"Estou acostumada", ela respondeu, um pouco tristonha.

Não ouso contar isso ao Peter. Talvez mais tarde, mas ele e eu temos que discutir tantas outras coisas primeiro.

A mamãe me deu um tapa ontem à noite, que eu mereci. Não posso levar minha indiferença e meu desprezo por ela longe demais. Apesar de tudo, devo tentar, mais uma vez, ser amigável e guardar meus comentários para mim mesma!

Até mesmo Pim não está mais tão gentil quanto era. Vem tentando não me tratar como criança, mas agora está frio demais. Teremos que aguardar para ver aonde isso vai dar!

Por ora basta. Não faço nada além de ficar olhando para o Peter, e estou transbordando!

Com amor, Anne M. Frank

Prova da bondade de Margot. Recebi isto hoje, 20 de março de 1944:

Anne, ontem, quando eu disse que não tenho ciúme de você, não fui totalmente honesta. A situação é esta: não tenho ciúme de você nem do Peter. Só fico chateada por não ter encontrado ninguém com quem partilhar meus pensamentos, meus sentimentos, e não acho provável que isso ocorra tão cedo. Mas é por isso que desejo, do fundo do coração, que vocês dois possam depositar confiança um no outro. Você já está deixando de viver tanta coisa aqui, coisas que as outras pessoas nem valorizam.

Por outro lado, tenho certeza de que eu jamais teria ido tão longe com o Peter, pois acho que precisaria me sentir muito próxima de uma pessoa antes de poder partilhar o que penso. Eu ia querer ter a sensação de que ele me entende por completo, mesmo que eu não dissesse muita coisa. Por esse motivo, teria que ser alguém que eu achasse que é superior a mim intelectualmente, e não é o caso do Peter. Mas consigo imaginar como você se sente mais próxima dele.

Então não há motivo para você se censurar por achar que está me tirando algo a que eu tinha direito; isso não poderia estar mais equivocado. Você e Peter têm apenas o que ganhar com essa amizade.

Minha resposta:

Querida Margot,

Sua carta foi extremamente gentil, mas ainda não me sinto feliz por completo com a situação, e acho que nunca me sentirei.

No momento, Peter e eu não confiamos tanto um no outro quanto você parece pensar. É só que, quando você está junto à janela aberta, à noite, consegue falar mais para o outro do que faria sob um sol brilhante. É mais fácil, também, sussurrar seus sentimentos do que gritá-los do topo dos prédios. Acho que você começou a sentir um tipo de afeto de irmã por Peter e gostaria de ajudá-lo, tanto quanto eu. Talvez você possa fazer isso algum dia, embora não seja esse o tipo de confiança que temos em mente. Acredito que essa confiança tem que vir dos dois lados; penso, também, que esse é o motivo pelo qual papai e eu nunca ficamos tão próximos. Mas não vamos falar sobre isso. Se ainda houver alguma coisa que você queira discutir, por favor, escreva, pois é mais fácil, para mim, dizer o que penso no papel do que cara a cara. Você sabe quanto eu a admiro, e apenas torço para que um pouco da sua bondade e da bondade do papai passem para mim, pois, nesse sentido, vocês são muito parecidos.

Com amor, Anne

QUARTA-FEIRA, 22 DE MARÇO DE 1944

Querida Kitty, recebi, ontem à noite, esta carta da Margot:

Querida Anne, após sua carta de ontem, fiquei com a sensação desagradável de que sua consciência a incomoda toda vez que você vai ver o Peter, para estudar ou conversar; não há, realmente, motivo para tanto. No meu coração, eu sei que existe alguém que merece a minha confiança (como mereço a dele), e não poderia tolerar Peter nesse lugar.

Contudo, como você escreveu, eu penso, sim, no Peter como algo similar a um irmão... um irmão mais novo; nós temos feito comentários, e um afeto de irmãos pode ou não se desenvolver mais para a frente, mas decerto ainda não chegou a esse estágio. Então não há motivo para você ficar chateada por mim. Agora que encontrou uma companhia, aproveite-a ao máximo.

* * *

Entrementes, as coisas estão ficando cada vez mais maravilhosas aqui. Eu acho, Kitty, que o verdadeiro amor pode estar se desenvolvendo no Anexo. Todas aquelas brincadeiras sobre me casar com Peter se ficarmos aqui por muito tempo não eram tamanha bobagem, afinal. Não que eu esteja pensando em me casar com ele, veja bem. Nem sei como ele vai ser quando crescer. Ou se amaremos um ao outro o bastante para nos casarmos.

Tenho certeza, agora, de que Peter também me ama; só não sei de que jeito. Não consigo entender se ele só quer uma amiga, ou se pensa em mim como garota ou como irmã. Quando ele disse que eu sempre o ajudava enquanto os pais dele estavam discutindo, fiquei muito feliz; foi um passo a mais para eu acreditar na amizade dele. Perguntei-

-lhe, ontem, o que faria se houvesse uma dúzia de Annes aparecendo para vê-lo. A resposta foi: "Se fossem todas iguais a você, não seria tão ruim". Ele é extremamente acolhedor, e acho que gosta mesmo de me ver. Enquanto isso, ele tem se esforçado muito para aprender francês, chega a ficar estudando na cama até umas dez e quinze.

Oh, quando me lembro da noite de sábado, nossas palavras, nossas vozes, fico satisfeita comigo pela primeira vez; o que quero dizer é que eu falaria a mesma coisa e não ia querer mudar nada, como costumo fazer. Ele é tão bonito quando está sorrindo e se está quieto. É tão doce e gentil e lindo. Acho que o que o surpreendeu mais sobre mim foi quando ele descobriu que não sou nem um pouco a Anne superficial e mundana que pareço ser, mas uma sonhadora, como ele, com o mesmo número de problemas!

Com amor, Anne M. Frank

Minha resposta:

Querida Margot,

Acho que o melhor a fazer é esperar para ver o que acontece. Não vai demorar muito até que Peter e eu tenhamos que decidir se voltaremos a ser como éramos antes ou fazer outra coisa. Não sei como será; não consigo enxergar nada além da ponta do nariz.

Mas tenho certeza de uma coisa: se Peter e eu nos tornarmos amigos, vou dizer-lhe que você também gosta muito dele e está preparada para ajudá-lo se ele precisar de sua ajuda. Sei que você não gostaria que eu fizesse isso, mas não ligo; não sei o que Peter pensa de você, mas perguntarei, quando chegar a hora. Com certeza não é algo ruim – pelo contrário! Você é bem-vinda para juntar-se a nós no sótão, ou onde estivermos. Não vai nos incomodar, pois temos um acordo não dito de falar sobre as coisas somente à noite, quando está escuro.

Anime-se! Estou fazendo o meu melhor, embora nem sempre seja fácil. Sua vez chegará mais cedo do que você pensa.

Com amor, Anne

QUINTA-FEIRA, 23 DE MARÇO DE 1944

Querida Kitty, as coisas estão mais ou menos de volta ao normal por aqui. Os homens que nos arranjam cupons foram soltos da prisão, felizmente!

Miep está de volta desde ontem, mas hoje foi a vez de o marido dela ficar com febre e calafrios, os sintomas usuais de gripe. Bep está melhor, embora ainda esteja com tosse, e o Sr. Kleiman terá que ficar em casa por um bom tempo.

Ontem, um avião caiu aqui perto. A tripulação conseguiu escapar de paraquedas a tempo. O avião caiu em cima de uma escola, mas por sorte não havia crianças dentro. Houve um pequeno incêndio, e algumas pessoas foram mortas. Conforme os aeronautas desciam, os alemães os cobriram de balas. Os civis que viram ficaram fervilhando de raiva com um gesto tão infame. Nós – e, com isso, me refiro às damas – também ficamos mortas de medo. Ah, eu odeio o som dos tiros.

Tenho sempre ido ao quarto do Peter, após o jantar, para respirar o ar fresco da noite. Dá para entrar em conversas significativas mais facilmente no escuro do que com o sol pinicando o rosto. É aconchegante e gostoso sentar-me ao lado dele numa cadeira e ficar olhando lá para fora.

Os Van Daan e Dussel fazem os comentários mais bobos quando eu desapareço no quarto dele. "*Annes zweite Heimat*" [A segunda casa de Anne], dizem eles, ou "É adequado um rapaz receber garotas em seu quarto, à noite, com as luzes apagadas?". Peter tem uma tranquilidade incrível diante desses tais gracejos. Minha mãe, a propósito, também está estourando de curiosidade e morta de vontade de perguntar sobre o que conversamos, mas, em segredo, tem medo de que eu me recuse a responder. Peter diz que os adultos estão com inveja porque somos jovens, e que não devemos levar a sério esses comentários desagradáveis.

Às vezes, ele tem que descer para me buscar, mas isso é esquisito também, porque, apesar de todas as precauções que ele toma, seu rosto fica vermelho, e ele mal consegue tirar as palavras da boca. Fico contente por não ruborizar; deve ser bem desagradável.

Papai sempre diz que sou pudica e vaidosa, mas isso não é verdade, sou simplesmente vaidosa! Não é sempre que alguém me diz que eu sou bonita. Exceto um garoto da escola, que disse que eu ficava muito atraente quando ria. Ontem recebi um elogio genuíno de Peter, e só por diversão vou contar mais ou menos como foi a conversa:

Peter costuma dizer:

"Ria, Anne!".

Isso me pareceu estranho e eu perguntei:

"Por que devo sempre rir?"

"Porque eu gosto; você fica com covinhas nas bochechas quando ri. Como elas surgem, na verdade?"

"Eu nasci com elas. Também tenho uma no queixo. Essa é a minha única beleza!"

"Claro que não, isso não é verdade."

"Sim, é, sei muito bem que não sou uma beleza, nunca fui e nunca serei."

"Não concordo nem um pouco, acho você bonita."

"Isso não é verdade."

"Se eu disse isso, você pode acreditar que é!"

Então eu naturalmente disse o mesmo dele.

Ouço muito de todos os lados sobre as amizades repentinas. Não prestamos muita atenção a toda essa conversa dos pais, seus comentários são muito fracos. Será que os dois pares de pais esqueceram a sua própria juventude? Parece que sim, pelo menos eles parecem nos levar a sério quando fazemos uma piada, e riem de nós quando falamos sério.

Com amor, Anne M. Frank

SEGUNDA-FEIRA, 27 DE MARÇO DE 1944

Querida Kitty, pelo menos um longo capítulo de nossa vida no esconderijo deveria tratar de política, mas tenho evitado o assunto, visto que me interessa tão pouco. Hoje, no entanto, devotarei uma carta inteira à política.

Claro que há muitas opiniões diferentes sobre esse tema, e não é de se surpreender ouvi-lo ser tratado frequentemente em tempos de guerra, mas... discutir tanto sobre política é uma estupidez! Deixe que riam, xinguem, façam apostas, resmunguem e qualquer coisa que queiram, contanto que sofram as consequências. Mas não deixe que discutam, pois isso apenas piora as coisas. As pessoas que vêm de fora nos trazem um monte de novidades que mais tarde mostram ser inverdades; entretanto, até agora, nosso rádio nunca mentiu. Jan, Miep, o Sr. Kleiman, Bep e o Sr. Kugler vão e vêm em seu humor político, embora Jan menos que os demais.

Aqui no Anexo o humor nunca varia. Os debates intermináveis sobre a invasão, os ataques aéreos, discursos etc. são acompanhados por incontáveis exclamações, como "Iiimpossível! *Um Gottes willen* [Ah, por tudo que é mais sagrado]. Se estão apenas começando, por quanto tempo isso vai durar? Está tudo seguindo esplendidamente, tudo muito bem!".

Otimistas e pessimistas – sem falar nos realistas – expressam suas opiniões com energia indomável, e como todo o resto, estão todos certos de que têm o monopólio da verdade. Incomoda a certa senhora que o esposo tem tão suprema fé nos ingleses, e certo marido ataca a esposa por causa da provocação e dos comentários disparatados sobre sua amada nação!

E assim vai, desde cedo de manhã até tarde da noite; o engraçado é que eles nunca se cansam. Eu descobri um truque, e o efeito é impressionante, como cutucar alguém com um alfinete e vê-lo pular. Eis como funciona: começo a falar sobre política.

Tudo que basta é uma pergunta só, uma palavra ou uma frase, e, antes que você perceba, a família inteira está envolvida!

Como se o noticiário alemão Wehrmacht News e a BBC inglesa não bastassem, agora acrescentaram anúncios especiais de ataques aéreos. Numa palavra: esplêndido. Mas o outro lado da moeda é que a Força Aérea Britânica está operando sem parar. Muito similar à máquina de propaganda alemã, que produz mentiras 24 horas por dia!

Então ligam o rádio todas as manhãs, às oito (se não mais cedo), e ouvem a cada hora até nove, dez ou até onze da noite. Essa é a melhor prova, até então, de que os adultos têm paciência infinita, mas também de que seus cérebros viraram purê (alguns deles, na verdade, pois não quero insultar ninguém). Uma transmissão, duas, no máximo, deveriam bastar para durar o dia inteiro. Mas não, esses patetas... deixe para lá, eu já disse tudo! "Música para o trabalho", a transmissão holandesa da Inglaterra, Frank Phillips ou a rainha Wilhelmina, cada um tem a sua vez e encontra um ouvinte disposto. Se os adultos não estão comendo ou dormindo, estão amontoados em volta do rádio, falando sobre comer, dormir e política. Ufa! Está ficando cada vez mais chato, e nem sei mais o que fazer para evitar me tornar uma velha medonha também! Embora, com todos os velhos ao meu redor, talvez essa não seja uma ideia tão ruim!

Eis um ótimo exemplo, um discurso feito por nosso amado Winston Churchill.

Nove da noite, domingo. O bule, debaixo de sua cobertura, está sobre a mesa, e os convidados entram na sala.

Dussel senta-se à esquerda do rádio, o Sr. Van D., em frente, e Peter ao lado. A mamãe está ao lado do Sr. Van D., e a Sra. Van D. está atrás deles. Margot e eu estamos sentadas na última fila, e Pim, à mesa. Sei que essa não é uma descrição muito clara de onde cada um se sentava, mas não importa. Os homens fumam, Peter fecha os olhos, fazendo força para ouvir, a mamãe está usando sua camisola preta comprida, a Sra. Van D. está tremendo por causa dos aviões, que não prestam a menor atenção ao discurso, mas voam alegremente rumo a Essen, o papai está bebericando chá, e Margot e eu estamos unidas, em sororidade, perto de Mouschi, que dorme, tendo tomado posse dos nossos joelhos. Margot tem bobes nos cabelos, e a minha camisola é pequena demais, apertada demais, curta demais. Tudo parece tão intimista, aconchegante e pacífico, e, para variar, está mesmo. Mesmo assim, aguardo a conclusão do discurso com receio. Eles estão impacientes, forçando a coleira para começar mais uma discussão! Ronronam feito um gato atraindo o rato para fora da toca, incitando um ao outro para a querela e a dissensão.

Com amor, Anne

TERÇA-FEIRA, 28 DE MARÇO DE 1944

Minha querida Kitty, mesmo que eu quisesse escrever mais sobre política, tenho várias outras novidades para relatar hoje. Primeiro, a mamãe me proibiu de ir ver o Peter, pois, segundo ela, a Sra. Van Daan está com ciúme. Segundo, Peter convidou Margot para juntar-se a nós lá em cima. Se ele realmente queria ou se fez isso por educação, não sei dizer. Terceiro, perguntei ao papai se eu devia me importar com o ciúme da Sra. Van Daan, e ele disse que não.

O que devo fazer agora? A mamãe está brava, não quer que eu vá lá para cima, quer que eu volte a fazer a lição de casa no quarto que divido com Dussel. Talvez ela mesma esteja com ciúme. O papai não vê problema nessas poucas horas que passamos juntos e acha bom que nos damos tão bem. Margot também gosta do Peter, mas acha que não tem como três pessoas conversarem sobre as mesmas coisas como duas.

Ademais, a mamãe acha que Peter está apaixonado por mim. Para dizer a verdade, eu queria que ele estivesse. Então estaríamos em pé de igualdade, e seria muito mais fácil conhecer um ao outro. Ela alega, também, que ele fica olhando para mim. Bem, creio que nós lancemos um ao outro uma piscadinha, de vez em quando. Mas não posso fazer nada se ele fica admirando as minhas covinhas, não é?

Estou numa posição muito difícil. A mamãe está contra mim, e eu estou contra ela. O papai está fingindo que não enxerga o conflito silencioso entre mim e a mamãe. Ela está triste, porque ainda me ama, mas eu não estou nem um pouco infeliz, pois ela já não significa mais nada para mim.

Quanto ao Peter... não quero abrir mão dele. Ele é tão doce, e eu o admiro tanto. Ele e eu poderíamos ter um relacionamento muito bonito, então por que os mais velhos estão se intrometendo na nossa vida de novo? Felizmente, estou acostumada a esconder meus sentimentos, então consigo não demonstrar quão louca por ele eu estou. Será que algum dia ele vai dizer alguma coisa? Será que algum dia vou sentir a bochecha dele junto à minha, como senti a de Petel, no sonho? Oh, Peter e Petel, vocês são a mesma pessoa! Eles não nos entendem; jamais entenderiam que ficamos contentes de apenas nos sentar um ao lado do outro e não dizer uma palavra sequer. Não fazem a menor ideia do que nos atrai! Oh, quando superaremos essas dificuldades? E, no entanto, é bom termos que ultrapassá-las, pois isso faz do final algo ainda mais bonito. Quando ele pousa a cabeça nos braços e fecha os olhos, ainda é uma criança; quando brinca com Mouschi ou fala sobre ela, é amoroso; quando carrega batata ou outras cargas pesadas, é forte; quando vai ver os tiros ou anda pela casa, no escuro, procurando ladrões, é corajoso; e quando é todo atrapalhado e desajeitado, é desesperadamente cativante. É muito melhor quando ele explica algo para mim do que quando sou eu que tenho que ensiná-lo. Queria que ele fosse superior a mim em tudo!

Para que nos preocuparmos com as nossas mães? Oh, se ao menos ele dissesse alguma coisa.

Com amor, Anne M. Frank

QUARTA-FEIRA, 29 DE MARÇO DE 1944

- Querida Kitty, o Sr. Bolkestein, ministro de gabinete, em transmissão holandesa de Londres, disse que, após a guerra, será feita uma coleção de diários e cartas que tratam desse período. Claro que todos pularam em cima do meu diário. Imagine só como seria interessante se eu publicasse um romance sobre o Anexo Secreto. Só o título já faria as pessoas pensarem que era uma história de detetive.

Falando sério, dez anos após a guerra as pessoas achariam muito interessante ler a respeito de como vivíamos, do que comíamos e do que falávamos, como judeus no esconderijo. Embora eu lhe conte bastante acerca de nossa vida, você ainda sabe muito pouco sobre nós. Quão assustadas as mulheres ficam durante os ataques aéreos; domingo passado, por exemplo, quando 350 aviões ingleses soltaram 550 toneladas de bombas em IJmuiden, fazendo as casas tremerem feito grama ao vento. Ou quantas epidemias assolam o país.

Você não sabe nada desses temas, e eu levaria o dia inteiro para descrever tudo até o último detalhe. As pessoas têm que fazer fila para comprar legumes e todo tipo de item; os médicos não podem visitar seus pacientes, pois seu carro ou sua bicicleta são roubados no instante em que lhes dão as costas; assaltos e roubos são tão comuns que a gente se pergunta o que foi que deu nos holandeses para torná-los tão desonestos. Criancinhas, de oito e onze anos, quebram as janelas das casas das pessoas e roubam qualquer coisa em que consigam pôr as mãos. As pessoas não ousam sair de casa nem por cinco minutos, pois correm o risco de voltar e descobrir que todas as suas posses foram levadas. Todos os dias os jornais estão cheios de notícias de recompensas pela devolução de máquinas de escrever, tapetes persas, relógios elétricos, tecidos etc. Os relógios elétricos das esquinas das ruas são desmontados, os telefones públicos são despidos até o último fio.

O ânimo dos holandeses não vai nada bem. Estão todos com fome; tirando o café artificial, uma porção semanal de comida não dura dois dias. A invasão está demorando, os homens estão sendo enviados para a Alemanha, as crianças estão doentes ou desnutridas, todos estão usando roupas velhas e sapatos gastos. Uma sola nova custa 7,50 florins no mercado negro. Além disso, poucos sapateiros fazem reparos, ou, se fazem, você tem que esperar quatro meses pelo sapato, que pode muito bem acabar sumindo nesse tempo.

Uma coisa boa surgiu disso: conforme a comida piora e os decretos ficam mais severos, os atos de sabotagem contra as autoridades estão aumentando. A comissão de racionamento, a polícia, os oficiais: estão todos ou ajudando os cidadãos ou denunciando-os e mandando-os para a prisão. Felizmente, apenas uma pequena porcentagem do povo holandês está no lado errado.

Com amor, Anne

SEXTA-FEIRA, 31 DE MARÇO DE 1944

Querida Kitty, imagine só: ainda está muito frio, mas a maioria das pessoas ficou sem carvão por quase um mês. Um horror, não é? Há uma sensação geral de otimismo quanto ao *front* russo, pois vai indo muito bem! Não costumo escrever sobre a situação política, mas devo dizer-lhe onde os russos estão, neste momento. Eles chegaram à fronteira polonesa e ao rio Prut, na Romênia. Estão perto de Odessa, e cercaram Ternopol. Toda noite esperamos um comunicado extra de Stalin.

Estão disparando tantas saudações em Moscou que a cidade deve ficar trepidando e chacoalhando o dia inteiro. Ou eles gostam de fingir que o confronto está perto ou simplesmente não têm outro jeito de expressar sua alegria, não sei!

A Hungria foi ocupada por tropas alemãs.

Ainda há um milhão de judeus morando lá; estes também estão condenados.

Não há nada de especial acontecendo aqui. Hoje é aniversário do Sr. Van Daan. Ele ganhou dois pacotes de tabaco, uma porção de café, que a esposa conseguiu guardar, ponche de limão do Sr. Kugler, sardinhas de Miep, uma colônia da gente, lilases, tulipas e, por fim, mas não menos importante, um bolo com recheio de framboesa, um pouco gosmento por causa da qualidade ruim da farinha e da falta de manteiga, mas mesmo assim delicioso.

Toda aquela conversa sobre mim e Peter cedeu um pouco. Ele vem me buscar hoje à noite. Muito bom da parte dele, não acha? Já que ele odeia fazer isso! Somos muito bons amigos. Passamos muito tempo juntos e falamos sobre todo assunto que se possa imaginar. É tão bom não termos que nos conter quando entramos num tema delicado, como eu faria com outros meninos. Por exemplo, estávamos falando sobre sangue, e por algum motivo a conversa passou para menstruação etc. Ele acha que nós, mulheres, somos muito fortes por poder suportar a perda de sangue, e que eu também sou. Por que será?

Minha vida aqui ficou melhor, muito melhor. Deus não me abandonou, e nunca abandonará.

Com amor, Anne M. Frank

SÁBADO, 1º DE ABRIL DE 1944

Minha querida Kitty, e, no entanto, tudo continua tão difícil. Você sabe do que estou falando, não é? Desejo tanto que ele me beije, mas esse beijo está demorando demais. Ele ainda pensa em mim como amiga? Eu não significo mais que isso?

Você e eu sabemos que sou forte, que posso suportar os fardos sozinha. Jamais fui acostumada a partilhar minhas preocupações com ninguém, e nunca dependi de uma mãe, mas eu adoraria deitar a cabeça no ombro dele e apenas ficar ali quietinha.

Não consigo, simplesmente não consigo esquecer aquele sonho com a bochecha de Peter, quando tudo estava tão bom! Ele tem o mesmo desejo? Será que é tímido demais para dizer que me ama? Por que ele quer tanto me ter por perto? Oh, por que é que não diz nada?

Tenho que parar, tenho que ficar calma. Tentarei ser forte de novo, e, se eu for paciente, o resto virá junto. Porém – e essa é a pior parte –, parece que estou correndo atrás dele. Sou sempre eu que tenho que ir lá para cima; ele nunca vem até mim. Mas isso é por causa dos quartos, e ele entende por que me oponho. Oh, tenho certeza de que ele entende mais do que eu acho.

Com amor, Anne M. Frank

SEGUNDA-FEIRA, 3 DE ABRIL DE 1944

Minha querida Kitty, ao contrário do costume, vou escrever para você uma descrição em detalhe da situação da comida, visto que se tornou tema de certa dificuldade e importância não somente aqui no Anexo, mas em toda a Holanda, toda a Europa e até além.

Nos 21 meses que moramos aqui, passamos por muitos "ciclos de comida" – você entenderá o que isso significa num instante. Um "ciclo de comida" é um período no qual temos apenas um prato específico ou um tipo de legume para comer. Por muito tempo, não comemos nada além de endívia. Endívia com areia, endívia sem areia, endívia com purê de batata, guisado de endívia com batata. Depois foi espinafre, seguido por couve-rábano, cercefi, pepino, tomate, chucrute etc.

Não é muito divertido você ter que comer, digamos, chucrute todo dia no almoço e no jantar, mas, quando estamos com muita fome, fazemos um monte de coisas. No entanto, estamos passando pelo mais encantador período até agora, porque não há verdura nenhuma.

Nosso menu semanal do almoço consiste em feijão marrom, sopa de ervilha seca, batata com bolinhos, kugel de batata e, com a graça de Deus, folhas de nabo e cenoura podre, e depois voltamos ao feijão marrom. Por causa da falta de pão, comemos batata em todas as refeições, a começar pelo café da manhã, mas então nós as fritamos um pouco. Para fazer sopa, usamos feijão marrom, feijão branco, batata, pacotes de sopa de legumes, pacotes de sopa de frango e pacotes de sopa de feijão. Tem feijão marrom em tudo, incluindo o pão. No jantar, sempre comemos batata com molho artificial e – felizmente ainda temos – salada de beterraba. Preciso contar-lhe sobre os bolinhos. Fazemos com farinha entregue pelo governo, água e fermento. Ficam tão grudentos e duros que parece que estamos com pedras no estômago, mas fazer o quê!?

O ponto alto é nossa fatia semanal de salsicha de fígado, e a geleia no pão sem manteiga. Mas ainda estamos vivos, e na maior parte do tempo isso também tem gosto bom!

Com amor, Anne M. Frank

TERÇA-FEIRA, 4 DE
ABRIL DE 1944

Minha querida Kitty, faz um bom tempo que já não sei mais por que me preocupava em fazer lição de casa. O fim da guerra ainda parecia tão distante, tão irreal, como um conto de fadas. Se a guerra não terminar até setembro, eu não voltarei à escola, pois não quero ficar dois anos atrasada.

Peter preenchia meus dias, nada além de Peter, sonhos e pensamentos até sábado à noite, quando me senti péssima; oh, foi horrível. Segurei as lágrimas ao lado dele, soltei gargalhadas com os Van Daan, tomando ponche de limão e agi com alegria e empolgação, mas no instante em que ficava sozinha eu sabia que ia chorar até dizer chega. Agachei no chão, de camisola, e comecei fazendo minhas orações, com muito fervor. Depois trouxe os joelhos para o peito, deitei a cabeça nos braços e chorei, aninhada no chão frio. Um soluço alto me trouxe de volta à Terra e engoli o choro, pois não queria que ninguém no quarto ao lado me ouvisse. Depois tentei me recobrar, repetindo, de novo e de novo, "Eu devo, devo, devo…". Fiquei dolorida de passar tanto tempo naquela posição incomum, e recostei-me na lateral da cama e continuei lutando até pouco antes de dez e meia, quando voltei para a cama. Havia passado!

E agora havia passado mesmo. Finalmente percebi que devo estudar para não ser ignorante, seguir com a vida, tornar-me jornalista, porque é isso que eu quero! Sei que escrevo bem. Algumas das minhas histórias são boas, minhas descrições do Anexo Secreto são divertidas, boa parte do meu diário é vívida e animada, mas… ainda resta ver se de fato tenho talento.

O sonho de Eva é meu melhor conto de fadas, e o estranho é que não faço a menor ideia da origem da história. Partes de *A vida de Cady* também são boas, mas como um todo não é nada especial. Sou minha maior crítica, e a mais dura. Sei o que é bom e o que não é. Enquanto não escreve, você não tem como saber quão maravilhoso é; eu sempre lamentei pelo fato de não saber desenhar, mas agora fico muito contente por pelo menos saber escrever. E se eu não tiver talento para escrever livros ou artigos de jornal, posso escrever para mim mesma. Mas quero alcançar mais do que isso. Não consigo nem imaginar ter que viver como a mamãe, a Sra. Van Daan e todas as mulheres que fazem seu trabalho e são, depois, esquecidas. Preciso ter algo além de um marido e filhos para os quais me dedicar! Não quero ter vivido em vão, como a maioria das pessoas. Quero ser útil e trazer alegria a todos, até os que eu nunca conheci. Quero continuar vivendo até depois da morte! E é por isso que sou tão grata a Deus por ter me dado este dom, que posso usar para me desenvolver e expressar tudo que tenho por dentro!

Quando escrevo, consigo esquecer todas as preocupações. Minhas tristezas desaparecem, meu ânimo é reavivado! Contudo, e isso é uma questão importante, será que algum dia conseguirei escrever algo incrível, será que serei jornalista ou escritora?

Espero que sim, oh, torço tanto para isso, porque escrever me permite registrar tudo, todos os meus pensamentos, ideais e fantasias.

Não trabalho em *A vida de Cady* há séculos. Na minha mente, já sei o que acontece em seguida, mas a história parece não estar saindo muito bem. Talvez eu nunca a termine, e ela vá parar na lata de lixo ou no fogão. É uma ideia horrível, mas então digo a mim mesma: "Aos catorze anos e com tão pouca experiência, você não conseguiria escrever sobre filosofia".

Então vamos seguir em frente, com ânimo renovado. Tudo dará certo, pois estou determinada a escrever!

Com amor, Anne M. Frank

QUINTA-FEIRA, 6 DE ABRIL DE 1944

Querida Kitty, você me perguntou quais são meus *hobbies* e interesses, e eu gostaria de responder, mas é melhor avisá-la que tenho muitos destes, então não fique surpresa.

Primeiro de todos: escrever, mas não penso muito nisso como um *hobby*.

Número dois: tabelas genealógicas. Procuro em todo jornal, livro ou documento que encontro as árvores genealógicas das famílias reais francesas, alemãs, espanholas, inglesas, austríacas, russas, norueguesas e holandesas. Fiz muito progresso com muitas delas, pois por muito tempo venho tomando notas enquanto leio biografias e livros de história. Eu até copio muitas das passagens de história.

Então meu terceiro *hobby* é história, e o papai já me comprou inúmeros livros. Mal posso esperar pelo dia em que poderei ir à biblioteca pública para desenterrar toda a informação de que preciso.

Em quarto lugar, vêm mitologias grega e romana. Tenho vários livros sobre esse assunto também. Sei dizer os nomes das nove musas e das sete amadas de Zeus. Sei as esposas de Hércules etc. de cor.

Meus outros *hobbies* são estrelas de cinema e fotos de família. Sou louca por leitura e livros. Adoro a história das artes, principalmente quando se trata de escritores, poetas e pintores; músicos vêm depois. Detesto álgebra, geometria e aritmética. Adoro todas as outras matérias da escola, mas história é minha favorita!

Com amor, Anne M. Frank

TERÇA-FEIRA, 11 DE ABRIL DE 1944

Minha querida Kitty, minha cabeça está um turbilhão, eu nem sei por onde começar. Quinta (última vez que lhe escrevi) estava tudo como sempre. Sexta à tarde (Sexta-feira Santa) jogamos Monopoly; na tarde de sábado também. Os dias passaram muito rápido.

Domingo à tarde, Peter veio me ver às quatro e meia, por convite meu. Às cinco e quinze, fomos ao sótão da frente, onde ficamos até as seis. Houve um lindo concerto de Mozart, no rádio, das seis às sete e quinze; gostei principalmente da "Kleine Nachtmusik". Mal posso me aguentar ao ouvi-las na cozinha, pois músicas bonitas mexem comigo até as profundezas da alma. Domingo à noite Peter não conseguiu tomar banho, pois a banheira estava na cozinha do escritório, cheia de roupa suja. Fomos ao sótão da frente juntos, e, para poder me sentar com conforto, levei comigo a única almofada que achei no meu quarto. Sentamo-nos numa caixa de madeira. Como a caixa e a almofada eram ambas muito estreitas, sentamo-nos muito perto, recostados em duas outras caixas; Mouschi nos fez companhia, então não ficamos sem acompanhante. De repente, às quinze para as nove, o Sr. Van Daan assoviou e perguntou se estávamos com a almofada do Sr. Dussel. Ficamos de pé num pulo e descemos com a almofada, a gata e o Sr. Van Daan. Essa almofada foi a causa de muita tristeza. Dussel ficou bravo porque eu tinha levado a que ele usa como travesseiro, sentiu medo de ela estar coberta de pulgas; ele tinha feito um furdunço na casa toda por causa dessa almofada. Como vingança, Peter e eu enfiamos duas escovas duras na cama dele, mas tivemos que tirá-las quando Dussel decidiu, de forma inesperada, ir sentar-se no quarto. Rimos bastante desse pequeno *intermezzo*.

Mas nossa diversão durou pouco. Às nove e meia, Peter bateu gentilmente à porta e pediu que o papai fosse lá em cima ajudá-lo com uma frase difícil em inglês.

"Muito suspeito", eu disse a Margot. "Claro que é um pretexto. Dá para ver, pelo jeito com que os homens estão falando, que houve um assalto!" Eu estava certa. Tinham entrado à força no depósito naquele mesmo instante. O papai, o Sr. Van Daan e Peter desceram as escadas num lampejo. Margot, mamãe, a Sra. Van D. e eu ficamos esperando. Quatro mulheres assustadas precisam conversar, então foi isso que fizemos até ouvir um baque no andar de baixo. Depois disso, ficou tudo quieto. O relógio soou quinze para as dez. A cor tinha sumido de nossos rostos, mas ficamos calmas, ainda que com medo. Onde estariam os homens? Que barulho era aquele? Estariam brigando com os ladrões? Estávamos assustadas demais para pensar; tudo que podíamos fazer era esperar.

Dez da noite, passos na escada. Papai, pálido e nervoso, entrou, seguido pelo Sr. Van Daan. "Apaguem as luzes, subam nas pontas dos pés, estamos esperando a polícia!" Não havia tempo para ter medo. Desligamos as luzes, eu peguei uma jaqueta e nos sentamos no andar de cima.

"O que aconteceu? Conte logo!"

Não havia ninguém para nos contar nada; os homens tinham voltado lá para baixo. Os quatro não voltaram antes de dez e dez. Dois ficaram de vigia junto à janela aberta de Peter. A porta do patamar da escada foi trancada, e a estante, fechada. Cobrimos a luminária com uma blusa, e então eles nos contaram o que tinha acontecido.

Peter estava no patamar da escada quando ouviu dois baques altos. Ele desceu e viu que faltava um painel grande na metade esquerda da porta do depósito. Ele subiu correndo, alertou a "Guarda da Casa", e os quatro desceram as escadas. Quando entraram no depósito, os ladrões estavam em plena atividade. Sem pensar, o Sr. Van Daan berrou "Polícia!". Ouviram passos apressados lá fora; os ladrões tinham fugido. Puseram de volta o painel na porta, para a polícia não notar o vazio, mas então um chute rápido lá de fora jogou longe o painel, que caiu no chão. Os homens ficaram admirados com a audácia dos ladrões. Peter e o Sr. Van Daan sentiram uma raiva assassina tomar conta deles. O Sr. Van Daan bateu com um machado no chão, e tudo tornou a ficar quieto. Mais uma vez recolocaram o painel, e mais uma vez a tentativa foi frustrada. Lá fora, um homem e uma mulher meteram uma lamparina reluzente na abertura, iluminando todo o depósito. "Mas o quê...", resmungou um dos homens, porém agora os papéis tinham sido invertidos. Em vez de policiais, agora eles eram ladrões. Os quatro subiram correndo as escadas. Dussel e o Sr. Van Daan pegaram os livros de Dussel, Peter abriu portas e janelas na cozinha e no escritório particular, jogou o telefone no chão, e os quatro finalmente foram parar atrás da estante.

* * *

O mais provável era que o homem e a mulher com a lamparina tinham alertado a polícia. Era noite de domingo, Domingo de Páscoa. No dia seguinte, o escritório estaria fechado, o que significava que não poderíamos andar por ali até a manhã de terça. Imagine só ter que ficar sem fazer nada, aterrorizada, por um dia e duas noites! Não pensávamos em nada; apenas ficamos ali em total escuridão – pelo medo, a Sra. Van D. tinha desligado a lâmpada. Apenas sussurrávamos, e toda vez que ouvíamos um rangido alguém dizia: "Xiu, xiu".

Eram dez e meia, depois onze. Nenhum barulho. O papai e o Sr. Van Daan revezavam as visitas ao andar de cima, para nos ver. Então, às onze e quinze, veio um barulho lá de baixo. Lá em cima, dava para ouvir a família inteira respirando. Fora isso, ninguém movia um músculo sequer. Passos dentro da casa, no escritório particular, na cozinha, e então... na escada. Todo o som da respiração parou, oito corações martelando. Passos na escada, e depois uma chacoalhada na estante. Esse momento é indescritível.

"Agora estamos fritos", eu disse, e imaginei nós quinze sendo arrastados pela Gestapo nessa mesma noite.

Mais sacudidas na estante, duas. Depois ouvimos uma lata cair, e os passos cederam. Estávamos fora de perigo, afinal! Um tremor percorreu o corpo de todos; batíamos os dentes, ninguém dizia uma palavra sequer. Ficamos desse jeito até as onze e meia.

Não se ouviam mais sons na casa, mas uma luz iluminava o patamar da escada, bem em frente à estante. Seria porque os policiais acharam aquilo suspeito ou porque simplesmente tinham esquecido? Alguém voltaria para desligar a luz? Voltamos a falar.

Não havia mais pessoas dentro do edifício, mas talvez alguém estivesse vigiando, lá fora. Então, fizemos três coisas: tentamos adivinhar o que estava acontecendo, trememos de medo e fomos ao banheiro. Como os baldes estavam no sótão, tínhamos apenas o cesto de lixo de metal de Peter. O Sr. Van Daan foi primeiro, depois o papai, mas a mamãe estava com vergonha demais. O papai levou o cesto de lixo para o quarto ao lado, onde Margot, a Sra. Van Daan e eu o usamos, muito agradecidas. A mamãe por fim cedeu. Houve grande demanda de papel higiênico, e por sorte eu tinha um pouco no bolso.

O cesto de lixo fedia, todos falavam apenas sussurrando, e estávamos exaustos. Era meia-noite.

"Deitem no chão e vão dormir!" Margot e eu recebemos um travesseiro e um cobertor. Margot deitou-se perto do armário de comida, e eu fiz minha cama entre as pernas da mesa. O cheiro não ficava tão ruim quando a gente se deitava no chão, mas a Sra. Van Daan foi discretamente pegar um pouco de cloro em pó e cobriu o penico com um pano de prato por precaução.

Conversas, sussurros, medo, fedor, peidos e pessoas indo toda hora ao banheiro; tente dormir com tudo isso! Às duas e meia, no entanto, eu estava tão cansada que adormeci e não ouvi mais nada até as três e meia. Acordei quando a Sra. Van D. deitou a cabeça nos meus pés.

"Por tudo que é mais sagrado, me dá alguma coisa pra vestir!", eu disse. Deram-me umas roupas, mas não queria saber quais: calças de lã por cima do pijama, uma blusa vermelha com saia preta, meia-calça branca e meias esfarrapadas.

A Sra. Van D. recostou-se na cadeira, o Sr. Van D. deitou a cabeça nos meus pés. Das três e meia em diante fiquei tomada por pensamentos, e ainda tremia tanto que o Sr. Van Daan não conseguiu dormir. Eu me preparava para o retorno da polícia. Contaríamos que estávamos escondidos; se fossem boas pessoas, estaríamos salvos; se fossem simpatizantes dos nazistas, poderíamos tentar suborná-los!

"Devíamos esconder o rádio!", gemeu a Sra. Van D.

"Claro, dentro do forno", respondeu o Sr. Van D. "Se nos encontrarem, decerto encontrarão também o rádio!"

"Então encontrarão também o diário de Anne", acrescentou o papai.

"Então queime", sugeriu a mais aterrorizada do grupo.

Isso e o barulho dos policiais chacoalhando a estante foram os momentos em que mais tive medo. Oh, meu diário não; se meu diário se for, eu vou junto! Felizmente o papai não disse mais nada.

Não há motivo para contar todas as conversas; disseram muitas coisas. Eu confortei a Sra. Van Daan, que estava muito assustada. Conversamos sobre escapar, ser interrogados pela Gestapo, ligar para o Sr. Kleiman e ser corajosos.

"Devemos agir como soldados, Sra. Van Daan. Se chegar a nossa hora, bem, será pela monarquia, pela liberdade, a verdade e a justiça, como sempre nos dizem, no rádio. A única coisa ruim é que levaremos os outros conosco!"

Após uma hora, o Sr. Van Daan trocou de lugar com a esposa de novo, e o papai veio e se sentou ao meu lado. Os homens fumavam um cigarro atrás do outro, ouvia-se um suspiro vez por outra, alguém fez mais uma viagem até o penico, e depois começou tudo de novo.

Quatro horas, cinco, cinco e meia. Fui me sentar com Peter, perto da janela dele, e ficamos ouvindo, tão perto que dava para sentir o corpo do outro tremendo; dissemos uma ou duas palavras aqui e ali, e ficamos prestando atenção. No quarto ao lado, tinham removido a tela de blecaute. Fizeram uma lista de tudo que planejavam dizer ao Sr. Kleiman ao telefone, pois pretendiam ligar para ele às sete e pedir que mandasse vir alguém. Estavam se arriscando muito, visto que o vigia da porta ou do depósito poderia ouvi-los ligando, mas havia risco ainda maior de a polícia retornar.

Vou incluir a lista, mas, para ficar mais claro, copiarei aqui.

Assalto: policiais no edifício, até a estante, mas não além. Ladrões aparentemente interromperam, forçaram a porta do depósito, fugiram pelo jardim. Entrada principal parafusada; Kugler deve ter saído pela segunda porta.

Máquina de escrever e calculadora a salvo no baú preto, no escritório particular.

Só Bep ou Kugler têm a chave do segundo andar; a trava pode estar quebrada.

Tente avisar Jan e pegar a chave, cheque o escritório; alimente o gato.

De resto, tudo saiu conforme o planejado. Telefonaram para o Sr. Kleiman, removeram as estacas das portas, a máquina de escrever voltou para o baú. Então, todos nos sentamos à mesa mais uma vez, e ficamos esperando Jan ou a polícia.

Peter tinha adormecido, e o Sr. Van Daan e eu estávamos deitados no chão quando ouvimos passos barulhentos lá embaixo. Levantei-me em silêncio. "É Jan!"

"Não, não, é a polícia!", todos disseram.

Bateram à nossa estante. Miep assoviou. Isso foi demais para a Sra. Van Daan, que despencou toda mole na cadeira, branca feito papel. Se a tensão tivesse durado um minuto a mais, ela teria desmaiado.

Jan e Miep entraram e depararam com uma cena encantadora. Só a mesa já valeria uma foto: uma cópia de *Cinema & Teatro* aberta numa página com dançarinas e coberta de geleia e pectina, que estávamos tomando para combater a diarreia, dois jarros de geleia, meio pãozinho, um quarto de pãozinho, pectina, um espelho, um pente, fósforos, cinzas, cigarros, tabaco, um cinzeiro, livros, uma calcinha, uma lamparina, o pente da Sra. Van Daan, papel higiênico etc.

Jan e Miep foram, claro, recebidos com gritos e lágrimas. Jan pregou uma placa de madeira no buraco da porta e saiu de novo, com Miep, para informar a polícia do assalto. Miep tinha encontrado, também, um recado debaixo da porta do depósito, escrito por Sleegers, o guarda-noturno, que notara o buraco e avisara a polícia. Jan planejava, também, ver Sleegers.

Então tínhamos meia hora para colocar a casa e nós mesmos em ordem. Eu nunca tinha visto uma transformação como essa que foi feita nesses trinta minutos. Margot e eu arrumamos as camas no andar de baixo, fomos ao banheiro, escovamos os dentes, lavamos as mãos e penteamos o cabelo. Depois arrumamos um pouco o quarto e fomos lá para cima. A mesa já tinha sido liberada, então pegamos um pouco de água, fizemos café e chá, fervemos o leite e arrumamos a mesa. O papai e Peter esvaziaram nossos penicos improvisados e os enxaguaram com água quente e cloro em pó. O maior estava cheio até a borda, e tão pesado que tiveram dificuldade de erguer. Para piorar as coisas, estava vazando, então tiveram que colocá-lo num balde.

Às onze horas, Jan estava de volta e juntou-se a nós à mesa, e aos poucos todos começaram a relaxar. Jan tinha a seguinte história para contar:

O Sr. Sleegers estava dormindo, mas a esposa contou a Jan que ele tinha descoberto o buraco na porta enquanto fazia suas rondas. Ele chamou um policial, e os dois vasculharam o edifício. O Sr. Sleegers, em seu trabalho de guarda-noturno, patrulha a área toda noite, de bicicleta, acompanhado de dois cachorros. Sua esposa disse que ele viria na terça e contaria o resto ao Sr. Kugler. Ninguém, na delegacia de polícia, parecia saber nada do assalto, mas deixaram avisado que viriam bem cedo, na manhã de terça, para dar uma olhada.

No caminho de volta, Jan deparou com o Sr. Van Hoeven, o homem que nos fornece batata, e lhe contou sobre o assalto. "Eu sei", respondeu calmamente o Sr. Van Hoeven. "Ontem à noite, quando minha esposa e eu passávamos pelo seu prédio, eu vi o buraco na porta. Minha esposa quis continuar andando, mas dei uma espiada com a lanterna, e deve ter sido então que os ladrões fugiram. Por precaução, não chamei a polícia. Achei que não seria uma boa ideia, no seu caso. Não sei de nada, mas tenho minhas suspeitas." Jan agradeceu e seguiu em frente. É óbvio que o Sr. Van Hoeven suspeite que estamos aqui, porque sempre entrega a batata na hora do almoço. Um homem decente!

Era uma da tarde quando Jan partiu e terminamos de lavar a louça. Nós todos fomos para a cama. Acordei às quinze para as três e vi que o Sr. Dussel já estava de pé. Com o rosto amassado de sono, dei de cara com Peter no banheiro, assim que ele tinha descido. Concordamos em nos encontrar no escritório. Lavei o rosto e desci.

"Depois de tudo isso, você ainda ousa ir ao sótão da frente?", ele perguntou. Fiz que sim, peguei meu travesseiro, com um tecido enrolado nele, e subimos juntos. O clima estava fabuloso, e embora as sirenes de ataque aéreo tenham começado a berrar, ficamos onde estávamos. Peter colocou o braço sobre meus ombros, eu fiz o mesmo com ele, e ficamos sentados, quietinhos, desse jeito até as quatro, quando Margot veio nos chamar para o café.

Comemos nosso pão, tomamos nossa limonada e fizemos piadas (finalmente podíamos fazer isso de novo), e de resto tudo estava de volta ao normal. Nessa noite, eu agradeci a Peter por ter sido o mais corajoso de todos nós.

Ninguém no Anexo nunca passou por tamanho perigo quanto nós, nessa noite. Deus estava de fato olhando por nós. Pense só: os policiais estavam em frente à estante, a luz estava acesa, e mesmo assim não descobriram nosso esconderijo! Quando chegar a invasão, e as bombas começarem a cair, será cada um por si, mas desta vez tememos pelos bons cristãos inocentes que estavam nos ajudando.

"Fomos salvos. Continue nos salvando!" É tudo que consigo dizer.

Esse incidente gerou toda uma série de mudanças. Por ora, Dussel fará seu trabalho no banheiro, e Peter ficará patrulhando a casa entre oito e meia e nove e meia. Peter não pode mais abrir sua janela, já que uma das pessoas notou que ela estava aberta. Não podemos mais dar a descarga após as nove e meia, à noite. O Sr. Sleegers foi contratado como guarda-noturno, e hoje à noite um carpinteiro dos subterrâneos virá fazer uma barricada com a madeira do estrado branco de nossas camas. Há discussões ocorrendo em todo canto, no Anexo. O Sr. Kugler nos repreendeu pelo descuido.

Fomos lembrados com veemência do fato de que somos judeus acorrentados, presos a um lugar, sem direito nenhum, mas com mil obrigações. Temos que pôr de lado os sentimentos; devemos ser corajosos e fortes, suportar o desconforto sem reclamar, fazer tudo que pudermos e confiar em Deus. Um dia, esta guerra terrível chegará ao fim. Virá o tempo em que seremos pessoas de novo, e não apenas judeus!

Quem infligiu isso sobre nós? Quem nos separou de todos os outros? Quem nos fez passar por tanto sofrimento? Foi Deus que nos fez do jeito que somos, mas será Deus também quem nos erguerá mais uma vez. Aos olhos do mundo, estamos condenados, mas se, após todo esse sofrimento, ainda houver judeus, o povo judeu será evidenciado como um exemplo. Quem sabe, talvez nossa religião ensine ao mundo e a todas as pessoas sobre bondade, e esse é o motivo, o único motivo, pelo qual temos que sofrer. Nunca poderemos ser apenas holandeses ou ingleses ou algo assim.

Sempre seremos judeus também. E teremos que continuar sendo judeus, mas, então, vamos querer ser.

Seja corajosa! Vamos relembrar nosso dever e cumpri-lo sem reclamar. Haverá uma saída. Deus nunca abandonou nosso povo. Pelas eras, os judeus tiveram que sofrer, mas pelas eras continuaram vivendo, e os séculos de sofrimento apenas fizeram deles mais fortes. Os fracos cairão, e os fortes sobreviverão e não serão derrotados!

Nessa noite, eu achei mesmo que ia morrer. Esperei a polícia, e estava pronta para a morte, como um soldado num campo de batalha. Eu teria dado a vida com alegria pelo país. Mas agora, agora que fui poupada, meu primeiro desejo para depois da guerra é me tornar cidadã holandesa. Adoro os holandeses, adoro este país, adoro o idioma, e quero trabalhar aqui. E mesmo que tenha que escrever para a própria rainha, não desistirei enquanto não alcançar meu objetivo!

Estou ficando cada vez mais independente de meus pais. Jovem como sou, encaro a vida com mais coragem e tenho melhor, e mais verdadeiro, senso de justiça do que a mamãe. Sei o que quero, tenho uma meta, tenho opiniões, religião e amor. Se ao menos puder ser quem sou, já estou satisfeita. Sei que sou uma mulher, uma mulher com força interior e grande dose de coragem!

Se Deus me deixar viver, realizarei mais do que a mamãe já fez, farei minha voz ser ouvida, sairei pelo mundo e trabalharei pela humanidade!

Sei que é preciso ter coragem e felicidade primeiro!

Com amor, Anne M. Frank

SEXTA-FEIRA, 14 DE ABRIL DE 1944

Querida Kitty, todos aqui ainda estão muito tensos. Pim quase chegou ao fundo do poço; a Sra. Van D. está de cama, resfriada; o Sr. Van D. está ficando pálido sem o cigarro; Dussel, que está sendo forçado a abrir mão de muitos de seus confortos, está cutucando todo mundo etc. Parece que estamos sem sorte, ultimamente. O vaso sanitário está vazando, e a torneira, emperrada. Graças a nossas muitas conexões, logo conseguiremos mandar consertar tudo isso.

Às vezes, fico sentimental, como você sabe, mas de vez em quando tenho motivo para isso: quando Peter e eu estamos sentados bem perto sobre uma caixa de madeira no meio da tralha e da poeira, os braços em volta um do outro, Peter brincando com um cachinho do meu cabelo; quando os passarinhos lá fora estão cantarolando suas músicas, quando as árvores dão botões, quando o sol nos banha e o céu está tão azul – oh, é então que desejo tanta coisa!

Tudo que vejo ao meu redor são rostos insatisfeitos e rabugentos, tudo que ouço são suspiros e reclamações abafadas. Dá até para pensar que a nossa vida piorou de repente. Honestamente, as coisas são tão ruins quanto nós as deixamos ser. Aqui no Anexo, ninguém se importa em dar um bom exemplo. Cada um de nós tem que descobrir como tirar o melhor do nosso estado de espírito!

Todos os dias a gente ouve: "Se pelo menos tudo isso acabasse!".

Trabalho, amor, coragem e esperança, façam com que eu seja boa e me ajudem a suportar!

Eu de fato acredito, Kitty, que estou um pouco maluquinha hoje, e não sei por quê. Minha escrita está toda misturada, estou pulando de uma coisa para outra, e às vezes duvido seriamente se alguém, algum dia, terá interesse nesta bobagem. É provável que o chamarão de "Reflexões de um Patinho Feio". Meus diários decerto não serão de muita serventia para o Sr. Bolkestein ou para o Sr. Gerbrandy. [Gerrit Bolkestein era o ministro da Educação, e Pieter Gerbrandy era o primeiro-ministro do governo holandês, exilado em Londres. Veja a carta de Anne de 29 de março de 1944.]

Com amor, Anne M. Frank

SÁBADO, 15 DE ABRIL DE 1944

Querida Kitty, "é só uma coisa ruim atrás da outra. Quando vai acabar?" Pode repetir essa frase. Adivinhe o que aconteceu dessa vez? Peter se esqueceu de destrancar a porta da frente. Como resultado, o Sr. Kugler e os funcionários do depósito não puderam entrar. Ele foi à Keg, quebrou a janela da cozinha do escritório e entrou por ali.

O Sr. Kugler está furioso. Nós o acusamos de não fazer nada para reforçar as portas, e depois cometemos uma estupidez dessa! Peter está extremamente chateado. À mesa, a mamãe disse que sentia mais pena de Peter do que de qualquer outro, e ele quase começou a chorar. A culpa é de todos nós, visto que costumamos lhe perguntar todos os dias se ele destrancou a porta, e o mesmo faz o Sr. Van Daan. Talvez eu possa ir confortá-lo mais tarde. Quero tanto ajudá-lo!

Aqui estão os últimos boletins de notícias sobre o Anexo Secreto, das últimas semanas:

No sábado passado, Boche ficou doente do nada. Ficou sentado, muito quieto, e começou a babar. Miep pegou-o de imediato, enrolou-o numa toalha, enfiou-o na sacola de compras e levou-o à clínica veterinária. Boche estava com algum tipo de problema intestinal, então o veterinário lhe deu um remédio. Peter deu-lhe o remédio algumas vezes, mas Boche logo sumiu das vistas. Aposto que estava lá fora, cortejando a amada. Mas agora está com o focinho inchado e mia toda vez que o pegamos – é provável que ele estivesse tentando roubar comida e alguém tenha batido nele. Mouschi ficou sem voz por alguns dias. Justo quando resolvemos que ela tinha que ser levada ao veterinário também, ela começou a melhorar.

Agora, deixamos a janela do sótão com uma fresta aberta todas as noites. Peter e eu sempre nos sentamos ali, ao entardecer.

Graças a massa plástica e tinta a óleo, não demorou para que o nosso vaso sanitário fosse consertado. A torneira quebrada foi substituída.

Este mês, recebemos oito livros de selos de racionamento. Infelizmente, pelas próximas duas semanas, o feijão será substituído por aveia ou sêmola. Nossa mais nova iguaria é o piccalilli. Se não tiver sorte, a única coisa que lhe dão é um jarro cheio de pepino e molho de mostarda.

Está difícil de receber legumes. Há apenas alface, alface e mais alface. Nossas refeições consistem em batata e molho artificial.

Têm ocorrido muitos ataques aéreos muito pesados. O cartório de registro de nascidos, mortos e casados, em Haia, foi bombardeado. Todo o povo holandês receberá novos cartões de registro de racionamento.

Chega por hoje.

Com amor, Anne M. Frank

DOMINGO, 16 DE ABRIL DE 1944

Minha querida Kitty, lembre-se da data de ontem, pois foi um dia muito importante para mim. Não é um dia importante, para toda menina, aquele em que ela dá seu primeiro beijo? Pois bem, não é menos importante para mim. A vez que Bram me deu um beijo na bochecha direita ou que o Sr. Woudstra me beijou na mão direita não contam. Como foi me ocorrer esse beijo de repente? Eu conto.

Ontem à noite, às oito, eu estava sentada com o Peter em seu divã, e não demorou e ele me envolveu com o braço. (Como era sábado, ele não estava de macacão.) "Que tal passarmos um pouco mais para lá?", eu disse. "Assim, não fico batendo a cabeça no armário."

Ele foi tão longe que ficou praticamente no canto. Passei o braço por baixo do dele, pelas costas, e ele pôs o braço no meu ombro, então fui quase envolvida por ele. Já tínhamos nos sentado desse jeito em outras ocasiões, mas nunca tão perto quanto ontem à noite. Ele me abraçou bem perto dele, o lado esquerdo do meu corpo junto ao seu peito; meu coração já tinha começado a bater mais forte, mas havia mais por vir. Ele não se satisfez enquanto não deitei a cabeça sem seu ombro, com a dele sobre a minha. Sentei-me de novo após uns cinco minutos, mas logo ele pegou meu rosto nas mãos e trouxe de volta para perto dele. Oh, foi tão maravilhoso. Eu mal podia falar, o prazer era intenso demais; ele acariciava minha bochecha e meu braço, meio sem jeito, e brincava com meu cabelo. A maior parte do tempo, nossos rostos se tocavam.

Não consigo explicar, Kitty, a sensação que me percorria. Eu estava feliz demais para pôr em palavras, e acho que ele também.

Às nove e meia, levantamo-nos. Peter colocou os tênis para não fazer muito barulho em sua ronda noturna pelo edifício, e eu estava bem ao lado dele. Como subitamente fiz o movimento certo não sei dizer, mas, antes de descermos, ele me deu um beijo, por cima do cabelo, metade na minha bochecha esquerda e metade na minha orelha. Desci correndo a escada sem olhar para trás, e anseio tanto por hoje.

Domingo de manhã, pouco antes das onze.

Com amor, Anne M. Frank

SEGUNDA-FEIRA, 17 DE ABRIL DE 1944

Querida Kitty, você acha que o papai e a mamãe aprovariam uma menina da minha idade sentada num divã, beijando um menino de dezessete anos e meio? Duvido que aprovariam, mas tenho que confiar no meu julgamento nessa questão. É tão pacífico e seguro ficar deitada nos braços dele, sonhando, é tão empolgante sentir a bochecha dele na minha, tão maravilhoso saber que há alguém esperando por mim. Contudo, há um porém: será que Peter vai querer deixar como está? Eu não esqueci a promessa dele, mas... ele é um menino!

Sei que estou começando com muito pouca idade. Nem cheguei aos quinze e já estou tão independente – isso é um pouco difícil para os outros entenderem. Tenho certeza de que Margot jamais beijaria um menino, a não ser que houvesse alguma conversação rumo a noivado ou casamento. Peter e eu não temos tais planos. Tenho certeza, também, de que a mamãe nunca tocou um homem antes de conhecer o papai. O que minhas amigas ou Jacque diriam se soubessem que fiquei deitada nos braços de Peter com o coração junto ao peito dele, a cabeça no ombro dele e o rosto dele junto ao meu?

Oh, Anne, mas que chocante! Falando sério, não acho nem um pouco chocante; estamos presos aqui, separados do mundo, ansiosos e temerosos, em especial mais recentemente. Por que deveríamos ficar distantes quando nos amamos? Por que não deveríamos nos beijar em tempos como estes? Por que deveríamos esperar até ter idade mais adequada? Por que deveríamos pedir a permissão de alguém?

Resolvi buscar meus interesses. Ele jamais ia querer me magoar ou me fazer infeliz. Por que não devo fazer o que meu coração manda e que nos faz felizes?

Entretanto, tenho a sensação, Kitty, de que você consegue sentir a minha dúvida. Deve ser minha honestidade erguendo-se, revoltada, contra todo esse esconder-se. Você acha que é meu dever contar ao papai o que tenho feito? Acha que nosso segredo deveria ser partilhado com uma terceira pessoa? Muito da beleza seria perdido, mas isso me faria me sentir melhor? Falarei sobre isso com ele.

Ah, sim, ainda tem tanto que quero discutir com ele, pois não vejo sentido em ficarmos só abraçados. Partilhar os pensamentos um com o outro exige grande quantia de confiança, mas nós dois ficaremos mais fortes por causa disso!

Com amor, Anne M. Frank

TERÇA-FEIRA, 18 DE ABRIL DE 1944

Querida Kitty, está tudo bem aqui. Ontem à noite, o carpinteiro veio de novo colocar umas placas de ferro sobre os painéis da porta. O papai acabou de dizer que espera operações em larga escala na Rússia e na Itália, bem como no Ocidente, antes de 20 de maio; quanto mais a guerra dura, mais difícil fica imaginar sermos liberados deste lugar.

Ontem, Peter e eu por fim tivemos a conversa que vínhamos prorrogando havia dez dias. Eu lhe falei sobre meninas, sem hesitar em discutir as questões mais íntimas. Achei muito engraçado ele pensar que a abertura do corpo de uma mulher era simplesmente deixada de fora das ilustrações. Ele não imaginava que se localizava entre as pernas da mulher. A noite terminou com um beijo, perto da boca. É uma sensação adorável!

Talvez eu leve meu "caderno de citações favoritas" comigo, alguma vez, para Peter e eu podermos nos aprofundar nas questões. Não acho tão satisfatório só ficar deitado nos braços um do outro, e espero que ele pense o mesmo.

Após um inverno leve, a primavera está linda. Abril é um mês glorioso, não muito quente, não muito frio, com chuvas ocasionais. Nossa castanheira está dando folhas, e aqui e acolá já podemos ver uns botões de flor.

Bep nos presenteou, no sábado, com quatro buquês de flores: três buquês de narcisos e um buquê de jacinto roxo para mim. O Sr. Kugler está nos fornecendo mais e mais jornais.

Hora de estudar álgebra, Kitty. Tchau.

Com amor, Anne M. Frank

QUARTA-FEIRA, 19 DE ABRIL DE 1944

Querida amada (isso é o título de um filme com Dorit Kreysler, Ida Wust e Harald Paulsen!),

O que poderia ser melhor do que se sentar diante de uma janela aberta, apreciar a natureza, ouvir os passarinhos cantando, sentir o sol nas bochechas e ficar abraçada com um menino lindo? Sinto-me tão em paz e segura com o braço dele ao meu redor, sabendo que ele está perto e, no entanto, não ter que falar; como pode ser ruim, quando me faz tão bem? Oh, se ao menos nunca mais fôssemos perturbados, nem mesmo por Mouschi.

Com amor, Anne M. Frank

SEXTA-FEIRA, 21 DE ABRIL DE 1944

Minha querida Kitty, fiquei de cama ontem, com dor de garganta, mas, como eu fiquei entediada já na primeira tarde e não tive febre, hoje eu levantei. A dor de garganta praticamente *verschwunden* [desapareceu].

Ontem, como você já deve ter descoberto, foi aniversário de 55 anos do Führer. Hoje é aniversário de dezoito anos de Sua Majestade Princesa Elisabeth de York. A BBC relatou que ela ainda não foi declarada maior de idade, embora as crianças da realeza o sejam, em geral. Ficamos imaginando com que príncipe farão essa bela casar-se, mas não conseguimos pensar num candidato adequado; talvez sua irmã, princesa Margaret Rose, possa ficar com o príncipe Balduíno da Bélgica!

Aqui, temos passado de um desastre para o seguinte. Pouco depois que as portas lá de fora receberam o reforço, Van Maaren mostrou a que veio mais uma vez. É muito provável que tenha sido ele quem roubou a fécula de batata, e agora está tentando pôr a culpa em Bep. Como era de se esperar, o Anexo está, mais uma vez, num furdunço. Bep está possessa de raiva. Talvez o Sr. Kugler finalmente dê um jeito nesse sujeito duvidoso.

O avaliador da Beethovenstraat esteve aqui esta manhã. Ele nos ofereceu 400 florins pelo nosso baú; na nossa opinião, as outras estimativas também estão baixas demais.

Quero perguntar à revista *O príncipe* se eles aceitariam um dos meus contos de fadas, sob um pseudônimo, claro. Mas, até agora, todos os meus contos de fadas ficaram longos demais, então acho que não tenho muita chance.

Até a próxima, querida.

Com amor, Anne M. Frank

TERÇA-FEIRA, 25 DE ABRIL DE 1944

Querida Kitty, faz dez dias que Dussel não fala com o Sr. Van Daan, e tudo por causa das novas medidas de segurança desde o assalto. Uma destas é que não lhe permitem mais ir para o andar de baixo à noite. Peter e o Sr. Van Daan fazem a última ronda todas as noites, às nove e meia, e depois disso ninguém pode descer para lá.

Não podemos mais dar a descarga após as oito, à noite, ou após as oito, pela manhã. As janelas podem ser abertas apenas de manhã, quando acendem as luzes no escritório do Sr. Kugler, e não podem mais ser abertas com uma vara, à noite. Essa última medida é o motivo para o mau humor de Dussel. Ele alega que o Sr. Van Daan lhe deu uma bronca, mas o culpado é ele mesmo. Ele diz que prefere viver sem comida do que sem ar, e que eles precisam simplesmente arranjar um jeito de manter as janelas abertas.

"Terei que falar com o Sr. Kugler sobre isso", ele me disse.

Eu respondi que nunca discutimos assuntos desse tipo com o Sr. Kugler, apenas com o grupo.

"Tudo sempre acontece sem que eu saiba. Terei que falar com seu pai sobre isso."

Ele também não pode sentar-se no escritório do Sr. Kugler nas tardes de sábado e nos domingos, pois o gerente da Keg pode ouvi-lo se estiver no cômodo ao lado. Dussel foi lá e sentou mesmo assim. O Sr. Van Daan ficou furioso, e o papai desceu para falar com Dussel, que inventou alguma desculpa esfarrapada, mas nem o papai caiu nessa. Agora, o papai tem falado o mínimo possível com Dussel, pois este o insultou. Ninguém sabe o que ele disse, mas deve ter sido bem horrível.

E pensar que esse homem miserável fará aniversário semana que vem. Como alguém pode comemorar o aniversário quando está mal-humorado, como aceitar presentes de pessoas com quem você nem fala?

O Sr. Voskuijl está piorando rápido. Por mais de dez dias teve temperatura de quase quarenta. O médico disse que a situação dele não tem conserto; acham que o câncer espalhou para os pulmões. Pobre homem; gostaríamos tanto de ajudá-lo, mas só Deus pode ajudá-lo agora!

Escrevi uma história divertida chamada *Borrado, o explorador*, que fez um grande sucesso com meus três ouvintes.

Ainda estou com um resfriado péssimo e o passei para Margot, e também para a mamãe e o papai. Espero que o Peter não pegue. Ele insistiu num beijo, e me chamou de seu Eldorado. Não se pode chamar alguém disso, bobinho! Mas ele é um doce!

Com amor, Anne M. Frank

QUINTA-FEIRA, 27 DE ABRIL DE 1944

Querida Kitty, a Sra. Van D. estava de mau humor hoje de manhã. Tudo que fez foi reclamar, primeiro do resfriado, por não conseguir arranjar remédio e pela agonia de ter que assoar o nariz o tempo todo. Em seguida resmungou que não tinha sol, que a invasão não tinha começado, por não podermos olhar lá fora, pela janela etc. Não pudemos conter o riso, e não tinha como ela estar tão mal assim, visto que logo começou a rir conosco.

No momento, estou lendo sobre o imperador Carlos V, escrito por um professor da Universidade de Göttingen; ele passou quarenta anos trabalhando nesse livro. Levei cinco dias para ler cinquenta páginas. Não posso fazer mais que isso. Como o livro tem 598 páginas, já dá para imaginar quanto tempo levarei para finalizá-lo. E isso sem contar o segundo volume. Mas... é muito interessante!

Que coisas uma estudante tem que fazer ao longo de um só dia! Veja o meu caso, por exemplo. Primeiro, traduzi uma passagem sobre a última batalha de Nelson, do holandês para o inglês. Depois, li mais sobre a Guerra do Norte (1700-21) envolvendo Pedro, o Grande, Carlos XII, Augusto, o Forte, Stanislaus Leczinsky, Mazeppa, Von Gorz, Brandemburgo, a Pomerânia Ocidental, a Pomerânia Oriental e a Dinamarca, além das datas usuais. Em seguida, fui parar no Brasil, onde li sobre o tabaco da Bahia, a abundância de café, o um milhão e meio de habitantes do Rio de Janeiro, Pernambuco e São Paulo, e, finalmente, mas não menos importante, o rio Amazonas. Depois sobre negros, mulatos, mestiços, brancos, a taxa de analfabetismo – mais de 50% – e malária. Como tinha um pouco de tempo livre, passei por uma árvore genealógica: João, o Velho, William Louis, Ernesto Casimiro I, Henrique Casimiro I, até a pequena Margriet Franciska (nascida em 1943, em Ottawa).

Meio-dia: retomei os estudos no sótão, li sobre decanos, padres, ministros, papas e... logo era uma da tarde!

Às duas, a pobre criança (ora, ora) já estava de volta aos estudos. Macacos do Velho Mundo e do Novo Mundo vieram em seguida. Kitty, diga-me rápido: quantos dedos tem um hipopótamo?

Depois veio a Bíblia, a arca de Noé, Sem, Cam e Jafé. Depois disso, Carlos V. Depois, com Peter, o livro de Thackeray sobre o coronel, em inglês. Um teste de francês, e depois uma comparação entre o Mississippi e o Missouri!

Chega por hoje. *Adieu*!

Com amor, Anne M. Frank

SEXTA-FEIRA, 28 DE ABRIL DE 1944

Querida Kitty, nunca esqueci o sonho que tive com Peter Schiff (veja o começo de janeiro). Ainda posso sentir seu rosto junto ao meu, e aquele brilho maravilhoso que compensava todo o resto. Vez por outra eu tive a mesma sensação com esse Peter, mas nunca tão intensamente... até ontem à noite. Estávamos sentados no divã, como sempre, nos braços um do outro. De repente a Anne de sempre saiu de cena, e a segunda Anne assumiu o lugar dela. A segunda Anne, que nunca é confiante demais ou engraçada, mas quer apenas amar e ser gentil.

Sentada junto a ele, senti uma onda de emoção me encobrir. Meus olhos se encheram de lágrimas; as do olho esquerdo rolaram sobre o macacão dele, enquanto as do olho direito escorreram sobre meu nariz e pelo ar e pousaram ao lado das primeiras. Será que ele notou? Ele não fez movimento nenhum que mostrasse que sim. Será que sentia o mesmo que eu? Ele quase não dizia nada. Ele reparou que tinha duas Annes a seu lado? Minhas perguntas ficaram sem resposta.

Às oito e meia, levantei-me e fui até a janela, onde sempre nos despedíamos. Eu ainda tremia, ainda era a Anne número dois. Ele veio até mim, e joguei os braços no pescoço dele, e dei-lhe um beijo na bochecha esquerda. Eu estava prestes a beijá-lo no outro lado do rosto quando minha boca encontrou a dele, e juntamos nossos lábios. Num torpor, nos abraçamos, muitas vezes, sem parar, oh!

Peter precisa de ternura. Pela primeira vez na vida, descobriu uma garota; pela primeira vez viu que até as maiores pestes têm por dentro um eu e um coração, e são transformadas assim que você fica sozinho com elas. Pela primeira vez na vida, ele deu a si mesmo e sua amizade a outra pessoa. Ele nunca tivera um amigo, menina ou menino. Agora nos encontramos. Eu, nesse sentido, não o conhecia também, nunca tivera alguém em quem pudesse confiar, e chegamos nisto...

A mesma pergunta fica me cutucando: "Isso está certo?". É certo eu ceder tão cedo, ser tão apaixonada, ser preenchida de tanta paixão e desejo quanto Peter? Como menina, posso me permitir ir tão longe assim?

Há apenas uma resposta possível: "Estou desejando tanto... e por tanto tempo. Estou tão sozinha, e agora encontrei o conforto!".

Nas manhãs agimos normalmente, nas tardes também, a não ser por uma ou outra vez. Mas à noite, o desejo suprimido do dia inteiro, a felicidade e o êxtase de todo o tempo de antes vêm com pressa para a superfície, e só conseguimos pensar um no outro. Toda noite, após nosso último beijo, tenho vontade de fugir e nunca mais olhá-lo nos olhos. Fugir para muito longe, para o escuro e a solidão!

E o que me aguarda no final daqueles catorze degraus? Luzes, perguntas e risadas. Tenho que agir normalmente e torcer para que eles não notem nada.

Meu coração ainda é tenro demais para poder se recuperar tão rápido de um choque como o que eu tive ontem à noite. A Anne gentil faz aparições não muito frequentes, e não pretende se deixar ser empurrada porta afora tão logo após ter chegado. Peter alcançou uma parte de mim que ninguém nunca alcançou, exceto no meu sonho! Ele me dominou e virou do avesso. As pessoas não precisam de um pouco de quietude para pôr as ideias no lugar de novo? Oh, Peter, o que você fez comigo? O que você quer de mim?

Aonde isso levará? Oh, agora eu entendo a Bep. Agora que estou passando por algo similar, entendo suas dúvidas; se eu fosse mais velha, e ele quisesse se casar comigo, qual seria minha resposta? Anne, seja honesta! Você não conseguiria se casar com ele. Mas é tão difícil abrir mão. Peter ainda tem muito pouco caráter, muito pouca força de vontade, muito pouca coragem e força. Ainda é uma criança, não é mais velho do que eu emocionalmente; tudo que deseja é felicidade e paz de espírito. Eu só tenho catorze anos mesmo? Sou mesmo apenas uma estudante bobinha? Sou mesmo tão inexperiente em tudo? Tenho mais experiência do que a maioria; experienciei algo que quase ninguém da minha idade já viveu.

Estou com medo de mim mesma, com medo de que meu desejo me faça ceder cedo demais. Como poderá dar certo com outros meninos, mais tarde? Oh, é tão difícil a luta eterna entre coração e mente. Há hora e lugar para ambos, mas como posso ter certeza de que escolhi a hora certa?

Com amor, Anne M. Frank

TERÇA-FEIRA, 2 DE MAIO DE 1944

Querida Kitty, sábado à noite eu perguntei ao Peter se ele acha que devo contar ao papai sobre nós. Depois que discutimos isso, ele disse que achava que sim. Fiquei contente; isso mostra que ele é sensato e sensível. Assim que desci, fui pegar um pouco de água com o papai. Enquanto estávamos na escada, disse: "Pai, tenho certeza de que você já percebeu que, quando eu e Peter estamos juntos, não ficamos sentados em cantos opostos da sala. Você acha que isso é errado?".

O papai hesitou um pouco antes de responder: "Não, não acho que está errado. Mas, Anne, quando estamos vivendo tão perto, como agora, você precisa ter cuidado". Ele disse mais algumas coisas nesse sentido, e depois voltamos lá para cima.

Domingo de manhã, ele me chamou para perto e disse: "Anne, andei pensando no que você disse". (Oh-oh, eu sabia que isso estava para acontecer!) "Aqui no Anexo, não é uma ideia muito boa. Achei que vocês fossem só amigos. Peter está apaixonado por você?"

"Claro que não", respondi.

"Bem, você sabe que eu entendo vocês dois. Mas é você que tem que mostrar contenção; não vá tanto lá para cima, não o encoraje mais do que o ideal. Em questões como essa, é sempre o homem que assume o papel ativo, e cabe à mulher impor limites. Lá fora, onde você está livre, as coisas são bem diferentes. Você vê outros meninos e meninas, pode sair na rua, participar de esportes e todo tipo de atividade. Mas aqui, se vocês ficam muito juntos e querem se afastar, não podem. Vocês se veem a cada hora do dia, o tempo todo, na verdade. Cuidado, Anne, e não leve isso tão a sério!"

"Não estou levando, pai, mas o Peter é um menino decente, um bom menino."

"Sim, mas ele não tem muita força de caráter. Pode ser facilmente influenciado para fazer o bem, mas também para fazer o mal. Torço por ele para que seja sempre bom, pois é uma pessoa boa."

Conversamos mais um pouco e concordamos que o papai conversaria com ele também.

Domingo à tarde, quando estávamos no sótão da frente, Peter perguntou: "Você já conversou com seu pai, Anne?".

"Sim", respondi. "Eu conto para você. Ele não acha que é errado, mas disse que aqui, porque estamos tão próximos, isso pode levar a conflitos."

"Nós já concordamos em não brigar, e eu planejo cumprir a promessa."

"Eu também, Peter. Mas o papai achava que não tínhamos nada sério, achava que éramos só amigos. Você acha que ainda podemos ser?"

"Sim, acho que sim. E você?"

"Eu também. Eu também disse ao papai que confio em você. Eu confio mesmo em você, Peter, tanto quanto confio no papai. E acho que você merece minha confiança. Você merece, não?"

"Espero que sim." (Ele ficou muito tímido, todo vermelho.)

"Eu acredito em você, Peter", continuei. "Acredito que você tem bom caráter e que chegará muito longe nesse mundo."

Depois disso, falamos sobre outras coisas. Mais tarde, eu disse: "Se algum dia sairmos daqui, sei que você nem vai mais pensar em mim".

Ele ficou todo nervoso. "Não é verdade, Anne. Ah, não, não vou deixar você pensar isso de mim!"

Foi então que alguém nos chamou.

O papai conversou mesmo com ele, Peter me contou na segunda. "Seu pai achou que a nossa amizade poderia virar amor", ele disse. "Mas eu lhe disse que vamos nos manter sob controle."

O papai quer que eu pare de ir tanto lá para cima, mas não quero parar. Não só porque gosto de ficar com o Peter, mas porque disse que confio nele. E confio mesmo, e quero provar isso para ele, mas nunca poderei se ficar sempre lá embaixo, por desconfiança.

Não, eu vou!

Entrementes, o drama de Dussel foi resolvido. Sábado à noite, no jantar, ele pediu desculpas num holandês lindo. O Sr. Van Daan reconciliou-se com ele de imediato. Dussel deve ter passado o dia todo praticando esse discurso.

O domingo, aniversário dele, passou sem incidentes. Nós lhe presenteamos com uma garrafa de um bom vinho de 1919; os Van Daan (que agora podem dar seu presente, afinal) deram-lhe um jarro de piccalilli e um pacote de lâminas de barbear; o Sr. Kugler, um jarro de calda de limão (para fazer limonada); Miep, um livro, *Little Martin* [Pequeno Martin]; e Bep, uma planta. Ele deu um ovo para todo mundo.

Com amor, Anne M. Frank

QUARTA-FEIRA, 3 DE MAIO DE 1944

Querida Kitty, primeiro, as notícias da semana! Estamos de férias da política. Não há nada, e digo absolutamente nada, a relatar. Além disso, estou começando a acreditar, aos poucos, que a invasão virá. Afinal, eles não podem deixar os russos fazerem todo o trabalho sujo; na verdade, os russos também não estão fazendo nada, neste momento.

O Sr. Kleiman está vindo ao escritório todas as manhãs. Ele arranjou um conjunto novo de molas para o divã do Peter, então Peter terá que se pôr a trabalho para estofá-lo. Como era de se esperar, ele não está nem um pouco a fim. O Sr. Kleiman trouxe, também, um pouco de pó para afugentar pulgas, para os gatos.

Já lhe contei que Boche desapareceu? Não vemos um pelo sequer dela desde a última quinta. Ela já deve estar no céu dos gatos, tendo algum amante de animais a transformado num prato saboroso. Talvez uma menina que possa pagar esteja usando uma boina feita com o pelo de Boche. Peter está muito magoado.

Pelas últimas duas semanas, aos sábados, temos almoçado às onze e meia; pelas manhãs, precisamos nos virar com uma caneca de cereal quente. A partir de amanhã, será assim todos os dias; isso nos economiza uma refeição. Ainda está difícil arranjar legumes. Esta tarde, comemos alface podre cozida. Alface normal, espinafre e alface cozida, é tudo que temos. Some-se a isso batata podre, e temos uma refeição digna de um rei!

Eu não menstruei por mais de dois meses, mas por fim desceu domingo passado. Apesar da bagunça toda, fico contente por não ter perdido isso.

Como (sem dúvida) você pode imaginar, costumamos dizer, desesperados: "Qual é o sentido da guerra? Por que, oh, por que as pessoas não conseguem viver juntas, em paz? Para que toda essa destruição?".

A pergunta é compreensível, mas até agora ninguém arranjou uma resposta satisfatória. Por que a Inglaterra está fabricando aviões e bombas maiores e melhores e ao mesmo tempo colocando casas novas para reconstrução? Por que milhões são gastos na guerra a cada dia, enquanto nem um centavo sequer está disponível para a ciência médica, para os artistas ou os pobres? Por que as pessoas têm que passar fome, quando montanhas de comida estão apodrecendo em outras partes do mundo? Oh, por que as pessoas são tão malucas?

Não acredito que a guerra seja simplesmente obra de políticos e capitalistas. Não, o homem comum é também culpado; do contrário, as pessoas e as nações teriam se rebelado há muito tempo! Existe um impulso de destruição na humanidade, um impulso de raiva, de assassinar e matar. E enquanto todos, sem exceção, não passarem por uma metamorfose, guerras continuarão a ser travadas, e tudo que foi cuidadosamente construído, cultivado e criado será derrubado e destruído, apenas para que o ciclo recomece!

Muitas vezes fiquei desanimada, mas nunca desesperada. Levei nossa vida no esconderijo como uma aventura interessante, cheia de perigo e romance, e toda privação como uma adição divertida para o meu diário. Resolvi levar uma vida diferente da de outras meninas, e não me tornar uma dona de casa comum depois. O que estou vivenciando aqui é um bom começo para uma vida interessante, e esse é o motivo – o único motivo – pelo qual tenho que rir com o lado engraçado dos momentos mais perigosos.

Sou jovem e tenho muitas qualidades escondidas; sou jovem e forte e estou vivendo uma grande aventura; estou bem no meio disso e não posso passar o dia todo reclamando porque é impossível me divertir! Sou abençoada com muitas coisas: felicidade, um espírito alegre e força. Todos os dias, sinto que estou amadurecendo, sinto a libertação se aproximando, sinto a beleza da natureza e a bondade das pessoas ao meu redor. Todos os dias penso em que aventura fascinante e divertida é esta! Com tudo isso, para que vou me desesperar?

Com amor, Anne M. Frank

SEXTA-FEIRA, 5 DE MAIO DE 1944

Querida Kitty, o papai está descontente comigo. Depois de nossa conversa, no domingo, ele achou que eu ia parar de subir toda noite. Ele não vai aceitar nada desse "*Knutscherei*" [namorico].

Não suporto essa palavra. Falar sobre isso já foi bem ruim – por que ele tem que me fazer sentir mal também? Terei uma palavrinha com ele hoje. Margot me deu bons conselhos.

Aqui está, mais ou menos, o que eu queria dizer:

Creio que você espera uma explicação de mim, pai, então eu lhe darei. Você está desapontado comigo, esperava mais restrição de mim, sem dúvida queria que eu agisse como se espera que uma menina de catorze anos aja. Mas é nisso que você está errado!

Nesse tempo que passamos aqui, desde julho de 1942 até algumas semanas atrás, eu não levei uma vida fácil. Se ao menos você soubesse quanto eu chorava à noite, quão infeliz e desanimada eu ficava, quão sozinha me sentia, entenderia por que quero ir lá para cima! Cheguei a um ponto em que não preciso do apoio da mamãe nem de mais ninguém. Isso não aconteceu da noite para o dia. Eu batalhei por muito tempo e derramei muitas lágrimas para me tornar independente como estou agora. Você pode até rir ou recusar-se a acreditar em mim, mas não ligo. Sei que sou uma pessoa independente, e não acho que preciso lhe dar satisfações das minhas atitudes. Só estou lhe dizendo tudo isso porque não quero que pense que estou fazendo as coisas pelas suas costas. Mas há somente uma pessoa a quem devo satisfações, e esta sou eu.

Quando eu estava com problemas, todo mundo – e isso inclui você – fechou os olhos e os ouvidos e não me ajudou. Pelo contrário, tudo que recebi foram censuras, para que não fosse tão barulhenta. Eu era barulhenta apenas para não ficar triste o tempo todo. Eu era confiante demais para não ter que ouvir a voz que ouvia dentro da cabeça. Eu fiz uma encenação por um ano e meio, durante todos os dias. Nunca reclamei nem deixei minha máscara cair, nada do tipo, e agora... a batalha está encerrada. Eu venci! Sou independente, em corpo e mente. Não preciso mais de uma mãe, e emergi da batalha como uma pessoa mais forte.

Agora que está acabado, agora que sei que a batalha foi vencida, quero seguir meu caminho, seguir a trilha que parece certa para mim. Não pense em mim como uma menina de catorze anos, visto que todos esses problemas me fizeram amadurecer; não me arrependerei de minhas ações, eu me comportarei como acho que devo!

Uma persuasão gentil não me impedirá de ir lá para cima. Você terá que me proibir ou confiar em mim, em tudo que vier. Seja lá o que fizer, apenas me deixe em paz!

Com amor, Anne M. Frank

SÁBADO, 6 DE MAIO DE 1944

Querida Kitty, ontem à noite, antes do jantar, enfiei a carta que escrevi para o papai no bolso dele. Segundo Margot, ele a leu e ficou chateado o resto da noite. (Eu estava no andar de cima, lavando a louça!) Pobre Pim, eu deveria ter imaginado qual seria o efeito de uma carta como essa.

Ele é tão sensível! Imediatamente, eu disse ao Peter que não perguntasse mais nada e não dissesse mais nada. Pim não me disse mais nada sobre o assunto. Será que vai dizer?

Tudo está mais ou menos de volta ao normal por aqui. Mal podemos crer no que Jan, o Sr. Kugler e o Sr. Kleiman nos contam sobre os preços e as pessoas lá de fora: duzentos gramas de chá custam 350 florins; duzentos gramas de café, 80 florins; meio quilo de manteiga, 35 florins; um ovo, 1,45 florim. As pessoas estão pagando 14 florins por trinta gramas de tabaco búlgaro! Todos estão comerciando no mercado negro; todo menino zanzando por aí tem algo a oferecer. O entregador da padaria nos forneceu linha de bordado – 90 centavos por um mísero meado –, o leiteiro arranja livros de selos de racionamento, um agente funerário entrega queijo. Assaltos, assassinatos e roubos são ocorrências diárias. Até os policiais e os guardas-noturnos estão participando desses atos. Todo mundo quer colocar comida no estômago, e como os salários foram congelados, as pessoas têm que recorrer à trapaça. A polícia passa o tempo todo tentando encontrar as muitas meninas de quinze, dezesseis, dezessete anos ou mais que são dadas como desaparecidas todos os dias.

Com amor, Anne M. Frank

DOMINGO DE MANHÃ, 7 DE MAIO DE 1944

Querida Kitty, o papai e eu tivemos uma longa conversa ontem à tarde. Eu chorei até dizer chega, e ele chorou também. Sabe o que ele me disse, Kitty?

"Já recebi muitas cartas na vida, mas nenhuma me magoou tanto quanto essa. Você, que recebeu tanto amor dos seus pais. Você, cujos pais sempre estiveram prontos para ajudá-la, que sempre a defenderam, a qualquer custo. Você fala de não ter que nos dar satisfações das suas atitudes! Você sente que foi injustiçada e deixada para se virar sozinha. Não, Anne, você nos fez uma grande injustiça! Talvez não fosse bem isso que você quis dizer, mas foi isso que escreveu. Não, Anne, nós não fizemos nada para merecer uma repreensão dessas!"

Oh, eu cometi um erro terrível. Essa foi a pior coisa que fiz em toda a minha vida. Usei minhas lágrimas para me exibir, para me fazer parecer importante, para que ele me respeitasse. Decerto, tive uma parcela de tristeza, e tudo que eu disse sobre a mamãe é verdade. Mas acusar Pim, que é tão bom e que fez tudo por mim – não, foram palavras cruéis demais.

Que bom que alguém por fim me cortou as asas, quebrou meu orgulho, porque fui convencida demais. Nem tudo que a Senhorita Anne faz é bom! Qualquer um que causa uma mágoa dessas deliberadamente a alguém que diz que ama é desprezível, a mais baixa das pessoas!

O que mais me envergonha é como o papai me perdoou; ele disse que vai jogar a carta no fogo, e está sendo tão bom para mim agora, como se ele tivesse feito algo errado. Bem, Anne, você ainda tem muito a aprender. Está na hora de recomeçar, em vez de desprezar os outros e sempre colocar a culpa neles!

Eu passei por muita tristeza, mas quem não passou, na minha idade? Andei fazendo uma encenação, mas mal percebia que fazia isso. Eu me senti sozinha, porém nunca em desespero! Não como o papai, que, uma vez, saiu para a rua com uma faca, para poder dar um fim em tudo. Eu nunca cheguei a esse ponto.

Eu deveria estar muito envergonhada, e estou. O que foi feito não pode ser desfeito, mas pelo menos a gente pode evitar que aconteça de novo. Eu gostaria de começar tudo de novo, e não creio que isso será difícil, agora que tenho o Peter. Com o apoio dele, sei que vou conseguir! Não estou mais sozinha. Ele me ama, eu o amo, tenho meus livros, minha escrita e meu diário. Não sou assim tão feia, ou tão burra, tenho um espírito solar, e quero desenvolver um bom caráter!

Sim, Anne, você sabia muito bem que a sua carta era cruel e mentirosa, mas chegou a ter orgulho dela! Eu tomarei o papai como exemplo, mais uma vez, e vou melhorar.

Com amor, Anne M. Frank

SEGUNDA-FEIRA, 8 DE MAIO DE 1944

Querida Kitty, alguma vez já lhe contei algo sobre a nossa família? Acho que não, então me deixe começar. O papai nasceu em Frankfurt am Main, com pais muito ricos: Michael Frank era dono de um banco e ficou milionário, e os pais de Alice Stern eram proeminentes e prósperos.

Michael Frank não começou rico; foi um homem que fez sua história. Na juventude, o papai levou uma vida de filho de um homem rico. Festas toda semana, bailes, banquetes, lindas meninas, valsas, jantares, uma casa enorme etc. Depois que o vovô morreu, a maioria do dinheiro se perdeu, e, após a Grande Guerra e a inflação, não sobrou nada. Até a guerra, ainda havia certo número de parentes ricos. Então o papai foi criado muito bem, e ele teve que rir ontem, porque, pela primeira vez em seus 55 anos de vida, ele raspou a frigideira à mesa.

A família da mamãe não era tão abastada, mas ainda assim vivia bem, e ouvimos, boquiabertos, histórias de bailes particulares, jantares e festas de noivado para 250 convidados.

Estamos longe de ser ricos agora, mas coloquei todas as minhas esperanças no pós-guerra. Posso garantir-lhe, não estou tão determinada a levar uma vida limitada quanto a mamãe e Margot. Gostaria de passar um ano em Paris e em Londres aprendendo os idiomas e estudando história da arte. Compare isso com Margot, que quer ser enfermeira de recém-nascidos na Palestina. Ainda tenho visões de vestidos estupendos e pessoas fascinantes. Como já lhe disse muitas vezes, quero ver o mundo e fazer todo tipo de coisa empolgante, e um pouco de dinheiro não faria mal!

Esta manhã, Miep nos contou sobre a festa de noivado da prima, à qual ela foi no sábado. Os pais da prima são ricos, e os do noivo são ainda mais. Miep nos deixou com água na boca contando sobre a comida que foi servida: sopa de legumes com almôndegas, queijo, rolinhos de carne fatiada, *hors d'oeuvres* feitos de ovo e rosbife, rolinhos de queijo, bolo, vinho e cigarros, e dava para comer quanto a pessoa queria.

Miep tomou dez schnapps e fumou três cigarros – essa era mesmo nossa defensora da temperança? Se Miep bebeu tudo isso, imagino quanto o esposo dela conseguiu botar goela abaixo. Na festa, todo mundo ficou um pouco tontinho, claro. Havia, também, dois agentes do Esquadrão Assassino, que tiraram fotos do casal. Podemos ver que nós nunca estamos longe dos pensamentos de Miep, pois ela correu a anotar os nomes e os endereços deles, caso aconteça alguma coisa e precisemos de contatos com bons holandeses.

Ficamos com tanta água na boca. Nós, que não comemos nada além de duas colheradas de cereal quente no café da manhã e estávamos absolutamente famintos; nós, que não comemos nada além de espinafre semicozido (por causa das vitaminas!) e batata podre dia após dia; nós, que enchemos o estômago vazio com nada além de alface cozida, alface crua, espinafre, espinafre e mais espinafre. Talvez acabemos ficando tão fortes quanto Popeye, embora, até agora, eu não tenha visto sinal nenhum disso!

Se Miep tivesse nos levado à festa, não haveria rolinhos para os outros convidados. Se estivéssemos lá, teríamos agarrado tudo em que puséssemos a vista, incluindo a mobília. Pode acreditar: estávamos praticamente arrancando as palavras da boca dela. Estávamos reunidos em volta dela como se nunca na vida tivéssemos ouvido falar de comida deliciosa ou pessoas elegantes! E essas são as netas de milionários distintos. O mundo é um lugar maluco!

Com amor, Anne M. Frank

TERÇA-FEIRA, 9 DE MAIO DE 1944

Querida Kitty, terminei minha história sobre Ellen, a fada. Eu a copiei num belo papel de carta, decorei com tinta vermelha e costurei as páginas. A coisa toda ficou muito bonita, mas não sei se é o suficiente como presente de aniversário. Margot e a mamãe escreveram poemas.

O Sr. Kugler veio aqui para cima, esta tarde, com a notícia de que, a começar por segunda, a Sra. Broks gostaria de passar duas horas no escritório todas as tardes. Imagine só! O pessoal do escritório não poderá vir aqui para cima, a batata não poderá ser entregue, Bep não poderá jantar, nós não poderemos usar o banheiro, não poderemos nos mexer, e todos os tipos de outros inconvenientes! Propusemos uma variedade de maneiras de nos livrarmos dela. O Sr. Van Daan achou que um bom laxante no café dela poderia dar conta do recado. "Não", respondeu o Sr. Kleiman, "por favor, não façam isso, senão ela não sairá da latrina nunca mais."

Todos gargalharam. "Da latrina?", perguntou a Sra. Van D. "Que significa isso?" Uma explicação foi dada. "Está certo usar essa palavra?", ela perguntou, toda inocente. "Imagine só", Bep riu-se, "você está fazendo compras em Bijenkorf e pergunta onde fica a latrina. Eles nem saberiam do que você estava falando!"

Agora, Dussel se senta na "latrina", para emprestar a expressão, todos os dias ao meio-dia e meia em ponto. Esta tarde, corajosa, eu peguei um pedaço de papel rosa e escrevi:

Horário de banheiro do Sr. Dussel

Manhãs, das sete e quinze às sete e meia

Tardes, após as treze horas

Do contrário, apenas quando necessário!

Colei isso na porta verde do banheiro enquanto ele ainda estava lá dentro. Poderia muito bem ter acrescentado: "Transgressores serão sujeitados a confinamento!". Pois nosso banheiro pode ser trancado tanto por dentro quanto por fora.

Oh, Kitty, o clima está tão adorável. Se ao menos eu pudesse sair!

Com amor, Anne M. Frank.

QUARTA-FEIRA, 10 DE MAIO DE 1944

Querida Kitty, estávamos sentados no sótão, ontem à tarde, estudando francês, quando de repente ouvi um barulho de água atrás de mim. Perguntei ao Peter o que devia ter sido. Sem parar para responder, ele correu para o mezanino – a cena do desastre – e empurrou Mouschi, que estava ao lado de sua caixa de areia encharcada, de volta para o lugar certo.

Isso foi seguido por gritos e guinchos, e então Mouschi, que, a essa altura, tinha terminado de fazer xixi, disparou escada abaixo. Em busca de algo similar à caixa, Mouschi tinha encontrado uma pilha de lascas de madeira, bem em cima de uma rachadura no chão. A poça imediatamente escorreu para o sótão e, como a sorte assim quis, pousou ao lado do barril de batatas. O teto ficou pingando; como o piso do sótão também tem sua parcela de rachaduras, gotinhas amarelas estavam vazando pelo teto e por cima da mesa de jantar, entre uma pilha de meias e livros.

Eu ria sem parar, foi uma cena engraçada demais. Mouschi aninhada debaixo de uma cadeira, Peter, armado de água, cloro em pó e um pano, e o Sr. Van Daan tentando acalmar todo mundo. Logo a sala foi arrumada, mas agora todos sabem muito bem que poças de gato fedem até não poder mais. As batatas deram bela prova disso, bem como as lascas de madeira, que o papai coletou num balde e trouxe para o andar de baixo, para queimar.

Pobre Mouschi! Como você poderia saber que está impossível arranjar turfa para a sua caixa?

Anne

PS. Nossa amada Rainha falou conosco ontem e esta noite. Ela está tirando férias para se fortalecer para seu retorno à Holanda. Ela usou palavras como "em breve, quando eu voltar, libertação rápida, heroísmo e fardos pesados".

Seguiu-se um discurso de Gerbrandy. Um clérigo concluiu com uma oração a Deus para que cuide dos judeus, das pessoas nos campos de concentração, nas prisões e na Alemanha.

QUINTA-FEIRA, 11 DE MAIO DE 1944

Querida Kitty, um novo esquete para fazer você rir.

Peter tinha que cortar o cabelo, e, como sempre, era sua mãe quem seria a cabeleireira. Às sete e vinte e cinco, Peter desapareceu em seu quarto e reapareceu quando soaram sete e meia, vestindo somente o traje de banho azul e um par de tênis.

"Você vem?", perguntou ele à mãe.

"Sim, já subo num minuto, mas não estou encontrando a tesoura!"

Peter a ajudou a procurar, fuçando na gaveta de cosméticos.

"Não faça essa bagunça toda, Peter", ela resmungou.

Não ouvi a resposta de Peter, mas deve ter sido insolente, pois ela deu-lhe um tapinha no braço. Ele devolveu o tapa, ela o socou com toda a força, e Peter puxou o braço com uma expressão de horror forçado no rosto. "Vamos, minha senhora!"

A Sra. Van D. ficou parada. Peter agarrou-a pelos pulsos e a puxou por toda a sala. Ela ria, chorava, brigava e chutava, mas não adiantou. Peter levou sua prisioneira até a escada do sótão, onde foi obrigado a soltá-la. A Sra. Van D. voltou para a sala e desabou numa cadeira, soltando um suspiro alto.

"*Die Entführung der Mutter*", brinquei ["O rapto da mãe", uma possível referência à ópera de Mozart *O Rapto do Serralho*].

"Sim, mas ele me machucou."

Fui dar uma olhada e refresquei os pulsos quentes e avermelhados dela com água. Peter, que ainda estava perto da escada, e ficando impaciente de novo, entrou na sala com o cinto na mão, feito um domador de leões. A Sra. Van D. nem se mexeu, só ficou sentada à escrivaninha, procurando um lenço. "Você tem que pedir desculpas primeiro."

"Tá bem, eu peço desculpas, mas só porque, senão, ficaremos aqui até a meia-noite."

A Sra. Van D. teve que rir, mesmo sem querer. Ela levantou e foi até a porta, onde se sentiu obrigada a nos dar uma explicação. (Por "nós" refiro-me ao papai, à mamãe e eu; estávamos lavando a louça.) "Ele não era desse jeito em casa", ela disse. "Eu teria batido nele tão forte que ele teria descido voando a escada [!]. Ele nunca foi tão insolente. Essa não é a primeira vez que ele merece uma boa sova. É isso que acontece com uma criação moderna, com crianças modernas. Eu nunca teria agarrado a minha mãe desse jeito. Você tratava a sua mãe desse jeito, Sr. Frank?" Ela estava muito chateada, andando de um lado para o outro, dizendo tudo que lhe vinha à mente, e ainda não tinha ido lá para cima. Por fim, após um século, a mulher foi embora.

Menos de cinco minutos depois, ela desembestou escada abaixo, toda vermelha no rosto, e jogou o avental numa cadeira. Quando lhe perguntei se tinha terminado, ela respondeu que ia descer. Feito um tornado ela desceu a escada, e provavelmente foi direto para os braços de seu Putti.

Ela não voltou até as oito, dessa vez com o marido. Peter foi arrastado do sótão, levou uma bronca impiedosa e uma chuva de insultos: pivete mal-educado, vagabundo imprestável, mau exemplo, Anne isso, Margot aquilo, e o resto eu não consegui ouvir.

Mas tudo parece ter se acalmado de novo hoje!

Com amor, Anne M. Frank

QUINTA-FEIRA, 11 DE MAIO DE 1944

Querida Kitty, estou terrivelmente ocupada neste momento, e, por mais estranho que pareça, não tenho tempo suficiente para dar conta da minha pilha de trabalho. Posso, de forma breve, contar-lhe o que tenho que fazer? Pois bem, até amanhã tenho que terminar de ler o primeiro volume de uma biografia de Galileu Galilei, pois tem que ser devolvida à biblioteca. Comecei a ler ontem, e já cheguei à página 220, de 320 páginas, então vou conseguir. Na semana que vem, tenho que ler *Palestine at the Crossroads* [Palestina nos cruzamentos] e o segundo volume de Galilei. Além disso, terminei o primeiro volume de uma biografia do imperador Carlos V ontem, e ainda tenho que organizar as muitas árvores genealógicas que coletei e as notas que tomei. Em seguida, tenho três páginas de palavras estrangeiras de vários dos meus livros, todas que tenho que escrever, memorizar e ler em voz alta. Número quatro: minhas estrelas de cinema estão numa bagunça terrível e desesperadas para ser organizadas, mas como isso levará muitos dias para ser feito, e a professora Anne está, como ela mesma já disse, com trabalho até o pescoço, elas terão que tolerar o caos por mais tempo. Depois temos Teseu, Édipo, Peleu, Orfeu, Jasão e Hércules, todos esperando para ser desembaraçados, visto que seus muitos feitos se entrecruzam na minha mente como linhas multicoloridas num vestido. Míron e Fídias também estão precisando de atenção urgente, senão esquecerei por completo como eles entram na história. O mesmo se aplica, por exemplo, à Guerra dos Sete Anos e à Guerra dos Nove Anos. Agora estou misturando tudo. Bem, o que se pode fazer com uma memória como a minha? Imagine só como serei esquecida quando chegar aos oitenta!

Ah, mais uma coisa. A Bíblia. Quanto tempo levará até eu chegar à história do banho de Susana? E o que querem dizer com Sodoma e Gomorra? Oh, ainda há tanto para descobrir e aprender. E, entrementes, larguei Carlota do Palatinado à deriva.

Você consegue ver, não é, Kitty, que estou prestes a explodir?

E, agora, outra coisa. Você já sabe, há muito tempo, que meu maior desejo é ser jornalista, e, mais tarde, uma escritora famosa. Teremos que esperar para ver se essas grandes ilusões (ou desilusões!) algum dia se tornarão realidade, mas, até agora, não tive falta de assunto. Em todo caso, depois da guerra, eu gostaria de publicar um livro chamado *O Anexo Secreto*. Ainda está para se ver se terei sucesso, mas meu diário pode servir como base.

Com amor, Anne M. Frank

SÁBADO, 13 DE MAIO DE 1944

Minha querida Kitty, ontem foi aniversário do papai, aniversário de dezenove anos de casamento do papai e da mamãe, um dia sem a faxineira... e o sol estava brilhando como nunca brilhou em 1944. Nossa castanheira está cheia de botões. Está coberta de folhas e ainda mais linda do que no ano passado.

O papai ganhou uma biografia de Lineu do Sr. Kleiman, um livro sobre a natureza do Sr. Kugler, *The Canals of Amsterdam* [Os canais de Amsterdã] de Dussel, uma grande caixa dos Van Daan (embrulhada tão lindamente que poderia ter sido feita por um profissional) contendo três ovos, uma garrafa de cerveja, uma jarra de iogurte e uma gravata verde. Isso fez nossa jarra de melaço parecer reles. Minhas rosas tinham cheiro muito melhor do que os cravos vermelhos de Miep e Bep. Ele foi muito mimado. Cinquenta *petit four* chegaram da padaria Siemon's, deliciosos! O papai também nos ofertou bolo de especiarias, aos homens, cerveja, e às mulheres, iogurte. Tudo estava delicioso!

Com amor, Anne M. Frank

TERÇA-FEIRA, 16 DE MAIO DE 1944

Minha querida Kitty, apenas para variar (já que não temos uma dessas há muito tempo), vou contar uma pequena discussão entre o Sr. e a Sra. Van D., ontem à noite:

Sra. Van D.: "Os alemães tiveram tempo suficiente para fortificar o Muro do Atlântico, e certamente farão tudo em seu poder para conter os ingleses. É incrível quão fortes são os alemães!".

Sr. Van D.: "Ah, sim, incrível".

Sra. Van D.: "É, sim!".

Sr. Van D.: "São tão fortes que com certeza vencerão a guerra, no fim, é isso que quer dizer?".

Sra. Van D.: "Talvez. Não estou convencida de que não".

Sr. Van D.: "Nem responderei a isso".

Sra. Van D.: "Você sempre acaba respondendo. Você se deixa levar toda vez".

Sr. Van D.: "Não deixo, não. Sempre mantenho as respostas ao mínimo".

Sra. Van D.: "Mas você sempre tem, sim, uma resposta, e sempre tem que estar certo! Suas previsões quase nunca viram realidade, sabia?".

Sr. Van D.: "Até agora viraram".

Sra. Van D.: "Não viraram, não. Você disse que a invasão ia começar ano passado, os finlandeses já deviam estar fora da guerra, a uma hora dessas, a campanha italiana devia ter terminado no último inverno, os russos já deviam ter capturado Lemberg. Ah, não, eu não me baseio muito nas suas previsões".

Sr. Van D. (ficando de pé num pulo): "Por que você não cala a boca, para variar? Vou lhe mostrar quem está certo; algum dia você vai se cansar de me cutucar. Não suporto sua encheção por nem mais um minuto. Espere só; um dia, farei você engolir suas palavras!".

(Fim do primeiro ato.)

Na verdade, não pude deixar de rir. Nem a mamãe, e até Peter estava mordendo os lábios para conter o riso. Oh, esses adultos burros. Eles precisam aprender umas coisas antes de começar a fazer tantos comentários sobre a geração jovem!

Desde sexta, temos deixado as janelas abertas, de novo, à noite.

Com amor, Anne M. Frank

SEXTA-FEIRA, 19 DE MAIO DE 1944

Querida Kitty, eu estava podre ontem. Vômito (logo a Anne!), dor de cabeça, dor de estômago, e tudo mais que você puder imaginar. Estou me sentindo melhor hoje. Estou faminta, mas acho que vou pular o feijão marrom que temos para o jantar.

Está indo tudo bem entre mim e Peter. O pobre menino tem uma necessidade maior ainda de ternura do que eu. Ainda fica vermelho, toda noite, quando ganha seu beijo de boa-noite, e então implora por outro. Por acaso sou apenas uma substituta para a Boche? Não ligo. Ele está feliz demais só de saber que alguém o ama.

Após minha laboriosa conquista, eu me distanciei um pouco da situação, mas não pense você que meu amor esfriou. Peter é um doce, mas eu fechei a porta do meu eu interior; se algum dia ele quiser forçar a tranca de novo, terá que usar um pé de cabra mais forte!

Com amor, Anne M. Frank

SÁBADO, 20 DE MAIO DE 1944

Querida Kitty, ontem à noite, quando desci do sótão, notei, no momento em que entrei no quarto, que o adorável vaso de cravos tinha caído. A mamãe estava de quatro limpando a água, e Margot estava pescando meus papéis do chão. "O que aconteceu?", perguntei, com uma sensação de ansiedade.

Antes que pudessem responder, assimilei os danos em todo o quarto. Todo o meu arquivo genealógico, meus cadernos, meus livros, tudo boiava. Quase chorei, e fiquei tão chateada que comecei a falar alemão. Não lembro de uma palavra, mas, segundo Margot, balbuciei algo sobre "*unübersehbarer Schaden, schrecklich, entsetzlich, nie zu ersetzen*" [perda incalculável, terrível, horrenda, insubstituível] e muito mais. O papai caiu no riso, e a mamãe e Margot começaram a rir também, mas eu tive vontade de chorar, pois todo o meu estudo e minhas notas elaboradas estavam perdidos.

Olhei mais de perto e, por sorte, a "perda incalculável" não foi tão ruim quanto eu pensava. Lá no sótão, separei cuidadosamente as folhas de papel que estavam grudadas e as pendurei no varal para secar. Era uma cena tão engraçada que até eu tive que rir. Maria de Médici ao lado de Carlos V, Guilherme de Orange e Maria Antonieta.

"É uma *Rassenschande*", brincou o Sr. Van Daan. [Uma afronta à pureza racial.]

Após confiar meus papéis aos cuidados de Peter, voltei lá para baixo.

"Que livros estão estragados?", perguntei a Margot, que estava mexendo neles.

"Álgebra", disse Margot.

Contudo, por azar, meu livro de álgebra não fora totalmente destruído. Queria que tivesse caído bem dentro do vaso. Nunca odiei tanto um livro quanto odiava esse. No verso da capa estão os nomes de pelo menos vinte meninas que o tiveram antes de mim. É velho, amarelado, cheio de rabiscos, palavras riscadas e revisões. Na próxima vez que eu estiver de mau humor, vou rasgar essa coisa maldita em pedaços!

Com amor, Anne M. Frank

SEGUNDA-FEIRA, 22 DE MAIO DE 1944

Querida Kitty, em 20 de maio, o papai perdeu a aposta e teve que dar cinco jarros de iogurte para a Sra. Van Daan: a invasão ainda não começou. Posso dizer, com certeza, que toda a Amsterdã, toda a Holanda, na verdade toda a costa oeste da Europa, até a Espanha, fala sobre a invasão dia e noite, debatendo, fazendo apostas e... torcendo.

O suspense está beirando a febre; de modo nenhum as pessoas que consideramos "bons" holandeses mantiveram sua fé nos ingleses, nem todo mundo acha que o blefe inglês é uma jogada estratégica de mestre. Ah, não, as pessoas querem atos – atos grandiosos, heroicos.

Ninguém enxerga além do próprio nariz, ninguém nem pensa no fato de que os ingleses estão lutando pelo próprio país e o próprio povo; todos pensam que é dever da Inglaterra salvar a Holanda, o mais rápido possível. Que obrigações os ingleses têm para conosco? O que os holandeses fizeram para merecer a ajuda generosa que tão claramente esperam? Ah, não, os holandeses estão muito equivocados. Os ingleses, apesar do blefe, decerto não têm culpa nenhuma pela guerra, tanto quanto os outros países, menores e maiores, que agora estão ocupados pelos alemães. Os ingleses não estão prestes a oferecer suas desculpas; é verdade que eles estavam dormindo nos anos em que a Alemanha estava se rearmando, mas todos os outros países, em especial os que fazem fronteira com a Alemanha, também estavam. A Inglaterra e o resto do mundo descobrindo que enfiar a cabeça na terra não funciona, e agora cada um deles, principalmente a Inglaterra, tem que pagar um preço alto por sua política de avestruz.

País nenhum deveria sacrificar seus homens sem motivo, e decerto não pelos interesses de outro, e a Inglaterra não é exceção. A invasão, a libertação e a liberdade virão algum dia; entretanto, a Inglaterra, não os territórios ocupados, escolherá o momento.

Para nossa grande tristeza, ouvimos falar que muitas pessoas mudaram de atitude com relação aos judeus. Ouvimos dizer que o antissemitismo brotou em círculos nos quais, antes, teria sido impensável. Esse fato afetou a todos nós muito, muito profundamente. O motivo para o ódio é compreensível, talvez até humano, mas não o torna correto. Segundo os cristãos, os judeus estão tagarelando os segredos deles para os alemães, denunciando ajudantes e fazendo-os sofrer o destino e as punições terríveis que já foram aplicados em tantos. Tudo isso é verdade. Mas, como em tudo, eles deveriam ver a questão pelos dois lados: os cristãos agiriam de modo diferente se estivessem no nosso lugar? Alguém conseguiria, a despeito de ser judeu ou cristão, permanecer em silêncio diante da pressão alemã? Todo mundo sabe que é praticamente impossível, então por que pedem o impossível dos judeus?

Tem-se falado, em círculos alternativos, que os judeus alemães que imigraram para a Holanda antes da guerra e agora foram enviados à Polônia não deveriam ter permissão para voltar para cá. Eles receberam direito de asilo na Holanda, mas, assim que Hitler se for, eles deveriam voltar para a Alemanha.

Quando ouvimos isso, começamos a questionar por que estamos travando essa guerra longa e difícil. Sempre nos dizem que estamos lutando por liberdade, verdade e justiça! A guerra ainda nem acabou, e já existe dissensão, e os judeus são considerados seres inferiores. Oh, é triste, muito triste que o velho adágio tenha sido confirmado pela milésima vez: "O que um cristão faz é sua responsabilidade; o que um judeu faz reflete todos os judeus".

Para ser honesta, não consigo entender como os holandeses, uma nação de pessoas boas, honestas e corretas, podem ficar nos julgando do jeito que estão fazendo. Logo a nós – o povo mais oprimido, desafortunado e digno de pena em todo o mundo.

Tenho apenas uma esperança: que esse antissemitismo seja uma coisa passageira, que os holandeses mostrarão sua verdadeira natureza, que jamais vacilarão no que acreditam, no coração, que é justo, pois isso é injusto!

E se algum dia executarem essa terrível ameaça, o pequeno punhado de judeus que ainda resta na Holanda terá que ir embora. Nós também teremos que juntar nossa trouxa e seguir adiante, para longe deste lindo país, que tão gentilmente nos acolheu e agora nos dá as costas.

Eu amo a Holanda. Antes, desejava que ela se tornasse minha pátria, pois eu tinha perdido a minha. E ainda torço por isso!

Com amor, Anne M. Frank

QUINTA-FEIRA, 25 DE MAIO DE 1944

Querida Kitty, tem algo acontecendo todos os dias. Hoje de manhã, o Sr. Van Hoeven foi preso. Estava escondendo dois judeus em casa. Foi um golpe duro para nós, não somente porque esses pobres judeus estão mais uma vez balançando à beira do abismo, mas também porque é terrível para o Sr. Van Hoeven.

O mundo virou de cabeça para baixo. As pessoas mais decentes estão sendo enviadas para campos de concentração, prisões e celas solitárias, enquanto os mais baixos dos baixos governam sobre jovens e idosos, ricos e pobres. Um é pego por comerciar no mercado negro, outro por esconder judeus ou outras almas desafortunadas. A não ser que seja nazista, você não tem como saber o que vai lhe acontecer de um dia para o outro.

O Sr. Van Hoeven é uma grande perda para nós também. Bep não poderia, de modo algum, arrastar grandes quantias de batata até aqui, nem deveria ter que fazer isso, então nossa única opção é comer menos batata. Vou lhe contar o que temos em mente, mas decerto isso não tornará a vida aqui mais agradável. A mamãe diz que vamos pular o café da manhã, comer cereal quente e pão no almoço e batata frita no jantar, e, se possível, legumes e alface uma ou duas vezes por semana. É tudo que temos. Passaremos fome, mas nada é pior do que ser capturado.

Com amor, Anne M. Frank

SEXTA-FEIRA, 26 DE MAIO DE 1944

Minha querida Kitty, por fim, posso me sentar, quietinha, à minha mesa, defronte a abertura na janela, e escrever tudo para você, tudo que quero dizer.

Sinto-me mais triste do que estive em meses. Nem mesmo após o assalto eu me senti tão arrasada, totalmente. Por um lado, tem as notícias sobre o Sr. Van Hoeven, a questão dos judeus (que é discutida em detalhe por todo mundo, na casa), o assalto (que estava até demorando para acontecer), a comida horrível, a tensão, a atmosfera terrível, minha decepção com Peter. Por outro lado, tem o noivado de Bep, a recepção do Pentecostes, as flores, o aniversário do Sr. Kugler, bolos e histórias de cabarés, filmes e concertos. Essa fenda, essa fenda enorme, está sempre lá. Num dia, estamos rindo do lado cômico da vida no esconderijo, e no seguinte (e há muitos dias como esse) estamos com medo, e o medo, a tensão e o desespero ficam evidentes no rosto de cada um.

Miep e o Sr. Kugler suportam o maior fardo por nós, e por todos que estão no esconderijo – Miep, em tudo que faz, e o Sr. Kugler, em sua enorme responsabilidade por nós oito, que, às vezes, é tão avassaladora que ele mal pode falar, com a tensão e a pressão acumuladas. O Sr. Kleiman e Bep também cuidam muito bem de nós, mas conseguem tirar o Anexo da cabeça, ainda que somente por algumas horas ou alguns dias. Eles têm suas preocupações, o Sr. Kleiman com a saúde, e Bep com o noivado, que não parece lá muito promissor no momento. Mas também têm seus escapes, visitam amigos, têm sua vida de todo dia, como pessoas comuns, de modo que a tensão às vezes é aliviada, pelo menos por um tempo, enquanto a nossa não alivia nunca, nunca aliviou, nenhuma vez nos dois anos que passamos aqui. Até quando esse peso cada vez mais opressor, insuportável, nos pressionará?

Os ralos estão entupidos de novo. Não podemos abrir a torneira, ou, se abrirmos, só um fiozinho; não podemos dar a descarga, então temos que usar um escovão; e temos colocado a água suja num grande jarro de barro. Podemos dar um jeito hoje, mas o que acontecerá se o encanador não conseguir consertar isso sozinho? O Departamento Sanitário só pode vir na próxima terça.

Miep nos mandou um pão com passas com "Feliz Pentecostes" escrito em cima. É quase como se estivesse tirando sarro da gente, visto que nosso humor e espírito estão longe de "felizes".

Todos nós ficamos mais assustados desde que começou a história de Van Hoeven. Mais uma vez, escutamos "xiu" de todos os lados, e estamos fazendo tudo mais baixinho. Os policiais forçaram a porta lá; poderiam facilmente fazer o mesmo aqui também! O que faremos se algum dia... Não, melhor não escrever isso. Mas a pergunta não se permitirá ser relegada aos fundos da minha mente hoje; pelo contrário, todo o medo que já senti na vida está me assombrando em todo o seu horror.

Tive que descer sozinha, às oito, esta noite, para usar o banheiro. Não havia ninguém ali, pois estavam todos ouvindo rádio. Quis ser corajosa, mas foi difícil. Sempre me sinto mais segura lá em cima, em vez do que naquela casa enorme e silenciosa; quando estou sozinha com aqueles misteriosos barulhos abafados que vêm do andar de cima e as buzinas da rua, tenho que me apressar e me lembrar de onde estou para não ter calafrios.

Já me perguntei diversas vezes se não teria sido melhor se não tivéssemos nos escondido, se estivéssemos mortos, agora, sem ter que passar por essa tristeza, principalmente para que os outros fossem poupados do fardo. Mas todos nós recuamos dessa ideia. Ainda amamos a vida, ainda não esquecemos a voz da natureza, e ficamos esperando, esperando por... tudo.

Que algo aconteça logo, mesmo que seja um ataque aéreo. Nada pode ser mais esmagador do que essa ansiedade. Que venha o fim, por mais cruel que seja; ao menos saberemos se seremos os vencedores ou os derrotados.

Com amor, Anne M. Frank

QUARTA-FEIRA, 31 DE MAIO DE 1944

Querida Kitty, sábado, domingo, segunda e terça fez muito calor para eu segurar minha caneta-tinteiro, e foi por isso que não pude escrever-lhe.

Na sexta, os ralos estavam entupidos; no sábado, foram consertados. A Sra. Kleiman veio fazer uma visita à tarde, e nos contou bastante sobre Jopie; ela e Jacque van Maarsen são do mesmo clube de hóquei. No domingo, Bep passou aqui para se certificar de que não houve um assalto e ficou para o café da manhã. Na segunda (feriado, por causa do Pentecostes), o Sr. Gies trabalhou como vigia do Anexo, e na terça pudemos por fim abrir as janelas. Raramente tivemos um fim de semana de Pentecostes tão lindo e cálido. Talvez "quente" seja uma palavra melhor. Clima quente é terrível no Anexo. Para lhe dar uma ideia das inúmeras reclamações, descreverei estes dias abafados de forma breve.

Sábado: "Maravilha, que clima fantástico", todos nós dissemos, de manhã. "Se ao menos não estivesse tão quente", dissemos à tarde, quando tivemos que fechar as janelas.

Domingo: "O calor está insuportável, a manteiga está derretendo, não tem um lugar fresco que seja em toda a casa, o pão está secando, o leite está azedando, não podemos abrir as janelas. Nós, pobres forasteiros, estamos sufocando, enquanto todo mundo está aproveitando o Pentecostes". (Segundo a Sra. Van D.)

Segunda-feira: "Meus pés doem, não tenho nada fresco para vestir, não consigo lavar louça neste calor!", resmungaram desde cedo, de manhã, até tarde da noite. Foi horrível.

Não suporto o calor. Estou contente que veio um vento hoje, mas o sol continua forte.

Com amor, Anne M. Frank

SEGUNDA-FEIRA, 5 DE JUNHO DE 1944

Querida Kitty, novos problemas no Anexo. Uma querela entre Dussel e os Frank sobre a partilha da manteiga. Capitulação da parte de Dussel. Amizade próxima entre este e a Sra. Van Daan, flertes, beijos e sorrisinhos amigáveis. Dussel está começando a desejar a companhia de uma mulher.

O Quinto Exército tomou Roma. A cidade não foi destruída nem bombardeada. Ótima propaganda para Hitler.

Muito pouca batata e legumes.

Clima ruim. Bombardeio contínuo em Pas de Calais e na costa oeste da França.

Com amor, Anne M. Frank

TERÇA-FEIRA, 6 DE JUNHO DE 1944

Minha querida Kitty, "Hoje é o Dia D", a BBC anunciou ao meio-dia.

"HOJE É O DIA." A INVASÃO COMEÇOU!

Hoje de manhã, às oito, os ingleses relataram um bombardeio pesado em Calais, Bolonha, Le Havre e Cherbourg, bem como em Pas de Calais (como sempre). Ademais, como medida de precaução para aqueles que estão em territórios ocupados, todos que moram numa área de trinta quilômetros da costa foram avisados para se prepararem para os bombardeios. Onde possível, os ingleses soltarão panfletos uma hora antes do horário.

Segundo o noticiário alemão, os paraquedistas ingleses pousaram na costa da França. "Aeronaves de pouso inglesas estão em combate com unidades navais alemãs", segundo a BBC.

Conclusão a que chegou o Anexo, durante o café da manhã, às nove: é um pouso de teste, como aquele de dois anos antes, em Diepa.

Transmissão da BBC em alemão, holandês, francês e outros idiomas às dez: a invasão começou! Então agora é a invasão "de verdade". Transmissão da BBC em alemão às onze: discurso do general comandante supremo Dwight Eisenhower.

Transmissão da BBC em inglês: "Hoje é o dia zero". O general Eisenhower disse ao povo francês: "Uma luta difícil virá agora, mas depois vem a vitória. O ano de 1944 é o ano da vitória completa. Boa sorte!".

Transmissão da BBC em inglês à uma: onze mil aviões estão voando, indo e voltando, ou prontos para levar tropas e bombas para trás das linhas inimigas; quatro mil lanchas de desembarque e botes pequenos estão chegando continuamente na área entre Cherbourg e Le Havre. Tropas inglesas e norte-americanas já estão engajadas em combate pesado. Discursos de Gerbrandy, primeiro-ministro da Bélgica, rei Haakon, da Noruega, De Gaulle, da França, do rei da Inglaterra e, por fim, de Churchill.

Grande comoção no Anexo! Será esse o começo da tão aguardada libertação? A libertação de que tanto falamos, que ainda parece tão boa, parecida demais com um conto de fadas para ser verdade? Será que este ano, 1944, nos trará a vitória? Ainda não sabemos. Mas onde há esperança, há vida. Isso nos enche de coragem nova e nos faz fortes de novo. Teremos que ser corajosos para enfrentar os muitos medos e as dificuldades e o sofrimento que estão por vir. Agora é questão de permanecer calmo e firme, de ranger os dentes e apertar os lábios! França, Rússia, Itália e até a Alemanha podem gemer de agonia, mas nós ainda não temos esse direito!

Oh, Kitty, a melhor parte da invasão é que eu tenho a sensação de que amigos estão a caminho. Aqueles alemães terríveis nos oprimiram e ameaçaram por tanto tempo que a ideia de amigos e salvação significa tudo para nós! Agora não se trata somente dos judeus, mas da Holanda e de toda a Europa ocupada. Talvez, diz a Margot, eu possa até voltar para a escola em outubro ou setembro.

Com amor, Anne M. Frank

P.S.: Eu manterei você informada das últimas novidades!

SEXTA-FEIRA, 9 DE JUNHO DE 1944

Querida Kitty, ótimas notícias da invasão! Os Aliados tomaram Bayeux, uma vila na costa da França, e agora estão lutando por Caen. Estão claramente pretendendo cortar a península onde está localizada Cherbourg. Toda noite, os correspondentes de guerra relatam as dificuldades, a coragem e o espírito de luta do Exército.

Para obter suas histórias, fazem as proezas mais incríveis. Alguns dos feridos que já voltaram à Inglaterra também falaram no rádio. Apesar do clima terrível, os aviões estão voando diligentes, indo e voltando. Ouvimos na BBC que Churchill queria pousar junto com as tropas no Dia D, mas Eisenhower e outros generais conseguiram convencê-lo a não fazer isso. Imagine só, tanta coragem num idoso; ele deve ter pelo menos uns setenta anos!

A empolgação aqui se apagou um pouco; entretanto, estamos todos torcendo para que a guerra tenha finalmente terminado até o fim do ano. Já era hora! O reclamar constante da Sra. Van Daan é insuportável; agora que não pode mais nos deixar loucos com a invasão, ela geme e resmunga o dia todo sobre o clima ruim. Se ao menos pudéssemos enfiá-la no mezanino, num balde de água fria!

Todo mundo no Anexo, exceto o Sr. Van Daan e Peter, leu a trilogia da Rapsódia Húngara, uma biografia do compositor, pianista *virtuoso* e criança prodígio Franz Liszt. É muito interessante, embora, na minha opinião, haja um pouco demais de ênfase nas mulheres; Liszt foi não somente o maior e mais famoso pianista de seu tempo, mas também o maior mulherengo, até mesmo aos setenta anos. Teve um caso com a condessa Marie d'Agoult, com a princesa Carolina de Sayn-Wittgenstein, com a dançarina Lola Montez, com a pianista Agnes Kingworth, com a pianista Sophie Menter, com a princesa circassiana Olga Janina, com a baronesa Olga Meyendorff, com a atriz Lilla sei-lá-quem etc., e a lista não tem fim. As partes do livro que tratam de música e as outras artes são muito mais interessantes. Algumas das pessoas mencionadas são Schumann, Clara Wieck, Hector Berlioz, Johannes Brahms, Beethoven, Joachim, Richard Wagner, Hans von Bülow, Anton Rubinstein, Frédéric Chopin, Victor Hugo, Honoré de Balzac, Hiller, Hummel, Czerny, Rossini, Cherubini, Paganini, Mendelssohn etc.

Liszt parece ter sido um homem decente, muito generoso e modesto, embora excepcionalmente vaidoso. Ajudava os outros, colocava a arte acima de tudo, apreciava o conhaque e as mulheres, não suportava nem ver lágrimas, era um cavalheiro, não recusava um favor a ninguém, não se interessava por dinheiro e se preocupava com liberdade religiosa e com o mundo.

Com amor, Anne M. Frank

TERÇA-FEIRA, 13 DE JUNHO DE 1944

Querida Kitty, passou mais um aniversário, então agora tenho quinze anos. Ganhei vários presentes: o livro de história da arte de Springer, em cinco volumes, um conjunto de lingerie, dois cintos, um lenço, dois jarros de iogurte, um jarro de geleia, dois *cookies* de mel (pequenos), um livro de botânica do papai e da mamãe, um bracelete de ouro da Margot, um álbum de selos dos Van Daan, biomalte e ervilha-de-cheiro de Dussel, doces de Miep, doces e cadernos de Bep, e o ponto alto: o livro *Maria Teresa* e três fatias de queijo do Sr. Kugler. Peter me deu um adorável buquê de peônias; o pobre esforçou-se muito para encontrar o presente, mas quase não conseguiu.

A invasão segue em frente, esplêndida, apesar do clima terrível – chuva forte, vento gelado e alto-mar.

Ontem, Churchill, Smuts, Eisenhower e Arnold visitaram as vilas francesas que os ingleses capturaram e libertaram. Churchill estava num torpedeiro que beirou a costa. Ao contrário de muitos homens, ele parece não saber o que é medo – um traço invejável!

De nosso posto, aqui no Forte Anexo, é difícil auferir o humor dos holandeses. Sem dúvida, muitas pessoas estão contentes porque os preguiçosos (!) dos ingleses finalmente esgarçaram as mangas e se puseram a trabalhar.

Todos esses holandeses que ainda desprezam os ingleses, zombam da Inglaterra e de seu governo de velhos antiquados, chamam os ingleses de covardes, entretanto odeiam os alemães, deveriam levar uma bela sacudida, do jeito como se ajeita um travesseiro. Talvez isso ajeite seus cérebros emperrados!

QUARTA-FEIRA, 14 DE JUNHO DE 1944

Desejos, ideias, acusações e censuras giram dentro da minha cabeça. Não sou tão convencida quanto muitas pessoas acham; sei de minhas muitas falhas e de meus defeitos melhor do que ninguém, mas há uma diferença: sei também que quero mudar, ainda mudarei e já mudei muito!

Por que será, eu sempre me pergunto, que todo mundo ainda acha que sou muito insistente e sabichona? Será que sou mesmo tão arrogante? Eu que sou assim arrogante, ou será que são eles? Parece loucura, eu sei, mas não vou riscar essa última frase; pois não é tão maluco quanto parece. Todos sabem que a Sra. Van Daan e Dussel, meus dois maiores acusadores, são desprovidos de inteligência e, sem querer ser muito delicada, basicamente "burros"! Pessoas burras, em geral, não suportam quando os outros fazem coisas melhores do que elas; os melhores exemplos disso são esses dois bobos, a Sra. Van Daan e Dussel. A Sra. Van D. acha que sou burra porque não sofro tanto desse problema que ela tem, ela acha que sou insistente porque ela é ainda mais insistente, acha que meus vestidos são curtos demais porque os dela são ainda mais curtos, e acha que sou uma sabichona porque ela fala duas vezes mais que eu sobre assuntos dos quais não sabe nada. O mesmo vale para Dussel. Mas um dos meus ditados favoritos é "onde há fumaça, há fogo", e já admito que sou uma sabichona.

O que é muito difícil, na minha personalidade, é que eu me censuro e amaldiçoo muito mais do que qualquer outro; se a mamãe acrescenta um conselho, a pilha de sermões se torna tão alta que fico desesperada de ter que passar por eles. Então eu respondo e começo a contradizer todo mundo, até que o conhecido refrão de Anne inevitavelmente brota de novo: "Ninguém me entende!".

Essa frase é parte de mim, e, por incrível que pareça, há uma parcela de verdade nela. Às vezes, fico tão imersa em autorrepreensão que anseio por uma palavra de conforto para me ajudar a me desenterrar dali. Se ao menos eu tivesse alguém que levasse meus sentimentos a sério. Oh, ainda não encontrei essa pessoa, então a procura deve continuar.

Sei que você está se perguntando sobre o Peter, não está, Kitty? É verdade, Peter me ama, não como namorada, mas como amiga. Seu afeto cresce dia após dia, mas uma força misteriosa nos impede, e não sei o que é.

Às vezes, acho que meu desejo terrível por ele foi um exagero. Mas isso não é verdade, porque, se não posso ir ao quarto dele por um ou dois dias, anseio por ele desesperadamente, como nunca. Peter é gentil e bondoso, e no entanto não posso negar que me decepcionou de muitas maneiras. Não gosto muito de como ele não liga para religião, pelo que fala à mesa e várias coisas nessa natureza. Entretanto, tenho muita certeza de que cumpriremos nosso acordo de não brigar jamais. Peter é pacífico, tolerante e extremamente tranquilo. Ele me deixa falar várias coisas para ele que jamais aceitaria da própria mãe. Está fazendo um esforço determinado para remover as manchas de seu caderno e mantém suas coisas em ordem. Entretanto, por que esconde seu eu interior e nunca me permite acessá-lo? Claro que ele é muito mais fechado do que eu, mas sei, por experiência própria (muito embora eu seja sempre acusada de saber tudo que há para saber em teoria, mas não em prática), que, com o tempo, até os tipos menos comunicativos ansiarão muito, talvez até mais, por alguém com quem se confidenciar.

Peter e eu passamos nossos anos de contemplação dentro do Anexo. Sempre discutimos o futuro, o passado e o presente, mas, como eu já lhe disse, sinto falta das coisas de verdade, e no entanto sei que elas existem!

QUINTA-FEIRA, 15 DE JUNHO DE 1944

Será que é porque não vou lá fora há tanto tempo que fiquei tão apaixonada pela natureza? Lembro-me de um tempo em que um céu magnífico, passarinhos cantando, o luar e os botões de flores não teriam me cativado. As coisas mudaram desde que vim para cá. Certa noite, no feriado de Pentecostes, por exemplo, quando estava tão quente, batalhei para manter os olhos abertos até as onze e meia para poder admirar bastante a lua, toda sozinha, para variar. No fim, meu sacrifício foi em vão, pois havia luminosidade demais, e não podia me arriscar abrindo a janela. Outra vez, muitos meses atrás, fui ao andar de cima numa noite em que a janela estava aberta. Não desci enquanto ela não teve que ser fechada de novo. O escuro, a noite chuvosa, o vento, as nuvens passando, tudo isso me encantou; foi a primeira vez, em um ano e meio, que vi a noite frente a frente. Depois dessa noite, meu desejo de ver isso de novo ficou maior ainda do que meu medo de ladrão, de uma casa escura infestada de ratos ou de assalto. Fui lá para baixo sozinha e olhei pelas janelas da cozinha e do escritório particular. Muitas pessoas acham a natureza linda, muitas dormem, de vez em quando, sob o céu estrelado, e muitas, em hospitais e prisões, anseiam pelo dia em que estarão livres para apreciar o que a natureza tem a oferecer. Mas poucas ficam tão isoladas e separadas quanto nós estamos das alegrias da natureza, que podem ser partilhadas por ricos e pobres igualmente.

Não é só imaginação minha – olhar para o céu, as nuvens, a lua e as estrelas me faz sentir calma e esperançosa. É um remédio muito melhor do que valeriana ou brometo. A natureza faz eu me sentir humilde e pronta para enfrentar qualquer golpe com coragem!

Por questão de sorte, eu só posso – exceto por raras ocasiões – ver a natureza através de cortinas empoeiradas que escondem janelas cobertas de sujeira; isso tira o prazer de admirar. A natureza é a única coisa para a qual não há substitutos!

Com amor, Anne M. Frank

SEXTA-FEIRA, 16 DE JUNHO DE 1944

Querida Kitty, movos problemas: a Sra. Van D. chegou ao seu limite. Fica falando sobre levar um tiro, ser jogada na prisão, ser enforcada e sobre suicídio. Está com ciúme porque Peter se confidencia comigo, e não com ela, ofendida porque Dussel não responde o bastante aos flertes dela, e com medo de que o marido desperdice todo o dinheiro do casaco de pele em tabaco. Ela briga, xinga, reclama, fica com pena de si mesma, ri e começa tudo de novo.

Que raios podemos fazer com tão tolo e chorão espécime de humano? Ninguém a leva a sério, ela não tem força de caráter, reclama para todos, e você devia ver como ela anda por aí: *von hinten Lyzeum, von vorne Museum* [pelas roupas, uma jovem; pelo rosto, uma perua.]. Pior ainda, Peter está ficando insolente, o Sr. Van Daan, irritado, e a mamãe, cínica. Sim, estão todos num estado daqueles! Há somente uma regra que é preciso lembrar: ria de tudo e esqueça todos! Soa egoísta, mas na verdade é a única cura para aqueles que sofrem de autopiedade.

O Sr. Kugler deverá passar quatro semanas em Alkmaar, convocado a prestar serviços. Ele está tentando se livrar disso com um atestado médico e uma carta da Opekta. O Sr. Kleiman espera fazer cirurgia no estômago em breve. Desde as onze da noite de ontem, todos os telefones particulares foram cortados.

Com amor, Anne M. Frank

SEXTA-FEIRA, 23 DE JUNHO DE 1944

Querida Kitty, não há nada especial acontecendo aqui. Os ingleses começaram seu ataque aberto em Cherbourg. Segundo Pim e o Sr. Van Daan, com certeza seremos libertados até 10 de outubro. Os russos estão participando da campanha; ontem, começaram sua ofensiva perto de Vitebsk, exatamente três anos após o dia em que os alemães invadiram a Rússia.

Estamos quase sem batata; de agora em diante, vamos contá-las para cada pessoa, então todos podem fazer o que quiser com elas.

Com amor, Anne M. Frank

TERÇA-FEIRA, 27 DE JUNHO DE 1944

Minha querida Kitty, os ânimos mudaram; as coisas estão indo incrivelmente bem. Cherbourg, Vitebsk e Zhlobin caíram hoje. Decerto capturaram muitos homens e equipamentos. Cinco generais alemães foram mortos perto de Cherbourg e dois foram presos. Agora que têm um porto, os ingleses podem trazer tudo que quiserem à terra firme. Toda a Península do Cotentin foi capturada apenas três semanas após a invasão! Que proeza!

Nas três semanas desde o Dia D, não houve um dia sem chuva e tempestade, nem aqui, nem na França, mas esse azar não impediu os ingleses e os norte-americanos de demonstrar sua força. E como! Claro que os alemães lançaram sua arma principal, mas uma bombinha como aquela mal deixará uma marca, exceto por um pequeno dano à Inglaterra e manchetes gritantes nos jornais alemães. Em todo caso, quando perceberem, lá na terra do chucrute, que os bolcheviques estão mesmo chegando perto, eles começarão a tremer nas bases.

Todas as mulheres alemãs que não estão trabalhando para os militares estão sendo evacuadas, junto dos filhos, das regiões costeiras para as províncias de Groningen, Friesland e Gelderland. Mussert [líder do Partido Nacional Socialista (Nazista) Holandês] anunciou que, se a invasão alcançar a Holanda, ele participará. Aquele porco gorducho planeja lutar? Ele podia ter feito isso na Rússia, há muito tempo. A Finlândia recusou uma oferta de paz algum tempo atrás, e agora as negociações foram rompidas mais uma vez. Aqueles tolos vão se arrepender!

Em que ponto você acha que estaremos em 27 de julho?

Com amor, Anne M. Frank

SEXTA-FEIRA, 30 DE JUNHO DE 1944

Querida Kitty, bad weather *from one at a stretch to the thirty June* [Clima ruim do dia primeiro a 30 de junho]. Falei bonito, não? Ah, sim, já sei um pouco de inglês; só para provar, estou lendo *An Ideal Husband* [Um marido ideal], com a ajuda do dicionário! A guerra está indo muito bem: Bobruysk, Mogilev e Orsha caíram, muitos prisioneiros.

Está tudo bem aqui. Os ânimos melhorando, nossos superotimistas estão triunfantes, Bep mudou o cabelo e Miep tirou a semana de folga. Essas são as últimas notícias!

Com amor, Anne M. Frank

QUINTA-FEIRA, 6 DE JULHO DE 1944

Querida Kitty, meu sangue gela quando Peter fala sobre tornar-se criminoso ou especulador; claro que está de brincadeira, mas ainda tenho a sensação de que ele tem medo de suas fraquezas.

Margot e Peter estão sempre me dizendo: "Se eu tivesse seu brio e sua força, se tivesse sua motivação e sua energia sem fim, eu...".

Será mesmo um traço tão admirável não me deixar ser influenciada pelos outros? Estou certa em seguir minha consciência?

Para ser honesta, não entendo como alguém pode dizer "eu sou fraco" e continuar desse jeito. Se você sabe isso sobre si mesmo, por que não enfrentar, por que não desenvolver seu caráter? A resposta sempre foi: "Porque é muito mais fácil não fazer isso!". Essa resposta me faz sentir muito desencorajada. Fácil? Isso significa que uma vida de engano e preguiça é fácil também? Oh, não, isso não pode ser verdade. Não pode ser verdade que as pessoas são tão prontamente tentadas pela facilidade... e pelo dinheiro. Eu pensei muito em qual seria a minha resposta, em como deveria fazer Peter acreditar em si mesmo e, mais do que tudo, para me mudar para melhor. Não sei se estou na trilha certa.

Eu sempre imagino quão bom seria se alguém confidenciasse tudo comigo. Mas agora que chegou a esse ponto, percebo quão difícil é se colocar no lugar de alguém e encontrar a resposta certa. Principalmente considerando que "fácil" e "dinheiro" são conceitos novos e estranhos para mim.

Peter está começando a depender de mim, e não quero isso, sob circunstância nenhuma. Já é difícil sustentar o próprio peso, mas quando você tem também que fazer jus a seu caráter, a sua alma, é ainda mais difícil.

Tenho vagado pelo mar, passei dias em busca de um antídoto eficaz para essa terrível palavra, "fácil". Como posso deixar claro para ele que, embora pareça fácil e maravilhoso, isso o levará para as profundezas, para um lugar onde ele não mais encontrará amigos, apoio ou beleza, tão baixo que talvez ele nunca mais consiga emergir?

Estamos todos vivos, mas não sabemos por que nem para quê; estamos todos em busca da felicidade; estamos todos levando vidas que são diferentes, e no entanto as mesmas. Nós três fomos criados em boas famílias, temos a oportunidade de ter instrução e ser alguém na vida. Temos muitos motivos para esperar grande felicidade, mas... temos que merecê-la. E isso é algo que não se pode alcançar seguindo o caminho mais fácil. Ganhar a felicidade demanda fazer o bem e trabalhar, não especular e ser preguiçoso. A preguiça pode até ser convidativa, mas somente o trabalho nos dá satisfação verdadeira.

Não consigo entender pessoas que não gostam de trabalhar, mas esse também não é o problema de Peter. Ele apenas não tem uma meta, e acha que é burro e inferior demais para alcançar alguma coisa. Pobre menino, ele nunca sentiu como é fazer outra pessoa feliz, e receio que não posso ensiná-lo. Ele não é religioso, zomba de Jesus Cristo e usa o nome do Senhor em vão, e, embora eu também não seja ortodoxa, me dói toda vez que o vejo tão sozinho, tão zombeteiro, tão miserável.

As pessoas que são religiosas deveriam ficar contentes, já que nem todo mundo é abençoado com a habilidade de acreditar numa ordem superior. Você nem precisa viver com medo de punição eterna; os conceitos de purgatório, céu e inferno são difíceis de aceitar para muitas pessoas, entretanto a religião em si, qualquer religião, mantém a pessoa na trilha certa. Não o temor de Deus, mas defender seu senso de honra e obedecer à sua consciência. Quão nobres e boas todas as pessoas poderiam ser se, no final de cada dia, revisassem seu comportamento e pesassem os acertos e os erros. Elas tentariam automaticamente melhorar no começo de cada novo dia e, após um tempo, decerto realizariam muita coisa. Todos são bem-vindos para testar essa receita; não custa nada, e é definitivamente útil. Aqueles que não sabem disso terão que descobrir, por experiência própria, que "uma consciência tranquila nos dá força!".

Com amor, Anne M. Frank

SÁBADO, 8 DE JULHO
DE 1944

Querida Kitty, o Sr. Broks esteve em Beverwijk e conseguiu adquirir morangos no leilão de produção. Eles chegaram aqui empoeirados e cheios de areia, mas em grandes quantidades. Não menos do que 24 caixas para o escritório e para nós. Nessa mesma noite enchemos os primeiros seis jarros e fizemos oito jarros de geleia. Na manhã seguinte, Miep começou a fazer geleia para o escritório.

Ao meio-dia e meia, a porta de fora estava trancada, caixas eram levadas para dentro da cozinha, e Peter, o papai e o Sr. Van Daan tropicavam pelas escadas. Anne pegou água quente da chaleira, Margot foi pegar um balde, e mãos à obra! Com uma sensação engraçada na barriga, entrei na cozinha do escritório, que estava lotada. Miep, Bep, o Sr. Kleiman, Jan, o papai, Peter: o contingente do Anexo e o Corpo de Suprimento todos misturados, e isso no meio do dia! Cortinas e janelas abertas, vozes altas, portas batendo – eu tremia de empolgação. Fiquei pensando: *Estamos mesmo num esconderijo?* Essa deve ser a sensação de finalmente poder sair para o mundo de novo. A panela estava cheia, então disparei escada acima, onde o restante da família limpava morango em volta da mesa. Pelo menos era isso que tinham que estar fazendo, mas ia mais morango para dentro da boca do que para os baldes. Logo precisariam de mais um balde. Peter voltou lá para baixo, mas então a campainha tocou duas vezes. Peter deixou o balde onde estava, subiu as escadas em correria e fechou a estante atrás de si. Ficamos sentados, impacientes; os morangos estavam esperando para ser enxaguados, mas obedecemos à regra da casa: "Nada de abrir a torneira quando houver estranhos lá embaixo – eles podem ouvir os ralos".

Jan subiu no mesmo instante para nos contar que tinha sido o carteiro. Peter correu lá para baixo de novo. Ding-dong... a campainha,

JULHO

1944

O diário de Anne Frank

meia-volta. Fiquei prestando atenção para ver se tinha alguém vindo, e parando primeiro na estante, e depois no alto da escada. Por fim, Peter e eu nos inclinamos sobre a balaustrada, aguçando os ouvidos feito uma dupla de ladrões para ouvir os sons lá de baixo. Nenhuma voz estranha. Peter desceu metade da escada nas pontas dos pés e chamou: "Bep!".

Mais uma vez: "Bep!". Sua voz foi abafada pela algazarra da cozinha. Então ele correu para a cozinha, enquanto fiquei vigiando do alto, muito nervosa. "Vá lá para cima agora mesmo, Peter, o contador está aqui, você tem que sair!" Era a voz do Sr. Kugler. Suspirando, Peter subiu e fechou a estante.

O Sr. Kugler finalmente subiu, à uma e meia. "Minha nossa, o mundo inteiro virou morango. Comi morango no café da manhã, Jan está comendo no almoço, Kleiman comeu no lanche, Miep está pondo na jarra, Bep está descascando, e eu sinto o cheiro aonde quer que eu vá. Venho aqui para cima para me livrar de todo aquele vermelho e o que eu vejo? Gente lavando morango!"

O restante do morango foi posto em jarros. Nessa noite: dois jarros abriram. O papai logo os transformou em geleia. Na manhã seguinte: mais duas tampas abriram; e à tarde: quatro tampas. O Sr. Van Daan não tinha esquentado os jarros o bastante quando os esterilizou, então o papai acabou fazendo geleia todas as noites. Comemos cereal quente com morango, *leitelho* com morango, pão com morango, morango na sobremesa, morango com açúcar, morango com areia. Por dois dias, não houve nada além de morango, morango, morango, e então nosso suprimento acabou ou estava em jarros, guardado a salvo, à chave.

"Ei, Anne", Margot me chamou, outro dia, "a Sra. Van Hoeven nos deu um pouco de ervilha, uns nove quilos!"

"Que coisa boa", respondi. E claro que era mesmo, mas é tão trabalhoso... eca!

"No sábado, todo mundo vai ter que descascar ervilha", anunciou a mamãe, à mesa.

E, dito e feito, hoje de manhã, depois do café, nossa panela de esmalte grande apareceu sobre a mesa, cheia até a borda de ervilha. Se você acha que descascar ervilha é uma tarefa entediante, tem que tentar remover as camadas interiores. Acho que nem todo mundo repara que, uma vez que você retirou essas camadas, as vagens são macias, deliciosas e ricas em vitaminas. Mas uma vantagem ainda maior é que você come quase três vezes mais do que quando come só a ervilha.

Descascar vagens é uma tarefa precisa e meticulosa que talvez seja adequada para dentistas pedantes ou especialistas em especiarias meticulosos, mas é um horror para uma adolescente impaciente como eu. Começamos a trabalhar às nove e meia; sentei-me às dez e meia, levantei-me de novo às onze, sentei-me de novo às onze e meia. Meus ouvidos zumbiam com o seguinte refrão: corte a ponta, limpe a vagem, puxe o fiapo, vagem na panela, corte a ponta, limpe a vagem, puxe o fiapo, vagem na panela etc. Meus olhos nadavam: verde, verde, bicho, fiapo, vagem podre, verde, verde. Para enfrentar o tédio e ter algo para fazer, bati papo a manhã toda, dizendo tudo que me vinha à mente e fazendo todo mundo rir. A monotonia estava me matando. Todo fiapo que eu puxava me dava mais certeza de que nunca: jamais vou querer ser apenas dona de casa!

Ao meio-dia, finalmente tomamos café da manhã, mas do meio-dia e meia à uma e quinze, tivemos que limpar vagem de novo. Quando parei, estava meio enjoada, e os outros também. Dormi até as quatro, ainda meio tonta por causa daquelas ervilhas malditas.

Com amor, Anne M. Frank

SÁBADO, 15 DE JULHO DE 1944

Querida Kitty, recebemos um livro da biblioteca com o desafiante título *What Do You Think of the Modern Young Girl?* [O que você acha da jovem moderna?]. Gostaria de discutir esse tema hoje.

A autora critica "a juventude de hoje" dos pés à cabeça, embora sem desprezar todos como "casos perdidos". Pelo contrário, ela acredita que eles têm o poder de construir um mundo maior, melhor e mais belo, mas que se ocupam com coisas superficiais, sem nem pensar na verdadeira beleza. Em algumas passagens, tive a forte sensação de que a autora estava dirigindo sua reprovação para mim, motivo pelo qual quero finalmente desnudar minha alma para você e me defender desse ataque.

Tenho um traço de caráter marcante que deve ser óbvio para todo mundo que já me conhece há algum tempo: tenho muito autoconhecimento. Em tudo que faço, posso me ver como se fosse um estranho. Posso ficar distante da Anne de todos os dias e, sem ser influenciada ou dar desculpas, observar o que ela está fazendo, tanto o bem quanto o mal. Essa autopercepção nunca me abandona, e toda vez que abro a boca, eu penso: *Você deveria ter dito isso de outro jeito*, ou *Está bom como está*. Eu me condeno de tantas maneiras que estou começando a perceber a verdade do adágio do papai: "Toda criança tem que criar a si mesma". Os pais podem apenas aconselhar seus filhos ou apontá-los para a direção certa. No fim, as pessoas moldam o próprio caráter. Além disso, encaro a vida com quantia extraordinária de coragem. Sinto-me tão forte e capaz de suportar fardos, tão jovem e livre! Quando percebi isso pela primeira vez, fiquei contente, pois significa que posso aguentar mais facilmente os golpes que a vida tem guardado para mim.

Mas falei tantas vezes sobre essas coisas. Agora gostaria de me voltar para o capítulo "O papai e a mamãe não me entendem". Meus pais sempre me mimaram, me trataram com gentileza, me defenderam dos Van Daan e fizeram tudo que os pais podem fazer. E, no entanto, por tempo demais eu me senti extremamente sozinha, deixada de fora, negligenciada e incompreendida. O papai fez tudo que podia para pôr rédeas em meu espírito rebelde, mas não adiantou. Eu me curei pondo meu comportamento à luz e olhando para o que eu estava fazendo de errado.

Por que o papai não me apoiou nessa dificuldade? Por que fracassou quando tentou me dar ajuda? A resposta é que ele usou os métodos errados. Ele sempre conversou comigo como se eu fosse uma criança passando por uma fase difícil. Parece loucura, visto que o papai é o único que me deu um pouco de confiança e fez eu me sentir como uma pessoa sensata. Mas ele negligenciou uma coisa: ele não conseguiu ver que essa batalha para triunfar sobre as minhas dificuldades era mais importante para mim do que qualquer outra coisa. Eu não queria ouvir falar de "típicos problemas de adolescentes", ou "outras meninas", ou "você vai crescer e sair disso". Eu não queria ser tratada como todas as outras meninas, mas como Anne em seus direitos, e Pim não entendia isso. Ademais, não consigo confiar em ninguém a não ser que me contem muito sobre si mesmos, e como sei muito pouco dele, não consigo ficar mais íntima. Pim sempre age como o pai mais velho que, um dia, teve os mesmos impulsos flutuantes, mas que não consegue mais se identificar comigo como uma amiga, por mais que tente. Como resultado, nunca partilhei meu ponto de vista da vida nem minhas teorias ponderadas por muito tempo com ninguém, só com meu diário, e, de vez em quando, com Margot. Escondi tudo que tem a ver comigo do papai, nunca partilhei meus ideais com ele, deliberadamente me alienei dele.

Não poderia ter feito isso de outro modo. Deixei-me ser guiada pelos meus sentimentos. Foi egoísmo, mas fiz o que era melhor para minha paz de espírito. Eu perderia isso, além da autoconfiança que trabalhei tanto para adquirir, se fosse me sujeitar à crítica no meio do caminho. Pode parecer que sou muito dura, mas não consigo aceitar a crítica de Pim também, porque não somente não partilho com ele meus pensamentos mais íntimos, como acabei me afastando dele ainda mais, por ser irritadiça.

Esse é um ponto no qual penso bastante: por que é que Pim me incomoda tanto às vezes? Mal posso tolerar que ele seja meu tutor, e seu afeto parece forçado. Quero que me deixem em paz, e prefiro que ele me ignore por um tempo, até que eu me sinta mais segura quando estou falando com ele! Ainda estou arrasada de culpa pela carta maldosa que escrevi para ele quando estava chateada demais. Oh, é difícil ser forte e corajosa em todos os sentidos!

No entanto, essa não foi minha maior decepção. Não, penso em Peter muito mais do que penso no papai. Sei muito bem que ele foi conquista minha, e não o contrário. Eu criei uma imagem dele na minha mente, imaginei-o como um rapaz quieto, doce, sensível que precisava, de modo desesperado, de amizade e amor! Eu precisava derramar meu coração para uma pessoa. Eu queria um amigo que me ajudasse a encontrar um caminho de novo. Tive sucesso no que me propus a fazer e o atraí lenta e certamente para mim. Quando por fim consegui que ele fosse meu amigo, isso cresceu para uma intimidade que, quando penso nisso agora, parece ultrajante. Conversávamos sobre as coisas mais íntimas, mas ainda não tocamos nas coisas mais próximas do meu coração. Ainda não entendo nada do Peter. Ele é superficial ou é a timidez que o restringe, até comigo? Mas, pondo tudo isso de lado, eu cometi um erro: usei a intimidade para me aproximar dele, e, ao fazer isso, excluí outras formas de amizade. Ele anseia por ser amado, e posso ver que está começando a gostar mais de mim a cada dia que passa. Nosso tempo juntos o deixa satisfeito, mas só me faz querer começar tudo de novo. Eu nunca abordo os assuntos que desejo trazer à tona. Eu forcei Peter, mais do que ele percebe, a chegar perto de mim, e agora ele não queria mais ir embora, por nada neste mundo. Honestamente, não vejo maneira eficiente nenhuma de afastá-lo e fazê-lo independente de novo. Eu logo vi que ele jamais poderia ser um amigo de alma, mas mesmo assim tentei ajudá-lo a se libertar de seu mundo estreito e expandir seus horizontes juvenis.

"No fundo, os jovens são mais solitários que os mais velhos." Li isso em algum livro, e grudou na minha mente. Pela minha experiência, acho que é verdade.

Portanto, se você estiver se perguntando se as coisas aqui são mais difíceis para os adultos do que para as crianças, a resposta é não, certamente não. As pessoas mais velhas têm opinião sobre tudo e têm segurança de si e de suas ações. É duas vezes mais difícil para os jovens defender sua opinião num tempo em que os ideais estão sendo estilhaçados e destruídos, quando o pior lado da natureza humana predomina, quando todos estão duvidando da verdade, da justiça e de Deus.

Qualquer um que alega que os mais velhos passam mais dificuldade no Anexo não repara que os problemas têm impacto muito maior sobre nós. Somos jovens demais para lidar com esses problemas, mas eles ficam recaindo sobre nós até que, por fim, somos forçados a pensar numa solução, embora, na maior parte do tempo, nossas soluções se despedacem quando confrontadas com os fatos. É difícil, em tempos como estes: ideais, sonhos e esperanças preciosos surgem dentro de nós, apenas para serem esmagados pela triste realidade. É incrível eu não ter abandonado todos os meus ideais, eles parecem tão absurdos e impraticáveis. Entretanto, eu me agarro a eles porque ainda acredito, apesar de tudo, que as pessoas são mesmo boas, no coração.

É impossível, para mim, construir minha vida sobre uma fundação de caos, sofrimento e morte. Eu vejo o mundo sendo lentamente transformado num cenário árido, ouço o trovão que se aproxima, que um dia nos destruirá também, e sinto o sofrimento de milhões. E, no entanto, quando olho para o céu, de algum modo, sinto que tudo vai mudar para melhor, que essa crueldade também vai acabar, que a paz e a tranquilidade retornarão mais uma vez. Entrementes, devo me ater aos meus ideais. Talvez chegue o dia em que poderei alcançá-los!

Com amor, Anne M. Frank

SEXTA-FEIRA, 21 DE JULHO DE 1944

Querida Kitty, estou finalmente ficando otimista. Agora, por fim, as coisas estão indo bem! Estão mesmo! Ótimas novidades! Hitler sofreu uma tentativa de assassinato, e pela primeira vez não foram comunistas judeus nem capitalistas ingleses, mas um general alemão que não somente é conde, mas jovem.

O Führer deve a vida à "Divina Providência": ele escapou, infelizmente, com apenas queimaduras e ferimentos leves. Vários oficiais e generais que estavam por perto foram mortos ou feridos. O líder da conspiração foi morto.

Essa é a maior prova que obtivemos, até agora, de que muitos oficiais e generais estão fartos da guerra e gostariam de ver Hitler afundar num abismo sem fim, para poderem estabelecer uma ditadura militar, fazer paz com os Aliados, rearmar-se e, após algumas décadas, começar uma nova guerra. Talvez a Providência esteja deliberadamente levando certo tempo para se livrar de Hitler, já que é muito mais fácil, e mais barato, para os Aliados deixar que os impecáveis alemães se matem. É menos trabalho para os russos e os ingleses, e lhes permite começar a reconstruir suas cidades muito mais cedo. Mas ainda não chegamos a esse ponto, e eu odiaria antecipar esse glorioso evento. Entretanto, é provável que você tenha notado que estou falando a verdade, toda a verdade, e nada além da verdade. Pela primeira vez não estou tagarelando sobre ideais altivos.

Ademais, Hitler foi tão gentil ao anunciar a seu povo leal e devoto que hoje toda a equipe militar está sob controle da Gestapo, e que qualquer soldado que souber que um de seus superiores estava envolvido nesse atentado covarde à vida do Führer pode dar-lhe um tiro assim que o vir!

Será uma bela bagunça. Os pés do pequeno Johnny estão doloridos após uma longa marcha, e seu comandante grita com ele. Johnny pega o rifle, berra: "Você. Você tentou matar o Führer. Tome isso!". Um tiro, e o esnobe oficial que ousou repreendê-lo passa para a vida eterna (ou será morte eterna?). No fim, toda vez que um oficial vir um soldado ou lhe der uma ordem, ficará fazendo xixi nas calças de tanto medo, pois os soldados têm mais voz do que ele.

Você conseguiu acompanhar, ou fiquei pulando de um tema para outro de novo? Não consigo evitar, a chance de voltar para a escola em outubro está me deixando feliz demais para ser lógica! Minha nossa, eu não acabei de lhe dizer que não quero ficar antecipando os eventos? Perdoe-me, Kitty, não me chamam de montinho de contradições à toa!

Com amor, Anne M. Frank

TERÇA-FEIRA, 1º DE AGOSTO DE 1944

Querida Kitty, "montinho de contradições à toa" foi o fim da minha última carta, e é o começo desta. Você pode, por favor, me dizer exatamente o que é um "montinho de contradições"? O que significa "contradição"?

Como tantas palavras, esta pode ser interpretada de duas maneiras: uma contradição imposta de fora, e uma imposta de dentro. A primeira significa não aceitar a opinião dos outros, sempre saber mais, ter a última palavra; em suma, todos aqueles traços desagradáveis pelos quais sou conhecida. A segunda, pela qual não sou conhecida, é meu segredo.

Como já lhe disse muitas vezes, estou dividida em duas. Um lado contém minha alegria exuberante, minha irreverência, minha alegria de viver e, acima de tudo, minha habilidade de apreciar o lado mais leve das coisas. Com isso, refiro-me a não ver nada de errado no flerte, num beijo, num abraço, numa piada de mau gosto. Esse meu lado fica sempre à espreita para emboscar o outro, que é muito mais puro, profundo e refinado. Ninguém conhece o lado melhor de Anne, e é por isso que a maioria das pessoas não me suporta. Oh, eu posso ser um palhaço e divertir todo mundo por uma tarde, mas depois disso todos já tiveram de mim o suficiente para durar um mês. Na verdade, sou o que um filme romântico é para um pensador profundo – mera diversão, interlúdio cômico, algo que logo é esquecido: não é ruim, mas também não é lá muito bom. Odeio ter que lhe dizer isto, mas por que eu não o admitiria quando sei que é verdade? Meu lado mais leve, mais superficial sempre ganhará vantagem sobre o lado profundo e, portanto, sempre vencerá. Você não imagina quanto eu sempre tentei afastar essa Anne, que é metade do que se conhece como Anne – derrubá-la, escondê-la. Mas não funciona, e eu sei por quê.

Tenho medo de que as pessoas que me conhecem como sou geralmente descobrirão que tenho outro lado, um lado melhor e mais fino. Tenho medo de que vão tirar sarro de mim, pensem que sou ridícula e sentimental e não me levem a sério. Sou acostumada a não ser levada a sério, mas a Anne "leve" está acostumada e consegue suportar; a Anne "mais profunda" é fraca demais. Se eu forço a Anne boa à luz por quinze minutos que seja, ela se fecha feito uma ostra no instante em que é chamada para se expressar, e deixa a Anne número um falar em seu lugar. Antes que eu me dê conta, ela desapareceu.

Portanto, a Anne boa nunca é vista em companhia. Nunca fez uma aparição sequer, embora quase sempre assuma o palco quando estou sozinha. Sei como eu gostaria de ser, como sou... por dentro. Mas, infelizmente, sou assim só comigo. E talvez por isso – não, tenho certeza de que é por isso – penso em mim como feliz por dentro, e outras pessoas pensam que sou feliz por fora. Sou guiada pela Anne pura de dentro, mas, por fora, não passo de uma cabritinha brincalhona mordiscando a corda que a amarra.

Como já lhe disse, o que digo não é o que eu sinto, e é por isso que tenho reputação de ser fissurada em meninos e lisonjeira, sabichona e leitora de romances. A extrovertida Anne ri, dá respostas irreverentes, dá de ombros e finge que não liga para nada. A Anne quieta reage do jeito oposto. Para ser honesta, terei que admitir que ligo sim, que estou tentando muito mudar quem eu sou, mas estou sempre contra um inimigo mais poderoso.

Uma voz dentro de mim está aos prantos. "Veja, isso é o que restou de você. Está cercada por opiniões negativas, olhares consternados e rostos zombeteiros, que não gostam de você, e tudo porque você não ouve o que lhe diz sua metade melhor." Acredite, eu gostaria de ouvir, mas não funciona, porque, se fico quieta e séria, todos pensam que estou encenando um novo fingimento e tenho que me salvar com uma piada, e não estou nem falando da minha família, que pensa que estou doente, me enche de aspirina e sedativos, toca meu pescoço e minha testa para ver se estou com febre, pergunta como está meu intestino e me censura por estar de mau humor, até que não aguento mais, porque, sempre que todos começam a me perseguir, fico contrariada, depois triste, e finalmente acabo virando meu coração ao avesso, a parte ruim para fora, e a parte boa para dentro, e fico tentando dar um jeito de me tornar o que eu queria ser e o que poderia ser se... se ao menos não houvesse outras pessoas no mundo.

Com amor, Anne M. Frank

O DIÁRIO DE ANNE FRANK
TERMINA AQUI.

POSFÁCIO

Na manhã de 4 de agosto de 1944, em algum momento entre dez e dez e meia, um carro estacionou no número 263 da Prinsengracht. Diversas figuras emergiram: um sargento da SS, Karl Josef Silberbauer, em uniforme completo, e pelo menos três membros holandeses da Polícia de Segurança, armados, mas à paisana. Alguém devia ter feito uma denúncia a eles.

Eles prenderam as oito pessoas escondidas no Anexo, bem como dois de seus ajudantes, Victor Kugler e Johannes Kleiman – mas não Miep Gies e Elisabeth (Bep) Voskuijl – e levaram todos os itens de valor e o dinheiro que encontraram no Anexo.

Após a detenção, Kugler e Kleiman foram levados para uma prisão em Amsterdã. Em 11 de setembro de 1944, foram transferidos, sem chance de julgamento, para um campo de concentração em Amersfoort (Holanda). Kleiman, por causa da saúde ruim, foi solto em 18 de setembro de 1944. Ele permaneceu em Amsterdã até sua morte, em 1959.

Kugler conseguiu escapar do aprisionamento em 28 de março de 1945, quando ele e outros prisioneiros foram enviados para a Alemanha para trabalhos forçados. Ele imigrou para o Canadá em 1955 e morreu em Toronto, em 1989.

Elisabeth (Bep) Voskuijl morreu em Amsterdã, em 1983.

Miep Santrouschitz Gies faleceu em 2010, em Hoorn, Holanda; seu marido, Jan, morreu em 1993.

Após serem presos, os oito residentes do Anexo foram levados, primeiro, a uma prisão em Amsterdã, e depois transferidos para Westerbork, o campo de transição para judeus, no norte da Holanda. Foram deportados em 3 de setembro de 1944 no último transporte que partiu de Westerbork, e chegou três dias depois em Auschwitz (Polônia).

Hermann van Pels (van Daan), segundo testemunho de Otto Frank, foi morto a gás em Auschwitz em outubro ou novembro de 1944, pouco antes de as câmaras de gás serem desmontadas.

Auguste van Pels (Petronella van Daan) foi transportada de Auschwitz para Bergen-Belsen, de lá para Buchenwald, depois para Theresienstadt em 9 de abril de 1945, e aparentemente para outro campo de concentração, depois disso. É certo que ela não sobreviveu, embora a data de sua morte seja desconhecida.

Peter van Pels (van Daan) foi forçado a participar da "marcha da morte" de 16 de janeiro de 1945, de Auschwitz para Mauthausen (Áustria), onde morreu em 5 de maio de 1945, três dias antes de o campo ser libertado.

Fritz Pfeffer (Albert Dussel) morreu em 20 de dezembro de 1944, no campo de concentração de Neuengamme, para onde tinha sido transferido de Buchenwald ou Sachsenhausen.

Edith Frank morreu em Auschwitz-Birkenau, em 6 de janeiro de 1945, de fome e exaustão.

Margot e' Anne Frank foram transportadas de Auschwitz no final de outubro e levadas para Bergen-Belsen, um campo de concentração perto de Hannover (Alemanha). A epidemia de tifo que irrompeu no inverno de 1944-45, como resultado das horrendas condições de higiene, matou milhares de prisioneiros, incluindo Margot e, alguns dias depois, Anne. Ela deve ter morrido no fim de fevereiro ou começo de março. Os corpos das meninas devem ter sido largados nas valas comuns de Bergen-Belsen. O campo foi libertado por tropas inglesas em 12 de abril de 1945.

Otto Frank foi o único, dos oito, que sobreviveu aos campos de concentração. Depois que Auschwitz foi libertado pelas tropas russas, ele foi repatriado até Amsterdã, passando por Odessa e Marselha. Ele chegou a Amsterdã em 3 de junho de 1945, e ficou lá até 1953, quando se mudou para a Basileia (Suíça), onde sua irmã e a família desta, e depois seu irmão, moravam. Ele se casou com Elfriede Markovits Geiringer, original de Viena, que sobrevivera a Auschwitz e perdera marido e filho em Mauthausen. Até sua morte, em 19 de agosto de 1980, Otto Frank continuou morando em Birsfelden, perto de Basileia, onde se dedicava a partilhar a mensagem do diário de sua filha com pessoas do mundo inteiro.

Livros para mudar o mundo. O seu mundo.

Para conhecer os nossos próximos lançamentos
e títulos disponíveis, acesse:

🌐 www.**citadel**.com.br

f /**citadeleditora**

📷 @**citadeleditora**

🐦 @**citadeleditora**

▶️ Citadel – Grupo Editorial

Para mais informações ou dúvidas sobre a obra,
entre em contato conosco por e-mail:

✉️ contato@**citadel**.com.br